btb

Buch

An einem feuchten Novembernachmittag des Jahres 1897 fährt Dr. James Murray, Herausgeber des »Oxford English Dictionary«, mit dem Zug von Oxford nach Crowthorne, Berkshire. Am dortigen Bahnhof erwartet ihn bereits eine Kutsche mit livriertem Diener, die ihn ans Ziel seiner Reise bringen wird: zu Dr. W. C. Minor, dem wohl unentbehrlichsten freiwilligen Mitarbeiter an dem monumentalen Wörterbuch-Projekt. Seit fast zwanzig Jahren stehen die beiden Männer in regem Austausch über die subtilen Feinheiten der englischen Sprache, doch sind sie einander bisher nie begegnet.

Nun endlich ist der Moment gekommen: Dr. Murray wird in ein über und über mit Büchern gefülltes Studierzimmer geführt, hinter dem Schreibtisch sitzt ein Mann von distinguierter Erscheinung – der Direktor der Straf- und Irrenanstalt Broadmoor, deren Insasse Dr. Minor seit vielen Jahren ist. Hat sich diese überlieferte Begegnung tatsächlich so zugetragen?

Simon Winchester erzählt eine unglaubliche, aber wahre Geschichte aus dem viktorianischen England: eine Geschichte von Mord, von Genie und Wahnsinn, von Gelehrsamkeit und von der Liebe zu den Wörtern. Dem Autor ist etwas außerordentliches gelungen: ein literarisches Sachbuch zu schreiben, das so spannend ist wie ein Thriller und das gründliche Recherche mit ungewöhnlichem Sprachgefühl verbindet. Doch vor allem ist dies die sehr bewegende Geschichte eines verletzten, einsamen Menschen, dem die Wörter aus der Isolation seiner Zelle eine Brücke in die Welt bauen.

Autor

Simon Winchester, preisgekrönter britischer Journalist und Sachbuchautor, hat während seiner langjährigen Tätigkeit als Korrespondent für den *Guardian* aus fast allen Ländern der Welt berichtet. Er arbeitet für amerikanische und britische Magazine und Zeitungen und für die BBC. Sein Erfolgstitel »Der Mann, der die Wörter liebte« stand wochenlang auf den amerikanischen und britischen Bestsellerlisten und wurde in zahlreiche Sprachen übersetzt.

Simon Winchester

Der Mann, der die Wörter liebte

Eine wahre Geschichte

*Aus dem Englischen
von Harald Stadler*

btb

Titel der Originalausgabe:
»The Surgeon of Crowthorne«

Umwelthinweis:
Alle bedruckten Materialien dieses Taschenbuches
sind chlorfrei und umweltschonend.

btb Taschenbücher erscheinen im Goldmann Verlag,
einem Unternehmen der Verlagsgruppe Bertelsmann.

1. Auflage
Genehmigte Taschenbuchausgabe September 2000
Copyright © 1998 by Simon Winchester
Copyright © der deutschsprachigen Ausgabe
1998 by Albrecht Knaus Verlag, München
in der Verlagsgruppe Bertelsmann GmbH
Umschlaggestaltung: Design Team München
Umschlagfoto: Guido Pretzl
Satz: Filmsatz Schröter GmbH, München
KR · Herstellung: Augustin Wiesbeck
Made in Germany
ISBN 3-442-72643-3
www.btb-verlag.de

Zum Gedenken an G. M.

Inhalt

Vorwort 9

1. Kapitel Samstagnacht in Lambeth Marsh 13
2. Kapitel Der Mann, der das Vieh Latein lehrte . . 36
3. Kapitel Der Irrsinn des Krieges. 58
4. Kapitel Der Sammler der Töchter der Erde 95
5. Kapitel Das große Wörterbuch in der Retorte . . 126
6. Kapitel Der Gelehrte in Zellenblock zwei 143
7. Kapitel Mit Lust und Liebe bei den Listen 161
8. Kapitel Buchweizen, Ziegeltee und Kunst 176
9. Kapitel Die Begegnung verwandter Seelen 196
10. Kapitel Ein Schnitt, scharf und eiskalt. 226
11. Kapitel Was bleibt für alle Zeit 243

Postscriptum. 262
Anmerkung des Autors. 267
Danksagung 273

Literaturempfehlungen. 281

Vorwort

---

mysterious (mɪˈstɪərɪəs), *a.* [f. L. *mystērium*
MYSTERY[1] + OUS. Cf. F. *mystérieux*.]
   1. Full of or fraught with mystery; wrapt in mystery, hidden from human knowledge or understanding; impossible or difficult to explain, solve,
or discove; of obscure origin, nature, or purpose.

Einer weitverbreiteten Legende zufolge fand eine der
ungewöhnlichsten Unterhaltungen der neuzeitlichen
Literaturgeschichte an einem kühlen und verhangenen
Herbstnachmittag des Jahres 1896 in dem kleinen Dorf
Crowthorne in Berkshire statt.

Einer der Beteiligten dieses Gesprächs war der formi-
dable Dr. James Murray, der damalige Herausgeber des
Oxford English Dictionary. An dem fraglichen Tag war
er von Oxford aus fünfzig Meilen mit der Bahn gefahren,
um einen rätselhaften Menschen namens Dr. W. C. Minor
kennenzulernen, einen der produktivsten unter den Tausenden freiwilliger Mitarbeiter, ohne deren Bemühungen
das *Dictionary* niemals zustande gekommen wäre.

Seit nunmehr annähernd zwanzig Jahren hatten sich
diese beiden Männer in einem regelmäßigen Briefwechsel
über die Feinheiten der englischen Lexikographie ausge-
tauscht. Sie waren sich jedoch nie begegnet. Minor schien
sein Heim nie verlassen zu wollen oder zu können und

seinen Weg nach Oxford zu finden. Er gab indessen keinerlei Erklärung für sein Verhalten und begnügte sich damit, sein Bedauern zu bekunden.

Dr. Murray, der sich seinerseits nur selten von der Last der Arbeit in seiner Schreibstube in Oxford befreien konnte, hatte dennoch schon seit langem den sehnlichen Wunsch gehegt, seinen mysteriösen und faszinierenden Helfer zu treffen und ihm zu danken. Ganz besonders stark wurde der Wunsch Ende der neunziger Jahre, als das *Dictionary* bereits so gut wie zur Hälfte abgeschlossen war: Die geistigen Urheber wurden mit offiziellen Ehrungen überschüttet, und es war Murray ein Anliegen, alle Beteiligten – selbst solch offensichtlich scheue Menschen wie Dr. Minor – für ihre wertvolle Arbeit gebührend zu würdigen. Und so beschloß er, ihm einen Besuch abzustatten.

Als er seinen Entschluß gefaßt hatte, teilte er seine Absicht telegraphisch mit. Er fügte hinzu, es käme ihm sehr gelegen, einen Zug zu nehmen, der an einem bestimmten Mittwoch im November kurz nach zwei am Bahnhof von Crowthorne – der damals allerdings Wellington College Station hieß, weil er der berühmten Knabenschule in dem Dorf als Bahnanschluß diente – eintraf. Dr. Minor telegraphierte zurück und teilte Murray mit, er würde erwartet und sei höchst willkommen. Als Murray in Oxford aufbrach, war das Wetter schön und der Zug pünktlich – kurzum, die Fahrt stand unter einem guten Stern.

An der Bahnstation in Crowthorne standen ein eleganter Landauer und ein livrierter Kutscher bereit. James Murray stieg ein. Dann ging es unter dem Klappern der Hufe über die schmalen Landstraßen von Berkshire. Nach etwa zwanzig Minuten bog die Kutsche in eine lange Auffahrt ein, die von hohen Pappeln gesäumt war, und hielt schließlich vor einem großen, sehr abweisend wirkenden roten Backsteinbau. Ein steifer Lakai führte den Lexikographen nach oben in ein Studierzimmer voller Bücher, wo hinter einem riesigen Mahagonischreibtisch ein zweifellos bedeutsamer Mann stand. Dr. Murray verneigte sich ernst und hob zu der kurzen Begrüßungsrede an, die er schon so lange eingeübt hatte:

«Einen schönen guten Tag wünsche ich Ihnen, Sir. Ich bin Dr. James Murray vom Londoner Philologenverband und Herausgeber des *New English Dictionary*. Es ist mir eine große Ehre und eine Freude, schließlich doch noch Ihre Bekanntschaft zu machen – denn Sie, werter Herr, müssen mein eifrigster Helfer, Dr. Minor, sein.»

Einen Augenblick lang herrschte Stille und auf beiden Seiten eine gewisse Verlegenheit. Eine Uhr tickte laut. Auf dem Gang hallten dumpfe Schritte. In der Ferne wurde mit Schlüsseln gerasselt. Dann räusperte sich der Mann hinter dem Schreibtisch und sagte:

«Ich bedaure, mein Herr. Es ist mitnichten so, wie Sie vermuten. Ich bin der Direktor der Straf- und Irrenanstalt Broadmoor. Dr. Minor ist in der Tat hier, doch er ist ein Insasse. Er ist seit über zwanzig Jahren Patient. Er ist von allen am längsten hier.»

Die offiziellen behördlichen Akten zu diesem Fall sind geheim und befinden sich seit über hundert Jahren unter Verschluß. Vor kurzem bekam ich jedoch Gelegenheit, sie einzusehen. Was nun folgt ist die seltsame, tragische und moralisch erbauende Geschichte, die diese Unterlagen enthüllen.

1. Kapitel

Samstagnacht in Lambeth Marsh

---

murder (mɜ:də(r)), *sb.* Forms: *a.* 1 morþor, -ur, 3–4 morþre, 3–4, 6 murthre, 4 myrþer, 4–6 murthir, morther, 5 *Sc.* murthour, murthyr, 5–6 murthur, 6 mwrther, *Sc.* morthour, 4–9 (now *dial.* and *Hist.* or *arch.*) murther; *β.* 3–5 murdre, 4–5 moerdre, 4–6 mordre, 5 moordre, 6 murdur, mourdre, 6– murder. [OE. *morðor* neut. (with pl. of masc. form *morþras*) = Goth . *maurþr* neut.: –OTeut. *murþro*ᵐ: –pre-Teut. *mrtro-m*, f. root *mer-: mor-: mr-* to die, whence L. *morī* to die, *mors (morti-)* death, Gr. μαρτός, βροτός mortal, Skr. *mr.* to die, *mará* masc., *mrti* fem., death, *márta* mortal, O Sl. *mĭrĕti*, Lith. *mirti* to die, Welsh *marw*, Irish *marþ* dead.

The word has not been found in any Teut. lang. but Eng. and Gothic, but that it existed in continental WGer. is evident, as it is the source of OF. *murdre, murtre* (mod. F. *meurtre*) and of med. L. *mordrum, murdrum*, and OHG. had the derivative *murdren* MURDER *v.* All the Teut. langs. exc. Gothic possessed a synonymous word from the same root with different suffix: OE, *morð* neut., masc. (MURTH¹), OS. *morð* neut., OFris. *morth, mord* neut., MDu. *mort, mord* neut. (Du. *moord*), OHG. *mord* (MHG. *mort*, mod. G. *mord*), ON. *morð* neut.:–OTeut. *murþo-*:–pre-Teut. *mrto-*.

The change of original *ð* into *d* (contrary to the general tendency to change *d* into *ð* before syllabic *r*) was prob. due to the influence of te AF. *murdre, moerdre* and the Law Latin *murdrum*.]

1. a. The most heinous kind of criminal homicide; also, an instance of this. In *English* (also *Sc.* and *U.S.*) *Law*, defined as the unlawful killing of a human being with malice aforethought; often more explicitly *wilful murder*.

In OE. the word could be applied to any homicide that was strongly reprobated (it had also the senses ‹great wickedness›, ‹deadly injury›, ‹torment›). More strictly, however, it denoted *secret* murder, which in

Germanic antiquity was alone regarded as (in the modern sense) a crime, open homicide being considered a
private wrong calling for blood-revenge or compensa-
tion. Even under Edward I, Britton explains the AF. *murdre* only as felonious homicide of which both the perpetrator and the victim are unidentified. The ‹malice
aforethought› which enters into the legal definition of
murder, does not (as now interpreted) admit of any
summary definition. Until the Homicide Act of 1957, a
person might even be guilty of ‹wilful murder› without
intending the death of the victim, as when death result-
ed from an unlawful act which the doer knew to be like-
ly to cause the death of some one, or from injuries in-
flicted to facilitate the commission of certain offences.
By this act, ‹murder› was extended to include death resulting from an intention to cause grievous bodily
harm. It is essential to ‹murder› that the perpetrator be
of sound mind, and (in England, though not in Scotland) that death should ensue within a year and a day
after the act presumed to have caused it. In British law
no degrees of guilt are recognized in murder; in the U.S.
the law distinguishes ‹murder in the first degree› (where
there are no mitigating circumstances) and ‹murder in
the second degree› (though this distinction does not ob-
tain in all States).

Im viktorianischen London war der Klang von Pistolen-
schüssen selbst in einer so anrüchigen und finsteren Gegend wie Lambeth Marsh ein überaus seltenes Ereignis.
Die Marsh war ein unheimlicher Ort, ein düsteres Elends-
viertel, ein schrecklicher Sündenpfuhl am Ufer der Themse direkt gegenüber von Westminster. Nur wenige ehrba-
re Londoner Bürger hätten sich je dorthin gewagt. Es war
auch ein Stadtteil voller Gewalttätigkeit. In Lambeth lau-
erten Straßenräuber, einmal hatte es eine regelrechte Serie
von Raubmorden gegeben, und in den bevölkerten Gassen
waren die dreistesten Taschendiebe am Werk. Fagin, Bill
Sikes und Oliver Twist hätten sich im viktorianischen
Lambeth allesamt zu Hause gefühlt. Dies war Dickens'
London, wie es im Buche steht.

Es war jedoch keine Gegend für Männer mit Pistolen. Bewaffnete Kriminalität war zu Gladstones Zeit in Lambeth eher eine Seltenheit, wie sie überhaupt im gesamten Großstadtmoloch London äußerst selten war. Schußwaffen waren teuer, unhandlich und auffällig. Damals galt die Verwendung einer Schußwaffe bei der Verübung eines Verbrechens als ausgesprochen unbritisch – als eine Seltenheit, von der man bestenfalls in der Zeitung las. «Zum Glück», hieß es in einem selbstgefälligen Leitartikel in Lambeths Wochenzeitung, «haben wir in diesem Land keinerlei Erfahrungen mit dem Verbrechen des ‹Erschießens›, das in den Vereinigten Staaten so verbreitet ist.»

Als in der mondhellen Nacht zum 17. Februar 1872 kurz nach zwei Uhr eine Salve von drei Revolverschüssen ertönte, war dies etwas Unerhörtes und Ungeheuerliches. Die drei Schüsse – vielleicht waren es auch vier – hallten laut, sehr laut durch die kalte, nebligfeuchte Nacht. Daß die Donnerschläge von einem scharfsinnigen jungen Polizeiwachtmeister namens Henry Tarrant, der damals in der Gendarmerie von Southwark Dienst tat, nicht nur gehört, sondern sofort richtig gedeutet wurden, war angesichts ihrer Seltenheit fast ein Zufall.

Die Turmuhren hatten gerade erst zwei geschlagen, hieß es später in seinem Bericht. Er leistete in dieser Samstagnacht mit gewohnter Lustlosigkeit die zweite Nachtschicht ab, schlenderte unter den Brückenbogen neben der Waterloo Station hindurch, rüttelte an den Schlössern vor den Ladentüren und verfluchte die schneidende Kälte.

Als Tarrant die Schüsse hörte, stieß er in seine Pfeife, um Kollegen zu alarmieren, die vielleicht, wie er hoffte, in der Nähe auf Streife waren. Dann rannte er los. In Sekundenschnelle durchquerte er das Gewirr glitschiger Gas-

sen, aus denen Lambeth, damals noch eine schäbige Klein-
stadt, bestand, und war im Nu auf der breiten Belvedere
Road unten am Flußufer, von wo die Schüsse seiner Meinung nach gekommen waren.

Zwei weitere Polizisten, Henry Burton und William
Ward, die den schrillen Ton seiner Pfeife gehört hatten,
eilten herbei. Burton war, wie er in seinem Bericht vermerkte, in die Richtung gelaufen, aus der das Pfeifen hallte, und stieß dann auf seinen Kollegen Tarrant, der inzwischen einen Mann ergriffen hatte und festhielt. «Schnell!»
rief Tarrant. «Dort auf der Straße – ein Mann ist erschossen worden!» Burton und Ward liefen in Richtung Belvedere Road und fanden nach kurzer Zeit den regungslosen
Körper eines sterbenden Mannes. Sie knieten sich hin und
beugten sich – nachdem sie Augenzeugenberichten zufolge Helm und Handschuhe abgelegt hatten – über das
Opfer.

Blut strömte über das Pflaster. Die Stelle, an der sich die
Blutlache bildete, wurde in den eher reißerischen der Londoner Zeitungen noch monatelang als Ort eines «scheuß-
lichen Verbrechens», eines «schrecklichen Vorfalls», einer
«grausamen Tat», eines «gemeinen Meuchelmordes» bezeichnet.

Die Zeitungen einigten sich schließlich darauf, von der
«Tragödie von Lambeth» zu sprechen – als ob nicht die
Existenz von Lambeth an sich schon eine Tragödie gewesen wäre. Dies war jedoch ein äußerst ungewöhnliches Ereignis, selbst nach Maßstab der Marsh-Bewohner, die einiges gewohnt waren. An dem Ort der Bluttat hatten sich
zwar im Laufe der Jahre etliche sonderbare Zwischenfäl-
le zugetragen, die von den Groschenblättern eifrig ausge-
schlachtet wurden, doch dieses spezielle Drama sollte eine

Reihe von Konsequenzen nach sich ziehen, die bislang ohne Beispiel waren. Auch wenn einige Seiten dieses Verbrechens und seiner Folgen sicherlich bedauerlich, ja unfaßbar waren, so war das Ereignis, wie dieser Bericht verdeutlichen wird, nicht zur Gänze tragisch. Mitnichten.

Auch heute noch ist Lambeth ein ausgesprochen unschönes Viertel der britischen Hauptstadt; das nichtssagende Areal liegt eingekeilt in dem riesigen Fächer von Straßen und Eisenbahnlinien, auf denen die Pendler aus den südlichen Vororten ins Stadtzentrum strömen. Heute stehen dort die Royal Festival Hall und das South Bank Centre, die auf dem Gelände erbaut wurden, auf dem 1951 ein Vergnügungspark errichtet worden war, um die Londoner nach den Opfern und Entbehrungen der Kriegsjahre auf andere Gedanken zu bringen. Ansonsten ist die Gegend eher gesichtslos und trist – hier befinden sich endlose Reihen gefängnisartiger Blocks mit den unbedeutenderen Ministerien, der im Herbst von heftigen Böen umheulte Hauptsitz eines Ölkonzerns, ein paar unscheinbare Pubs und Zeitungsläden und der finstere Komplex der Waterloo Station, der unlängst um den Bahnhof für den Kanaltunnelexpreß erweitert wurde und mit seiner dumpfen Ausstrahlung die Umgebung prägt.

Die mächtigen Eisenbahndirektoren jener Tage ließen bei den anderen Londoner Bahnhöfen, wie etwa Victoria oder Paddington und sogar St. Pancras und King's Cross, gewaltige Hotelkästen von großem Luxus erbauen, doch bei Waterloo sparten sie sich das, denn Lambeth galt seit langem als eine der übelsten Gegenden der Stadt. Bevor erst unlängst die Anlage der Festival Hall weiter ausgebaut wurde, hat sich dort niemand von Rang und Namen blicken lassen, weder ein Passagier zu Zeiten der viktorianischen Züge noch irgendein Passant in heutiger Zeit. Die Gegend wandelt sich zwar allmählich, doch ihr Ruf verfolgt sie noch immer.

Vor hundert Jahren war es wirklich eine üble Gegend. Sie war damals noch nicht aufgeschüttet und längst nicht völlig trockengelegt. Es war ein Morast, durch den ein trübes Rinnsal namens Neckinger in die Themse sickerte. Der Grund gehörte dem Erzbischof von Canterbury und dem Herzog von Cornwall, die beide bereits reich genug waren und keinerlei Interesse zeigten, das Areal in der Weise zu erschließen, wie dies die großen Grundeigentümer von London taten – die Grosvenor, Bedford und Devonshire, die auf der anderen Seite des Flusses Straßen, Plätze und prächtige Wohnanlagen errichteten.

In Lambeth standen statt dessen Lagerhäuser und Mietbaracken und triste Reihen schäbiger Hütten. Es gab *blacking-factories*, in denen schwarze Schuhwichse hergestellt wurde, und Seifensiedereien, kleine Färbereien und Kalkbrennereien sowie Gerbereien, in denen das Leder mit einer Substanz gedunkelt wurde, die man als *«pure»* bezeichnete und die nachts von den schmutzigsten und armseligsten Kreaturen auf den Straßen eingesammelt wurde – *«pure»* war eine viktorianische Bezeichnung für Hundekot.

Ein übler Geruch von Hopfen und Hefe hing über allem. Die widerlichen Schwaden stiegen aus den Schornsteinen der großen Red-Lion-Brauerei an der Belvedere Road nördlich der Hungerford Bridge. Diese Brücke war ein Sinnbild dessen, was die gesamte Marsh umgab – die Eisenbahn, die auf Viadukten hoch über den Sümpfen schwebte. Über diese Viadukte torkelten endlose Waggonreihen, pufften und schnaubten unzählige Züge (unter anderem auch die Londoner Friedhofsbahn, die für die letzte Fahrt der Leichen nach Woking gebaut worden war). Kaum ein Stadtteil war so laut und verpestet wie Lambeth und galt so sehr als Inbegriff von Dreck und Lärm.

Hinzu kam, daß Lambeth Marsh außerhalb der Gerichtsbarkeit der Citys von London und Westminster lag; verwaltungstechnisch unterstand die Gemeinde – zumindest bis 1888 – der Grafschaft Surrey, und das hieß, daß die relativ strengen Gesetze der Hauptstadt nicht mehr galten, sobald man sich über eine der neuen Brücken, Waterloo, Blackfriars, Westminster oder Hungerford, nach Lambeth wagte. Der Ort stand daher schnell in dem Ruf, ein Schauplatz hemmungsloser Ausschweifungen zu sein, wo es von Pubs und Bordellen und verruchten Theatern nur so wimmelte und wo für nicht mehr als eine Handvoll Pennys Vergnügungen jeglicher Art – und Krankheiten jeglicher Sorte – zu haben waren.

Wer ein Bühnenstück sehen wollte, das die Londoner Zensurbehörde nicht hatte durchgehen lassen, wer bis in die frühen Morgenstunden Absinth trinken oder erlesene pornographische Schriften erstehen wollte, die frisch aus Paris eingeschmuggelt worden waren, oder wer ein Mädchen, gleich welchen Alters, haben wollte, ohne fürchten zu müssen, die Polizei oder seine Eltern auf dem Hals zu haben – der ging «nach Surrey», hinüber nach Lambeth.

Doch zogen die billigen Quartiere in Lambeth auch achtbare Menschen an, und George Merritt war nach allem, was man weiß, einer von ihnen. Er arbeitete als Heizer in der Red-Lion-Brauerei. Seit acht Jahren gehörte er zu jenen, die Tag und Nacht dafür sorgten, daß die Feuer brannten, die Kessel brodelten und die Gerste malzte. Er war dreiundvierzig Jahre alt und wohnte in der Cornwall Road Nummer 24.

Wie so viele junge Arbeiter im viktorianischen London kam George Merritt vom Land, ebenso wie seine Frau Eliza. Er stammte aus einem Dorf in Wiltshire, sie aus Gloucestershire. Sie waren beide Landarbeiter gewesen. Sie hatten ohne den Schutz von Gewerkschaften geschuftet und bekamen von skrupellosen Pachtherren ein paar Pennys für ihre stupide Plackerei. Die beiden hatten sich auf einer Landwirtschaftsmesse in den Cotswolds kennengelernt und beschlossen, gemeinsam nach London zu gehen – mit dem neuen Eilzug nur noch zwei Stunden von Swindon entfernt –, um in der Metropole, die grenzenlose Möglichkeiten zu bieten schien, ihr Glück zu suchen.

Zunächst zogen sie in den Norden Londons, wo ihr ältestes Kind, Clare, 1860 geboren wurde; dann gingen sie ins Zentrum; und als die Familie zu groß und das Leben zu teuer und Arbeit rar geworden war, landeten sie im Jahre 1867 schließlich in der Nähe der Brauerei im belebten Herzen von Lambeth.

Die Behausung und Umgebung des jungen Paares erinnerte an Szenen, wie sie Gustave Doré immer wieder festhielt – eine düstere Welt, geprägt von Ruß und Backsteinbaracken, engen Mietskasernen und winzigen Hinterhöfen mit Latrinen, Waschbottichen und Wäscheleinen. Über allem hing ein schwefeliger Gestank, aber auch die Atmosphäre derber Ausgelassenheit und typisch Londoner Vergnügtheit. Ob den Merritts die Felder, der Apfelwein und die Lerchen fehlten, ob sie jemals die Welt, die sie verlassen hatten, als Idyll empfanden, werden wir nie erfahren.

Denn im Winter 1871 hatten George und Eliza, wie die meisten Bewohner der ärmeren Viertel im viktorianischen London, eine vielköpfige Familie zu versorgen: sechs Kinder, von der fast dreizehnjährigen Clare bis zum kleinen Freddy mit zwölf Monaten. Mrs. Merritt stand kurz vor der Entbindung ihres siebten Kindes. Die Familie war arm, wie die meisten in Lambeth; George Merritt brachte 24 Shilling in der Woche nach Hause, eine klägliche Summe, selbst für damalige Verhältnisse. Da Miete an den Erzbischof zu zahlen war und acht hungrige Mäuler gestopft werden mußten, reichte es vorn und hinten nicht.

In jener Nacht wurde Merritt wie verabredet kurz vor zwei Uhr von einem Nachbarn durch ein Klopfen am Fenster geweckt. Er stand auf und machte sich für die Frühschicht fertig. Es war bitter kalt, und er zog sich so warm an, wie seine bescheidene Garderobe es ihm erlaubte: Er trug einen abgetragenen Mantel, darunter eine Art Arbeitskittel, den die Viktorianer als *slop* bezeichneten, ein zerrissenes graues Hemd, eine Cordhose, deren Aufschläge mit einer Schnur zugebunden waren, dicke Socken und schwarze Stiefel. Die Kleidung war nicht sonderlich sauber; aber schließlich mußte er die nächsten acht Stunden Kohlen schaufeln, und so kümmerte ihn sein Aussehen wenig.

Seine Frau erinnerte sich später, daß er ein Streichholz anzündete, bevor er aus dem Haus ging. Das letzte, was sie von ihm sah, war sein Schatten unter einer der hellen Gaslaternen, mit denen die Straßen von Lambeth seit kurzem ausgestattet waren. In der kalten Nachtluft war sein Atem sichtbar – oder vielleicht paffte er auch nur seine Pfeife. Er ging zielstrebig die Cornwall Road hinunter und bog dann in die Belvedere Road ein. Die Nacht war still und sternenklar; nichts war zu hören, nachdem seine Schritte verhallt waren, außer dem ewigen Rattern und Schnauben der Lokomotiven.

Mrs. Merritt hatte keinen Grund, besorgt zu sein. Wie in den zwanzig vorangegangenen Nächten, in denen ihr Mann Frühschicht gehabt hatte, ging sie davon aus, daß nichts passieren würde. George marschierte wie gewöhnlich zu den hohen Mauern und den verschnörkelten Toren der Brauerei mit dem großen roten Löwen – dem Symbol der Firma und einem der bekanntesten Wahrzeichen der Stadt. Das Kohlenschaufeln warf vielleicht nicht gerade viel ab, aber in einem so berühmten Unternehmen wie der Red-Lion-Brauerei zu arbeiten, erfüllte ihn doch mit einem gewissen Stolz.

In jener Nacht sollte George Merritt sein Ziel nicht mehr erreichen. Auf Höhe der Tennison Street, dort wo die Südseite der Bleihütte von Lambeth an die nördliche Mauer der Brauerei grenzte, hörte er plötzlich einen Schrei. Ein Mann schien ihn zu verfolgen und brüllte ihn fürchterlich an. Merritt bekam Angst; das war nicht bloß irgendein gewöhnlicher Straßenräuber, der einem im Dunkeln auflauerte; dies war etwas ganz anderes. Voller Panik begann Merritt zu laufen. Immer wieder rutschte er auf den eisglatten Pflastersteinen aus. Irgendwann drehte er sich um. Der Mann war ihm immer noch auf den Fersen, brüllte immer noch hinter ihm her. Dann geschah das Unfaßbare: Er blieb stehen, zog eine Pistole, legte an und feuerte.

Der Schuß ging daneben und schlug in die Brauereimauer ein. George Merritt versuchte, noch schneller zu laufen. Er schrie um Hilfe. Ein zweiter Schuß krachte. Vielleicht noch einer. Ein letzter Schuß traf den unglückseligen Merritt schließlich ins Genick. Er schlug mit dem Gesicht nach unten auf das Pflaster auf, und eine Blutlache breitete sich um ihn aus.

Wenige Augenblicke später erklangen die eiligen Schritte von Constable Burton: Er sah den Mann am Boden liegen und versuchte, ihm aufzuhelfen und Mut zuzusprechen. Ein zweiter Polizist, William Ward, fing auf der Waterloo Road, die auch um diese Zeit noch befahren war, eine Kutsche ab. Sie hoben den Verletzten vorsichtig von der Straße auf, legten ihn in das Gefährt und wiesen den Kutscher an, ihn so schnell wie möglich in das St.-Thomas-Hospital, knapp fünfhundert Meter weiter unten an der Belvedere Road gegenüber dem Erzbischöflichen Palais, zu bringen. Die Pferde taten ihr Bestes; die Hufe schlugen Funken auf dem Weg zur Notaufnahme.

Der Weg war umsonst. Die Ärzte untersuchten George Merritt und versuchten, die klaffende Wunde in seinem Nacken zu schließen. Doch die Halsschlagader war durchtrennt und die Wirbelsäule von zwei großkalibrigen Geschossen zersplittert worden.

Der Mann, der dieses unerhörte Verbrechen begangen hatte, wurde wenige Augenblicke nach der Tat von Constable Henry Tarrant in Gewahrsam genommen. Es war ein großer, gutgekleideter Herr mit – wie der Polizist meinte – «militärischem Gebaren», ein Mann von aufrechter Haltung und hochmütiger Art. In der rechten Hand hielt er einen Revolver, der noch rauchte. Er unternahm keinerlei Versuch zu fliehen, sondern blieb ruhig stehen, als der Polizist auf ihn zuging.

«Wer hat da geschossen?» wollte der Constable wissen.

«Ich war es», erwiderte der Mann und hielt die Pistole hoch. Tarrant riß sie ihm aus der Hand.

«Auf wen haben Sie geschossen?» fragte er weiter.

Der Mann deutete in Richtung Belvedere Road, auf die Gestalt, die vor der Brauerei unter einer Straßenlaterne reglos am Boden lag. Dann entfuhr ihm die einzige komische Bemerkung, die er, nach allem, was man über ihn weiß, je machte, die allerdings seine große – und sein Leben in fataler Weise bestimmende – Schwäche erkennen ließ.

«Auf einen Mann», erklärte er verächtlich. «Sie meinen doch wohl nicht, ich wäre so feige und würde eine *Frau* erschießen!»

Inzwischen waren zwei weitere Polizisten am Tatort eingetroffen, und auch einige Schaulustige, unter anderem der Zollkassierer der Hungerford Bridge, der sich zuerst gar nicht hinausgewagt hatte, «aus Angst, ich könnte eine Kugel abkriegen», sowie eine Frau, die sich in ihrem Zimmer an der Tennison Street gerade ausgezogen hatte (die Tennison Street war eine Straße, in der es anscheinend ganz und gar nicht ungewöhnlich war für eine Frau, sich zu jeder denkbaren Stunde auszuziehen). Constable Tarrant bedeutete seinen beiden Kollegen, sich um das Opfer zu kümmern und keinen Menschenauflauf entstehen zu lassen, und brachte den mutmaßlichen – und widerstandslosen – Mörder auf das Polizeirevier in der Tower Street.

Unterwegs wurde der Verhaftete dann um einiges gesprächiger, doch Tarrant bezeichnete ihn insgesamt als ruhig und gefaßt und offensichtlich nicht betrunken. Er erklärte, das Ganze sei ein schreckliches Versehen gewesen; er habe den Falschen erschossen, beteuerte er. Er hätte es auf einen anderen abgesehen gehabt, einen ganz anderen. Jemand war in sein Zimmer eingebrochen; er habe denjenigen nur verjagt und sich gewehrt, was doch wohl jedermanns gutes Recht sei.

«Rühren Sie mich nicht an!» warnte er, als ihm Tarrant eine Hand auf die Schulter legte. Dann meinte er um einiges friedlicher: «Sie haben mich ja noch gar nicht durchsucht.»

«Das mache ich auf dem Revier», erwiderte der Constable.

«Woher wissen Sie, daß ich keine zweite Pistole habe und Sie womöglich erschieße?»

Der Polizist blieb gelassen und erklärte ungerührt, falls er eine weitere Pistole habe, könne er vielleicht so freundlich sein und sie in der Tasche lassen, jedenfalls vorläufig.

«Aber ich habe ein Messer», entgegnete der Verhaftete.

«Lassen Sie das ebenfalls stecken», meinte der sture Constable.

Eine zweite Pistole kam nicht zum Vorschein, allerdings tauchte bei der Durchsuchung ein langes Jagdmesser in einer Lederhülle auf, die der Mann hinten an seine Hosenträger geschnallt hatte.

«Ein chirurgisches Instrument», lautete die Erklärung. «Ich trage es nicht immer bei mir.»

Im Anschluß an die Durchsuchung erklärte Tarrant dem diensthabenden Beamten, was kurz zuvor auf der Belvedere Road vorgefallen war. Dann machten sich die beiden daran, den Verhafteten offiziell zu vernehmen.

Sein Name lautete William Chester Minor. Er war siebenunddreißig Jahre alt und, wie der Polizist bereits aus seiner Haltung geschlossen hatte, ehemaliger Offizier. Außerdem war er examinierter Arzt. Er hielt sich seit knapp einem Jahr in London auf und hatte sich ganz in der Nähe, in der Tennison Street Nummer 41, in einem

25

einfach möblierten Zimmer eingemietet und lebte allein. Offensichtlich war er nicht gezwungen, so spartanisch zu leben, denn in der Tat verfügte er über recht beträchtliche Mittel. Er gab zu verstehen, daß er aus anderen Gründen, jedenfalls nicht aus finanziellen, in diese zwielichtige Gegend gezogen war, doch welche Gründe dies waren, wurde bei den ersten Vernehmungen nicht festgestellt. Im Morgengrauen wurde er in das Gefängnis in der Horsemonger Lane gebracht und des Mordes angeklagt.

Es gab jedoch eine unerwartete Komplikation. William Minor stammte, wie sich herausstellte, aus New Haven, Connecticut. Er diente als Offizier in der Armee der Vereinigten Staaten. Er war Amerikaner.

Dadurch bekam der Fall natürlich eine ganz andere Dimension. Nun mußte die amerikanische Gesandtschaft unterrichtet werden; obwohl es Samstag war, setzte das Außenministerium im Laufe des Vormittags den Botschafter der Vereinigten Staaten in London davon in Kenntnis, daß ein amerikanischer Armeearzt verhaftet und unter Mordanklage gestellt worden sei. Die Schüsse auf der Belvedere Road in Lambeth, die bereits wegen ihres Seltenheitswertes als Sensation galten, wurden nun auch noch zu einem internationalen Zwischenfall.

Die britischen Zeitungen, stets begierig, die transatlantischen Rivalen schlechtzumachen, schlachteten diesen Aspekt der Geschichte natürlich besonders aus.

«Die Geringschätzung, mit der die Amerikaner ein Menschenleben betrachten», stichelte die *South London Press*, «bezeichnet vielleicht einen der auffälligsten Unterschiede zwischen ihnen und den Engländern, und dies ist eines der erschreckendsten Beispiele direkt vor unserer Haustür. Das Opfer eines schrecklichen Irrtums hinterläßt eine hochschwangere Frau und sieben Kinder, wovon das älteste erst dreizehn ist. Erfreulicherweise können wir berichten, daß viele Wohltätige der Witwe und den Waisen bereitwillig zu Hilfe kommen, und wir wollen aufrichtig hoffen, daß alle, die auch nur eine Kleinigkeit entbehren können, ihr Bestes tun werden, um den Opfern dieser schrecklichen Tragödie zu helfen. Der amerikanische Vizekonsul hat dankenswerterweise einen Spendenfonds eröffnet und alle derzeit in London weilenden Amerikaner dazu aufgerufen, ihr möglichstes zur Linderung des Elends beizutragen, das einer ihrer Landsleute heraufbeschworen hat...»

Bald wurden auch Ermittler von Scotland Yard auf den Fall angesetzt: Er war plötzlich so wichtig geworden, daß man sich auf beiden Seiten des Atlantiks um Gerechtigkeit bemühte. Da Minor stumm in seiner Zelle saß und keinerlei hilfreiche Hinweise gab, außer daß er das Opfer nicht gekannt und es aus Versehen erschossen habe, ging man jedem erdenklichen Motiv nach. Bei diesen Untersuchungen gewannen die Ermittler ahnungsvolle Einblicke in ein ungewöhnliches und tragisches Leben.

William Minor war im vorausgegangenen Herbst nach Großbritannien gekommen, weil er krank war. Er litt an einer Krankheit, die einigen Zeitungen zufolge zumindest teilweise «auf seinen lockeren Lebenswandel zurückzuführen war». Der Anwalt, der später zu seiner Verteidigung bestellt wurde, wies darauf hin, daß Minor nach England gekommen war, um sein Gemüt zu beruhigen, das «erregt» war, wie die viktorianischen Ärzte zu sagen pflegten. Es hieß, er leide an einem «Gehirnschaden», und es wurden viele Ursachen angegeben, die dazu geführt hätten. Er sei in Amerika in einer Anstalt gewesen, erklärte sein Anwalt, und sei aus gesundheitlichen Gründen aus der Armee ausgeschieden. Diejenigen, die ihn kannten, hätten ihn als «Gentleman» bezeichnet – «gebildet und begabt, doch mit exzentrischen und ausschweifenden Gewohnheiten».

Zunächst mietete er sich im Radley's Hotel im Londoner West End ein und reiste dann mit der Bahn zu den bedeutendsten Metropolen Europas. Ein Freund von der Yale University hatte ihm ein Empfehlungsschreiben an den gefeierten englischen Künstler und Kritiker John Ruskin mitgegeben. Die beiden Männer hatten sich einmal getroffen, und man empfahl Minor, seinen Aquarellmalkasten mit auf seine Reisen zu nehmen und zur Entspannung zu malen.

Wie die Polizei vermutete, war Minor kurz nach Weihnachten 1871 aus dem West End nach Lambeth gezogen – eine höchst merkwürdige Entscheidung für einen Mann wie ihn, es sei denn, es ging ihm darum, wie er später auch zugab, leichten Zugang zu leichten Mädchen zu haben. Von den amerikanischen Behörden erfuhr Scotland Yard, daß sein Verhalten bereits während seiner Zeit als Offizier aktenkundig war; jahrelang habe er die Rotlichtbezirke jener Städte frequentiert, in denen er stationiert war, vor allem in New York, wo er nach Governors Island abkommandiert war und an seinen Urlaubstagen regelmäßig die anrüchigsten Bars und Varietés von Manhattan besuchte. Es hieß, er habe einen erstaunlichen sexuellen Appetit. Mindestens einmal hätte er sich eine Geschlechtskrankheit zugezogen. Und auch bei einer ärztlichen Untersuchung im Horsemonger-Lane-Gefängnis stellte man Anzeichen einer Gonorrhöe bei ihm fest. Er habe sie sich bei einer einheimischen Prostituierten geholt, erklärte er, und habe sie auszukurieren versucht, indem er sich weißen Rheinwein in die Harnröhre einspritzte – ein ausgesprochen origineller Therapieversuch, der natürlich fehlschlug.

Sein Zimmer indes verriet nichts von dieser dunklen Seite seiner Persönlichkeit. Die Kriminalbeamten fanden schwere Lederkoffer mit Messingbeschlägen, jede Menge Geld – hauptsächlich französische Zwanzig-Livre-Scheine –, eine goldene Uhr mit Kette, ein paar Patronen für seine Pistole, seine ärztliche Zulassung und die Urkunde seiner Ernennung zum Hauptmann der US Army. Sie entdeckten auch das Empfehlungsschreiben an Ruskin sowie eine Vielzahl von Aquarellen, die offenbar von Minor selbst stammten. Es handelte sich hauptsächlich um Ansichten von London, meist von den Hügeln oberhalb des Kristallpalastes, und jeder, der sie sah, bescheinigte ihnen eine hohe künstlerische Qualität.

Nach Aussage seiner Vermieterin, Mrs. Fisher, war er ein ordentlicher Mieter, aber irgendwie sonderbar. Er pflegte oft tagelang wegzubleiben und ließ, wenn er wieder auftauchte, seine Hotelrechnungen – vom Charing Cross Hotel, wie sie sich erinnerte, oder vom Crystal Palace – offen und demonstrativ herumliegen. Er schien auch sehr ängstlich zu sein, fügte sie hinzu. Oft verlangte er, daß die Möbel in seinem Zimmer umgestellt wurden. Er schien Angst zu haben, jemand könnte bei ihm einbrechen.

Eines hätte ihn ganz besonders beunruhigt, berichtete Mrs. Fisher der Polizei: Dr. Minor hatte anscheinend *wahn-*

sinnige Angst vor Iren. Er pflegte sie unentwegt zu fragen, ob sie irische Bedienstete im Haus beschäftige – und wenn ja, verlangte er, daß sie entlassen wurden. Und ob sie irgendwelche irischen Besucher oder irischen Gäste beherberge. Er mußte stets darüber auf dem laufenden gehalten werden, denn in Lambeth (wo unzählige irische Gelegenheitsarbeiter lebten, die auf den vielen Londoner Baustellen arbeiteten) war damit jederzeit zu rechnen.

Doch erst beim Mordprozeß, der Anfang April begann, sollte das ganze Ausmaß von Dr. Minors Krankheit zutage treten. Von den zahlreichen Zeugen, die vor dem Richter am Geschworenengericht von Kingston erschienen – denn der Fall oblag noch der Gerichtsbarkeit von Surrey, nicht der von London –, berichteten drei zum Erstaunen der Anwesenden, was sie über den armen Minor wußten.

Als erstes räumte die Londoner Polizei ein, daß der Angeklagte durchaus kein Unbekannter sei und man bereits geraume Zeit vor dem Mord gewußt habe, daß es sich um einen Problemfall handle. Ein Kriminalbeamter namens Williamsons sagte aus, Minor sei drei Monate zuvor zu Scotland Yard gekommen und habe erklärt, daß nachts Männer in sein Zimmer eindringen und ihn vergiften wollten. Er glaubte, es seien Fenier, Mitglieder des militanten irischen Geheimbundes, die sich unter den Dachsparren versteckten, durch die Fenster schlüpften oder sonstwie bei ihm einzudringen suchten.

Er habe mehrmals derartige Behauptungen vorgebracht, sagte Williamson. Kurz vor Weihnachten hatte Minor sogar den Polizeichef von New Haven dazu bewegen können, einen Brief an Scotland Yard zu schreiben, um auf Minors Situation hinzuweisen. Selbst als der Arzt in die

Tennison Street gezogen war, blieb er mit Williamson in Kontakt: Am 12. Januar schrieb er ihm, er sei unter Drogen gesetzt worden und fürchte, die Fenier wollten ihn umbringen, und das Ganze solle wie ein Selbstmord aussehen.

Ein klassischer Hilferuf, würde man heute sagen. Doch der allmählich die Geduld verlierende Kommissar Williamson unterrichtete niemanden und unternahm nichts, außer in seinem Dienstbuch verächtlich zu vermerken, Minor sei eindeutig *verrückt* – dies war das erste Mal, daß der unglückselige Amerikaner mit diesem Wort beschrieben wurde.

Dann trat ein Zeuge auf, der Dr. Minor während seiner Untersuchungshaft in der Zelle in der Horsemonger Lane beobachtet hatte und sehr merkwürdige Dinge zu berichten wußte. Der Zeuge William Dennis gehörte einem Berufsstand an, der in der heutigen Zeit längst in Vergessenheit geraten ist: Er war ein sogenannter «Bethlem-Wärter». Normalerweise arbeitete er im Bethlehem Hospital für Geisteskranke, in dem so unsägliche Zustände herrschten, daß die Institution zum Inbegriff eines Irrenhauses wurde – im heutigen Englisch bedeutet *bedlam* soviel wie Tollhaus. Dennis mußte die Insassen über Nacht beaufsichtigen, damit sie nicht versuchten, der Gerechtigkeit ein Schnippchen zu schlagen, indem sie sich umbrachten. Mitte Februar sei er ins Horsemonger-Lane-Gefängnis abgestellt worden, sagte er, um die nächtlichen Aktivitäten des sonderbaren Besuchers zu beobachten. Er habe ihn vierundzwanzig Nächte lang beobachtet, lautete seine Aussage.

Seine Eindrücke seien höchst merkwürdig und beunruhigend gewesen, erklärte Mr. Dennis den Geschworenen. Jeden Morgen, kaum daß er aufgewacht war, pflegte Dr.

31

Minor ihn zu beschuldigen, Geld von jemandem angenommen zu haben und ihn dafür im Schlaf zu belästigen. Dann spuckte er Dutzende Male aus, als wolle er etwas loswerden, was ihm eingeträufelt worden war. Als nächstes pflegte er unter sein Bett zu krabbeln und nach Leuten zu suchen, die sich seiner Überzeugung nach dort versteckt hielten und es auf ihn abgesehen hatten. Dennis teilte seinem Vorgesetzten, dem Gefängnisarzt mit, seiner Meinung nach sei William Minor verrückt.

Aus den Aufzeichnungen des polizeilichen Verhörs ergab sich ein der Einbildung entsprungenes Motiv für das Verbrechen – und damit ein weiterer Hinweis auf Dr. Minors geistige Verwirrung. Jede Nacht, so hatte Minor während der Vernehmung ausgesagt, würden Unbekannte, oft aus der Unterschicht, oft Iren, in sein Zimmer eindringen, während er schlief. Sie würden ihn malträtieren, ihm in einer Weise zusetzen, die er unmöglich beschreiben könne. Seit Monaten, seit diese nächtlichen Besucher begonnen hatten, ihn zu quälen, schlief er nur noch mit einem geladenen Revolver unter dem Kissen.

In der fraglichen Nacht sei er jäh aufgewacht und überzeugt gewesen, in der Dunkelheit am Fuß seines Bettes einen Mann stehen zu sehen. Er habe unter dem Kissen seinen Revolver hervorgeholt; daraufhin habe der Mann die Flucht ergriffen, sei die Treppe hinunter und aus dem Haus gerannt. Minor sei ihm gefolgt, so schnell er konnte, habe einen Mann auf die Belvedere Road laufen sehen, sei überzeugt gewesen, daß es der Eindringling war, habe ihn angeschrien und dann viermal gefeuert, bis er ihn getroffen hatte und der Mann reglos dalag und ihm nichts mehr antun konnte.

Das Gericht hörte schweigend zu. Die Vermieterin schüttelte den Kopf. Niemand käme nachts ohne einen Schlüssel in ihr Haus, hatte sie ausgesagt. Alle hätten einen sehr leichten Schlaf. Es könne gar niemand einbrechen.

Und zur endgültigen Bestätigung hörte das Gericht den Stiefbruder des Angeklagten, George Minor, an. Es sei ein Alptraum gewesen, gestand George, mit seinem Bruder William im Haus der Familie in New Haven unter einem Dach zu leben. Jeden Morgen habe er behauptet, jemand habe in sein Zimmer einbrechen und ihn behelligen wollen. Man würde ihn verfolgen. Böse Männer würden versuchen, ihm vergiftete Kekse in den Mund zu stopfen. Sie steckten mit anderen unter einer Decke, die sich im Speicher verbargen und nachts herunterstiegen und ihn peinigten, während er schlief. Das Ganze sei die Strafe, habe er gesagt, die Strafe für eine Tat, zu der man ihn in der amerikanischen Armee gezwungen habe. Nur wenn er nach Europa ginge, könne er seinen Dämonen entfliehen. Er wolle reisen und malen und wie ein geachteter, kultivierter Gentleman leben – dann würden sich die Verfolger vielleicht ins Dunkel der Nacht verflüchtigen.

Das Gericht hörte bedrückt und schweigend zu, während Dr. Minor finster und beschämt auf der Anklagebank saß. Der Anwalt, den ihm der amerikanische Generalkonsul besorgt hatte, äußerte nur, es sei eindeutig, daß sein Mandant geisteskrank sei und daß die Geschworenen entsprechend urteilen sollten.

Der vorsitzende Richter nickte zustimmend. Es sei ein kurzes, wenn auch bedauerliches Verfahren gewesen und der Angeklagte sei ein gebildeter und kultivierter Mensch, ein Ausländer und ein Patriot, der so gar nichts von jenen Halunken habe, die normalerweise vor ihm auf der Anklagebank säßen. Doch das Gesetz müsse korrekt angewandt werden, egal, in welchem Stand beziehungsweise Zustand sich der Angeklagte befinde; die Entscheidung in diesem Fall stehe in gewissem Sinne bereits fest.

Seit dreißig Jahren richtete sich die Rechtsprechung in solchen Fällen nach der M'Naughton-Entscheidung, benannt nach dem Mann, der 1843 den Sekretär von Sir Robert Peel erschossen hatte und der mit der Begründung freigesprochen worden war, er sei so verrückt, daß er nicht Recht von Unrecht unterscheiden könne. Auch in diesem Fall, empfahl der Richter den Geschworenen, sollte dieser Rechtsgrundsatz Anwendung finden, der nicht von der Schuldfrage ausgeht, sondern von der Zurechnungsfähigkeit. Falls sie der Überzeugung seien, der Angeklagte sei «unzurechnungsfähig» und habe George Merritt unter einer der eben geschilderten Wahnvorstellungen getötet, dann müßten sie so entscheiden, wie es die Geschworenen in diesen ungewöhnlich nachsichtigen Zeiten der britischen Justiz zu tun pflegten: Sie müßten William Chester Minor aufgrund seiner geistigen Verwirrung für nicht schuldig befinden und es dem Richter überlassen, eine Form der Verwahrung festzusetzen, die er für angebracht und notwendig erachte.

Und genau so entschieden die Geschworenen ohne lange Beratung am späten Nachmittag des 6. April 1872. Sie befanden Dr. Minor im Sinne des Gesetzes für nicht des Mordes schuldig, den er, wie sie alle und er selbst wußten, begangen hatte. Der Richter verkündete dann das einzige in diesem Fall mögliche Urteil – ein Urteil, das auch heute noch gelegentlich gefällt wird.

«Sie werden in sicheren Gewahrsam genommen, Dr. Minor», ließ der Richter verlauten, «bis Ihre Majestät anders belieben.» Diese Entscheidung sollte ungeahnte und völlig unerwartete Folgen haben, die in der Welt der englischen Sprache bis zum heutigen Tag nachwirken.

Das Innenministerium nahm das Urteil zur Kenntnis und verfügte des weiteren, daß Dr. Minor seine Haftstrafe – die angesichts der Schwere seiner Krankheit wahrscheinlich bis zu seinem Lebensende währen würde – in dem neuerbauten Aushängeschild des britischen Strafvollzugs verbüßen sollte, einer von hohen Mauern und Stacheldraht umzäunten, ausgedehnten Anlage aus rotem Backstein in dem kleinen Dorf Crowthorne in der Grafschaft Berkshire. Dr. Minor sollte so schnell wie möglich von seinem bisherigen Gefängnis in Surrey in die Straf- und Irrenanstalt von Broadmoor überführt werden.

Und so wurde Dr. William C. Minor, einst stolzer Vertreter einer der ältesten und geachtetsten Familien Neuenglands und Wundarzt der United States Army, im englischen Crowthorne fortan als Karteinummer 742 geführt und als geisteskrank erklärter Verbrecher auf unbestimmte Zeit in Gewahrsam genommen.

2. Kapitel

Der Mann, der das Vieh
Latein lehrte

---

polymath ('pɒlɪmæθ), *sb. (a.)* Also 7 polumathe.
[ad. Gr. πολυμαθής having learnt much, f. πολυ-
much + μαθ-, stem of μανθάνειν to learn. So F.
polymathe.] **a.** A person of much or varied learning; one acquainted with various subjects of study.
   1621 BURTON *Anat. Mel.* Democr. to Rdr. (1676)
4/2 To be thought and held Polumathes and Polyhistors. a**1840** MOORE *Devil among Schol.* 7 The Ply-
maths and Polyhistors, Polyglots and all their sisters.
1855 M. PATTISON *Ess.* I. 290 He belongs to the
class which German writers ... have denominated ‹Polymaths›. **1897** O. SMEATON *Smollett* ii. 30 One of
the last of the mighty Scots polymaths.

---

philology (fɪ'lɒlədʒɪ). [In Chaucer, ad. L. *philo-
logia*; in 17th c. prob. a. F. *philologie*, ad. L. *phi-
lologia*, a. Gr. φιλολογία, abstr. n. from φιλά-
λογος fond of speech, talkative; fond of discussi-
on or argument; studious of words; fond of
learning and literature, literary; f. φιλο- PHILO-
+ λόγος word, speech, etc.]
   1. Love of learning and literature; the study of literature, in a wide sense, including grammar, literary criti-
cism and interpretation, the relation of literature and
written records to history, etc.; literary of classical scho-
larship; polite learning.

Es dauerte über siebzig Jahre, bis die zwölf grabstein-
großen Bände der ersten Ausgabe jenes Wörterbuches
fertig waren, das später als *Oxford English Dictionary*
bezeichnet wurde. Dieses heroische Sprachdenkmal, das

zunächst *New English Dictionary* hieß und erst später auf den Namen *Oxford English Dictionary* getauft wurde und seither allgemein unter der Abkürzung OED bekannt ist, wurde 1928 vollendet. In den folgenden Jahren kamen fünf Ergänzungsbände heraus, und ein halbes Jahrhundert später erschien eine zweite Ausgabe, in der die ursprünglichen und alle nachfolgenden Zusatzbände in einer neuen zwanzigbändigen Gesamtausgabe zusammengefaßt wurden. Das Wörterbuch ist nach wie vor in jeder Hinsicht ein wahrlich monumentales Werk und gilt weitgehend unangefochten als Vorbild und maßgeblicher Ratgeber für die Sprache, die – egal, wie man dazu stehen mag – zur Lingua franca der heutigen zivilisierten Welt geworden ist.

Das Englische ist eine äußerst umfangreiche und komplexe Sprache, folglich ist das OED ein äußerst umfangreiches und komplexes Wörterbuch. Weit über eine halbe Million Wörter werden darin erklärt. Es enthält eine unvorstellbare Zahl von Buchstaben und zumindest in den ersten Ausgaben ganze Meilen handgesetzter Zeilen. Die riesigen und ungeheuer schweren Bände sind in dunkelblaues Leinen gebunden; Graphiker, Drucker und Buchbinder auf der ganzen Welt betrachten es als Gipfel ihrer Kunst, als schönes und elegantes Meisterwerk, dessen äußeres Erscheinungsbild der inhaltlichen Gründlichkeit mehr als angemessen ist.

Das OED unterscheidet sich von den meisten anderen Wörterbüchern durch das ihm zugrundeliegende Prinzip, *Zitate* für die publizierte oder anderweitig dokumentierte Verwendung des Englischen zu sammeln und die Zitate als Belege dafür zu benutzen, in welcher Bedeutung jedes einzelne Wort der Sprache gebraucht wird. Hinter dieser ungewöhnlichen und ungeheuer aufwendigen Methode des Kompilierens und Ordnens stand eine ebenso kühne wie simple Überlegung: Durch das Anführen ausgewählter Zitate sollte das *Dictionary* die volle Bandbreite der unterschiedlichen Bedeutungen jedes einzelnen Wortes so präzise wie möglich veranschaulichen. Zitate konnten genau aufzeigen, wie ein Wort im Laufe der Jahrhunderte verwendet wurde, welche oftmals höchst subtilen Veränderungen seine Bedeutung, seine Schreibweise oder Aussprache erfuhren und vor allem *wie* und *wann* genau jedes einzelne Wort überhaupt erstmals in die Sprache einging. Keine andere lexikographische Methode konnte dies leisten; nur durch das Auffinden und Auflisten von Beispielen konnten alle bisherigen Bedeutungsmöglichkeiten eines Wortes vollständig erfaßt werden.

Die Ziele derjenigen, die das Projekt um 1850 ins Leben riefen, waren kühn und höchst ehrenwert, doch ihre Vorgehensweise hatte eindeutig kommerzielle Nachteile: Es war ungeheuer zeitraubend, auf dieser Grundlage ein Wörterbuch zu erstellen; das Ganze dauerte viel zu lange, um mit der Entwicklung der Sprache Schritt halten zu können; das Endergebnis war ungemein umfangreich und mußte in beinahe ebenso umfangreichen Ergänzungsbänden immer wieder auf den neuesten Stand gebracht werden. Aus all den genannten Gründen ist das Wörterbuch bis auf den heutigen Tag unglaublich teuer, sowohl in der Herstellung als auch im Verkauf.

Dennoch ist man sich darin einig, daß das OED einen Wert hat, der seinen Preis bei weitem übersteigt; es ist noch immer in Druck und wird nach wie vor gekauft. Es gilt als unentbehrliches Nachschlagewerk und als Grundstein jeder guten Bibliothek. Und es wird noch immer mit der größten Selbstverständlichkeit zitiert – «*laut OED* ...». In Parlamenten, Gerichten, Schulen und Hörsälen in jedem Winkel der englischsprachigen Welt und wahrscheinlich auch darüber hinaus beruft man sich auf das OED.

Das Wörterbuch behauptet seinen Rang durch ein autoritatives Selbstbewußtsein und nicht zuletzt dadurch, daß es seinen fünfhunderttausend Definitionen eine äußerst viktorianische Bestimmtheit im Ton verleiht. Manche bezeichnen die Sprache des Wörterbuches als altmodisch, als hochtrabend, ja sogar als arrogant. Man beachte, argumentieren sie, wie zimperlich man noch immer beispielsweise einem so moderaten Fluch wie «*bloody*» begegnet. Zwar setzen die heutigen Herausgeber die ursprüngliche Definition des *New English Dictionary* in Anführungszeichen – es heißt dort, es sei ein Wort «*now constantly in the mouths of the lowest classes, but by respectable people considered ‹a horrid word›, on a par with obscene or profane language, and usually printed in the newspapers (in police reports, etc.) ‹b-y›*» [Das Wort werde «von den untersten Schichten inzwischen ständig im Munde geführt, von achtbaren Menschen jedoch als ‹scheußliches Wort› empfunden, ganz so wie obszöne oder lästerliche Ausdrücke, und in den Zeitungen (in Polizeiberichten usw.) normalerweise als ‹b-y› wiedergegeben»] –, doch selbst die heutige Definition erscheint vielen recht antiquiert: *there is no ground for the notion*, wird uns in dem Eintrag versichert, *that ‹bloody›, offensive as from associations it now is to ears polite, contains any profane allusion* ... [Es besteht kein Grund zu der Auffassung, daß ‹bloody›, so anstößig es aufgrund von Assoziationen für kultivierte Ohren inzwischen klingen mag, irgendwelche unziemlichen Anspielungen enthält ...]

Diejenigen mit den kultivierten Ohren sehen in dem *Dictionary* vermutlich etwas ganz anderes: Sie verehren es als letzte Bastion englischer Kultur, als letzten Hort der Werte des einstmals größten neuzeitlichen Weltreiches.

Doch auch sie werden einräumen müssen, daß das Wörterbuch eine Reihe amüsanter Überspanntheiten aufweist, sowohl was die Auswahl der Begriffe als auch deren Schreibweise betrifft. In jüngster Zeit hat sich ein kleiner, aber durchaus beachteter akademischer Zweig entwickkelt, der das kritisiert, was in diesem Kreis als Sexismus und Rassismus des Wörterbuches empfunden wird: seine pedantische und unzeitgemäß imperiale Haltung. (Und zu Oxfords ewiger Schande ist während der siebzigjährigen Entstehungszeit zugegebenermaßen sogar ein Wort – wenn auch nur eines – verlorengegangen, das dann allerdings fünf Jahre nach Erscheinen der ersten Ausgabe in einen Ergänzungsband aufgenommen wurde.)

Es gibt viele solcher Kritiker, und da das Wörterbuch ein so großes und unbewegliches Ziel ist, wird es zweifellos noch viele weitere geben. Doch egal, wie dogmatischkritisch sie seinen Unzulänglichkeiten begegnen mögen, scheinen die meisten Benutzer letztlich nicht umhinzukönnen, das Wörterbuch als ein literarisches und lexikographisches Kunstwerk zu bewundern. Es ist ein Buch, das ein Gefühl wahrer und anhaltender Zuneigung weckt. Es ist ein ehrfurchtgebietendes Werk. Und es ist das wichtigste Nachschlagewerk, das je verfaßt wurde, und angesichts der fortdauernden Bedeutung der englischen Sprache wahrscheinlich das wichtigste, das je existieren dürfte.

Von der folgenden Geschichte läßt sich durchaus behaupten, sie habe *zwei Protagonisten*. Einer davon ist Dr. Minor, der mordende Offizier aus Amerika. Und dann gibt es noch einen weiteren. Die Feststellung, eine Geschichte habe zwei oder drei oder zehn Protagonisten, gilt heutzutage als völlig akzeptable, keineswegs ungewöhnliche Ausdrucksweise. Doch einst entbrannte über die Verwendung des Wortes eine heftige lexikographische Kontroverse, die uns ein Bild davon vermittelt, auf welch einzigartige und außerordentliche Art und Weise das *Oxford English Dictionary* entstand und welch einschüchternde Macht es ausübt, wenn es seine Muskeln spielen läßt.

Das Wort *protagonist* an sich – in seiner allgemeinen Bedeutung als *the leading figure*, als Hauptfigur einer Geschichte, als Held einer Handlung oder als Vorkämpfer einer Sache – ist allgemein gebräuchlich. Die erste Ausgabe des *Dictionary* von 1928 liefert denn auch eine ausführliche und angemessene Definition, wie man dies bei einem so geläufigen Begriff auch erwarten würde.

Der Eintrag beginnt mit den üblichen Kopfzeilen, die Schreibweise, Aussprache und Herkunft erläutern (das Wort entstammt dem griechischen πρῶτος für *erster* und ἀγωνιστής für *Schauspieler*, bezeichnet also wörtlich *die zentrale Gestalt in einem Drama*). Dem folgt als zusätzliches und charakteristisches Merkmal des OED eine Auswahl von sechs Belegstellen – das entspricht der durchschnittlichen Zahl von Zitaten für ein Wort im OED; in manchen Fällen sind es auch weit mehr.

Die Zitate sind in zwei Kategorien unterteilt. Unter der ersten Rubrik wird anhand von drei Quellen erläutert, wie der Begriff wörtlich im Sinne von «die zentrale Gestalt in einem Drama» verwendet wird. Die drei weiteren Zitate veranschaulichen subtile Bedeutungsvarianten, in denen das Wort «die Hauptfigur bei jeder Art von Wettbewerb» oder «einen prominenten Vorkämpfer für eine Sache» bezeichnet. Nach einmütiger Auffassung ist diese zweite Bedeutung die modernere, die erste ist älter und gilt inzwischen als etwas antiquiert.

Die älteste Belegstelle für die Verwendung der ersten dieser beiden Bedeutungsvarianten entdeckten die lexikalischen Detektive des *Dictionary* in den Schriften von John Dryden aus dem Jahre 1671. «*Tis charg'd upon me*», heißt es in dem genannten Zitat, «*that I make debauch'd Persons ... my protagonists, or the chief persons of the drama ...*» [«Man wirft mir vor, ich machte verderbte Personen ... zu meinen Protagonisten, zu den Hauptfiguren des Dramas ...»]

Dies scheint aus lexikographischer Sicht der Grundstock für die Verwendung des Wortes im Englischen zu sein – und ein deutlicher Hinweis darauf, daß das Wort wahrscheinlich in jenem Jahr und wohl nicht früher in die geschriebene Sprache einging. (Eine Garantie dafür bietet das OED indes nicht. Besonders deutschen Gelehrten bereitet es immer wieder großes Vergnügen, einen inoffiziellen lexikographischen Wettstreit zu gewinnen, indem sie Belegstellen finden, die älter sind als die im OED genannten; nach letzten Zählungen haben allein die Deutschen fünfunddreißigtausend Fälle entdeckt, bei denen die OED-Belegstelle *nicht* der älteste Nachweis war; auch andere Forscher feiern kleine Triumphe als lexikalische Spürhunde, was die Herausgeber des *Oxford English Dictionary*, die weder eine Monopolstellung noch Unfehlbarkeit für sich beanspruchen, allerdings mit verächtlichem Gleichmut hinnehmen.)

Nun ist dieser Beleg für *protagonist* aber vor allem deswegen ein besonders dankbares Beispiel, weil Dryden die

Bedeutung des neugeprägten Wortes innerhalb des Satzes explizit dargelegt hat. Aus der Sicht der Herausgeber ist es von doppeltem Nutzen, wenn in einer Quelle der Ursprung des Wortes datiert und die Bedeutung erklärt wird, und zwar beides von einem einzigen englischen Autor.

Das Auffinden und Auflisten von Belegen für die Verwendung ist natürlich nur bedingt dazu geeignet, Aussagen über Entstehung und Bedeutung zu machen, doch für die Lexikographen des neunzehnten Jahrhunderts war dies die beste Methode, die zur Verfügung stand und die bis heute durch keine bessere ersetzt wurde. Von Zeit zu Zeit gelingt es einem Experten, gewisse Erkenntnisse in Frage zu stellen, und gelegentlich müssen die Herausgeber einiges widerrufen, müssen einen neuentdeckten älteren Beleg gelten lassen und einem bestimmten Wort eine längere Geschichte zusprechen, als es die ursprünglichen Herausgeber des OED getan haben. Zum Glück ist die Datierung des Wortes *protagonist* bisher noch nicht in Zweifel gezogen worden. Für das OED gilt nach wie vor das Jahr 1671. *Protagonist* ist damit seit mehr als dreihundert Jahren ein Bestandteil des gewaltigen Korpus der englischen Sprache.

Das Wort taucht, und zwar mit einem zusätzlichen Beleg, auch in dem Ergänzungsband von 1933 auf. Erforderlich geworden war dieser Band aufgrund der erdrükkenden Masse neuer Wörter und neuer Belege für neue Bedeutungen, die sich in den Jahrzehnten angesammelt hatten, in denen das *Dictionary* zusammengestellt wurde. Inzwischen hatte man eine weitere Bedeutungsfacette für das Wort *protagonist* entdeckt – *a leading player in some game of sport* [ein wichtiger Spieler in einem Spiel oder einer Sportart]. Als Nachweis wird ein Satz aus einer Ausgabe des *Complete Lawn Tennis Player* von 1908 aufgeführt.

Doch nun entbrannte die Kontroverse. Im zweiten großen Wörterbuch der englischen Sprache, dem ungeheuer populären *Dictionary of Modern English Usage* von 1926, behauptete der Herausgeber Henry Fowler – entgegen der Feststellung, mit der Dryden im OED zitiert wird –, das Wort *protagonist* könne nur in der Einzahl verwendet werden. Alles andere sei grammatikalisch falsch. Und nicht nur falsch, erklärte Fowler, sondern geradezu absurd. Es sei Unsinn zu behaupten, es könne zwei Rollen in einem Schauspiel geben, die beide als *the most important* bezeichnet werden. Entweder ist man «der Wichtigste» oder man ist es nicht.

Es dauerte über ein halbes Jahrhundert, bis das OED entschied, den Streit beizulegen. Im Ergänzungsband von 1981 wurde in der typisch autoritativen Art des *Dictionary* versucht, den sich leicht ereifernden (inzwischen allerdings längst verstorbenen) Mr. Fowler zu besänftigen. Ein neues Zitat wurde aufgenommen, um die Position zu untermauern, daß das Wort sowohl in der Einzahl als auch in der Mehrzahl verwendet werden könne. George Bernard Shaw, heißt es dort, hat 1950 geschrieben: «*Living actors have to learn that they too must be invisible while the* protagonists *are conversing, and therefore must not move a muscle nor change their expression*» [«Schauspieler müssen lernen, unsichtbar zu sein, während die *Protagonisten* sich unterhalten, also weder einen Muskel zu bewegen noch ihre Mimik zu verändern»]. Vielleicht ist Fowlers linguistische Maßgabe rein technisch gesehen korrekt, aber – so wird in einer erweiterten Fassung der OED-Definition von 1928 erläutert – möglicherweise *only in the specific terms of Greek theatre* [nur in den spezifischen Kategorien des griechischen Theaters], für die das Wort ursprünglich geprägt worden war.

In der nüchternen Welt des modernen Englisch, jener Welt, die zu definieren und zu ordnen sich das große *Dictionary* zum Ziel gesetzt hatte, ist es durchaus recht und billig, in einer Geschichte von zwei oder mehr Hauptfiguren zu sprechen. Viele Dramen bieten Raum für mehrere Helden, die alle gleichermaßen heldenhaft sein können. Die alten Griechen mögen durchaus «monoheroische» Dramatiker gewesen sein, doch der übrigen Welt bleibt es unbenommen, so viele Heldenpartien zu haben, wie ein Dramatiker sich auszudenken beliebt.

Inzwischen gibt es die zwanzigbändige zweite Ausgabe des OED, in die sämtliches Material aus den Ergänzungsbänden vollständig integriert wurde und die um neue Wörter und Formen, die in der Zwischenzeit entstanden sind, entsprechend ergänzt wurde. In dieser Ausgabe erscheint *protagonist* in seiner derzeit gültigen Definition mit drei Hauptbedeutungen, die durch neunzehn Zitate belegt sind. Drydens Zitat belegt unverändert den ursprünglichen Gebrauch des Wortes, einschließlich der Pluralform. Als weitere Begründung dafür, daß die Mehrzahl eine durchaus akzeptable Form ist, werden neben Shaw sowohl die *Times* als auch die Thrillerautorin und Mediävistin Dorothy L. Sayers angeführt. Das Wort ist somit also für alle Zeit lexikalisch richtig festgeschrieben und kann der beinahe unanfechtbaren Autorität des OED zufolge sowohl in der Einzahl als auch in der Mehrzahl verwendet werden.

Und das ist auch gut so, zumal diese Geschichte, wie bereits gesagt, in der Tat zwei Protagonisten aufweist. Der eine, so viel dürfte inzwischen klar sein, ist Dr. William Chester Minor, der für unzurechnungsfähig erklärte amerikanische Mörder. Der andere Held ist ein Mann, dessen Lebenszeit beinahe mit Minors identisch war, der aber in fast jeder anderen Hinsicht nichts mit jenem gemein hatte. Dieser Mann hieß James Augustus Henry Murray. Die Lebenspfade der beiden sollten sich im Laufe der Jahre auf sehr enge und höchst sonderbare Weise ineinander verschlingen.

Und beide sollten auf das engste mit dem *Oxford English Dictionary* verbunden sein. Unser zweiter Held, James Murray, sollte die letzten vierzig Jahre seines Lebens der wichtigste und verdientermaßen berühmteste Herausgeber des Wörterbuchs sein.

James Murray wurde im Februar 1837 geboren. Er kam als ältester Sohn eines Schneiders und Tuchhändlers in Hawick, einem winzigen Marktflecken im Teviot-Tal im schottischen Grenzland, zur Welt. Und das war auch schon alles, was die Welt seiner Meinung nach über ihn wissen sollte. «Ich bin ein Niemand», schrieb er gegen Ende des Jahrhunderts, als er berühmt zu werden begann. «Behandelt mich wie ein kosmisches Phänomen oder ein Echo oder eine irrationale Größe oder ignoriert mich ganz und gar.»

Doch es hat sich als unmöglich erwiesen, ihn zu ignorieren, denn er sollte zu einer überragenden Gestalt der britischen Gelehrtenwelt werden. Bereits zu Lebzeiten wurde er mit Ehrungen überschüttet, und nach seinem Tode erlangte er den Ruhm eines mythischen Helden. Allein Murrays Kindheit, die vor zwanzig Jahren von seiner Enkelin Elisabeth enthüllt wurde, als sie sein persönliches Archiv öffnete, läßt erahnen, daß er – trotz seiner be-

scheidenen, nicht gerade vielversprechenden Anfänge –
für Außergewöhnliches ausersehen war.

Als kleiner Junge war er altklug und sehr ernst. Allmählich entwickelte er sich zu einem erstaunlich belese-
nen Jugendlichen; er war groß und stattlich, trug langes
Haar und schon früh einen rotblonden Bart, der seine
strenge und gesetzte Erscheinung noch unterstrich. «Wissen ist Macht», vermerkte er auf dem Deckblatt seines
Schulheftes, und da er bereits im Alter von fünfzehn Jahren nicht nur über weitreichende Kenntnisse in Französisch, Italienisch, Deutsch und Griechisch verfügte, sondern wie alle gebildeten Kinder jener Zeit auch Latein lernte, verewigte er auf dem Heft auch die Losung *«Nihil est
melius quam vita diligentissima»*.

Ein unstillbarer Wissensdurst und eine brennende Neugier weckten sein Interesse an allen möglichen Dingen. Er
studierte die Geologie und Botanik seiner Heimat; anhand
eines Globus lernte er einiges über Geographie und begann sich für Landkarten zu begeistern; er trieb zahlreiche Schulbücher auf, aus denen er sich die erdrückende
Detailfülle der Weltgeschichte aneignete; und er prägte sich
sämtliche Naturphänomene ein, die er um sich herum beobachtete. Seine jüngeren Brüder erzählten später, wie er
sie einmal mitten in der Nacht aufgeweckt habe, um ihnen den Aufgang des Sirius zu zeigen, dessen Umlaufbahn
er selbst berechnet hatte; die Berechnung erwies sich als
absolut richtig, die Begeisterung der Familie als relativ ge-
ring.

Ganz besonders schätzte er es, Menschen zu befragen,
die sich als lebendes Bindeglied zur Geschichte entpupp-
ten. Einmal stieß er auf einen uralten Mann, der jemanden gekannt hatte, der Zeuge der Ausrufung von William

und Mary im Jahr 1689 gewesen war. Seine Mutter erzählte immer wieder davon, wie sie einst vom Sieg von Waterloo erfahren hatte. Und als er schließlich selbst Kinder hatte, durften diese auf dem Schoß eines älteren Marineoffiziers sitzen, der bei Napoleons Kapitulation zugegen gewesen war.

Die Schule beendete Murray, wie die meisten ärmeren Kinder auf den britischen Inseln, mit vierzehn. Man hatte kein Geld, um ihn auf das schulgeldpflichtige Gymnasium im nahe gelegenen Melrose zu schicken, und im übrigen setzten seine Eltern einiges Vertrauen in seine Fähigkeit, selbst Lehrer zu werden – indem er sich, wie er gelobt hatte, einer *vita diligentissima* verschrieb. Ihre Hoffnungen erwiesen sich als begründet: James eignete sich immer mehr Wissen an, und sei es auch nur – wie er später zugab –, um des reinen Wissens willen, und oft auf höchst exzentrische Weise.

Er unternahm Grabungen an zahlreichen archäologischen Stätten im gesamten Grenzland (das nahe am Hadrianswall lag und daher eine ergiebige Fundstätte für vergrabene Schätze war); er versuchte, den Kühen des Ortes beizubringen, auf lateinische Rufe zu reagieren; im Schein einer winzigen Öllampe las er aus den Werken eines Franzosen mit dem vornehmen Namen Théodore Agrippa d'Aubigné vor und übersetzte das Ganze für seine Familie, die sich gebannt um ihn scharte.

Einmal versuchte er, mit Blättern von Wasserlilien Schwimmflügel zu bauen; er band sie sich an die Arme, ging jedoch wegen der falsch berechneten Tragkraft kopfüber unter und wäre ertrunken (er war Nichtschwimmer), hätten seine Freunde ihn nicht gerettet, indem sie ihn an seiner eineinhalb Meter langen Frackschleife aus dem

48

Teich fischten. Er lernte einige hundert Sätze in Romani, der Sprache der durchziehenden Zigeuner. Er erlernte das Buchbinderhandwerk und brachte sich selbst bei, wie man die eigenen Schriften mit eleganten kleinen Zeichnungen, Schnörkeln und Verzierungen im Stil der Illuminatoren der mittelalterlichen Klöster ausschmückte.

Mit siebzehn war dieser «streitsüchtige, ernste, unbefangene» junge Schotte in seiner Heimatstadt als stellvertretender Schulleiter tätig und gab eifrig das Wissen weiter, das er so begierig angesammelt hatte; mit zwanzig war er Rektor der örtlichen «Subskriptionsakademie», einer Bildungsanstalt mit niedrigen Gebühren für Kinder aus verarmten Familien. Er und sein Bruder Alexander wurden führende Mitglieder jener typisch viktorianischen und typisch schottischen Einrichtung, des örtlichen Bildungsvereins. Nach seinem ersten Vortrag – «Genuß und Gewinn des Lesens» – hielt er vor der Literarischen und Philosophischen Gesellschaft des Ortes zahlreiche gelehrte Referate über seine neue Passion – die Phonetik, die Ursprünge der Aussprache, die Grundlagen der schottischen Sprache und später auch über die Magie des Angelsächsischen.

Diese verheißungsvollen Anfänge schienen jedoch von einem jähen Ende bedroht – zunächst durch das Auflodern der Liebe und dann durch das Hereinbrechen einer Tragödie. Denn im Jahre 1861 lernte der gerade vierundzwanzigjährige James eine hübsche, aber sehr zartbesaitete Musiklehrerin namens Maggie Scott kennen, die er im Jahr darauf heiratete. Das Hochzeitsphoto zeigt James als eigenartig großen, beinahe affenartig wirkenden Menschen mit bis zum Knie herabbaumelnden Armen, in einem schlechtsitzenden Gehrock und ausgebeulten Hosen, mit zerzaustem Bart und bereits gelichtetem Haupthaar. Sein Blick ist durchdringend; er wirkt weder glücklich noch unglücklich, auf jeden Fall aber sehr nachdenklich – wie von einer düsteren Vorahnung erfüllt.

Zwei Jahre später gebar ihm Maggie eine Tochter, die sie auf den Namen Anna tauften. Aber wie es damals unglücklicherweise so oft der Fall war, starb Anna bereits im Kindesalter. Maggie Murray erkrankte daraufhin an einer schweren Lungentuberkulose und hatte nach Aussage der Ärzte in Hawick kaum eine Chance, noch einen der langen, strengen schottischen Winter zu überleben. Als Behandlung wurde ein Aufenthalt im Süden Frankreichs empfohlen, doch das kam bei dem schmalen Schulmeisterlohn von James überhaupt nicht in Frage.

Statt dessen begab sich das verzweifelte Paar nach London und bezog ein bescheidenes Quartier in Peckham. Der inzwischen siebenundzwanzigjährige James Murray war durch seine familiären Umstände gezwungen, all seine damaligen intellektuellen Betätigungen aufzugeben; zu seiner bitteren Enttäuschung mußte er den Studien der Linguistik, Phonetik und Etymologie entsagen, über die er damals eine lebhafte Korrespondenz mit dem angesehenen Gelehrten Alexander Melville Bell, dem Vater des weitaus bekannteren Alexander Graham Bell, führte.

Die finanzielle Not und die eheliche Verpflichtung – wobei er Maggie treu ergeben war und sich nie beklagte – zwangen ihn dazu, die Stelle eines Bankangestellten anzunehmen. Wenn er nun mit gestärkten Manschetten und grünem Augenschirm im hinteren Teil der Hauptgeschäftsstelle der Chartered Bank of India auf seinem hohen Bürostuhl saß, hatte es fast den Anschein, als habe die Geschichte ein unglückliches Ende gefunden.

Weit gefehlt. Bereits nach wenigen Monaten hatte er
die Zügel wieder fest in der Hand. Er folgte wieder seinem
unstillbaren Drang zur Gelehrsamkeit: Auf dem Weg zur
Arbeit studierte er Hindustani und Achämenisch; er versuchte bei diversen Londoner Polizisten anhand ihres Ak-
zentes festzustellen, aus welcher Gegend Schottlands sie
stammten, hielt vor der Gemeinde der Camberwell Con-
gregational Church (in der er sich als überzeugter und le-
benslanger Abstinenzler als Enthaltsamkeitsapostel enga-
gierte) einen Vortrag über «The Body and its Architec-
ture». Er registrierte sogar, während seine dahinsiechende
und treugeliebte Maggie mit dem Tod rang, mit amüsier-
ter Distanziertheit, daß sie in ihrem nächtlichen Delirium
in den breiten schottischen Dialekt ihrer Kindheit verfiel
und den etwas gehobeneren Tonfall der Lehrerin fallen-
ließ. Diese kleine Entdeckung, diese winzige Bereicherung
seiner Erkenntnis, half ihm ein wenig über den Schmerz
ob ihres frühen Todes hinweg.

Und man mag sich zu Recht über diese Distanziertheit
wundern: Ein Jahr nach Maggies Tod war James bereits
mit einer anderen jungen Frau verlobt und nach einem
weiteren Jahr verheiratet. Auch wenn er Maggie Scott
wirklich geliebt und verehrt hatte, so war bald klar, daß
er in Ada Ruthven, deren Vater bei der Great Indian Pen-
insular Railway arbeitete und Humboldt bewunderte und
deren Mutter angeblich mit Charlotte Brontë zur Schule
gegangen war, eine Frau gefunden hatte, die ihm gesell-
schaftlich und geistig weit mehr entsprach. Sie blieben
sich ein Leben lang treu und hatten elf Kinder, von denen
die ersten neun dem Wunsch des Schwiegervaters entsprechend den Mittelnamen Ruthven trugen.

Ein Brief, den James Murray im Jahre 1867, seinem

dreißigsten Lebensjahr, als Bewerbung um eine Stelle beim Britischen Museum schrieb, vermittelt einen Eindruck von der unglaublichen Bandbreite seines Wissens (und der unbekümmerten Freimütigkeit, mit der er davon sprach).

Ich muß sagen, daß die Philologie mein ganzes Leben lang mein Lieblingsthema gewesen ist und daß ich eine allgemeine Vertrautheit mit den Sprachen & Literaturen der arischen und syro-arabischen Klassen besitze – was nicht heißen soll, daß mir alle oder fast alle davon geläufig sind, aber daß ich jenes allgemeine lexikalische und grammatikalische Wissen besitze, mit dem die genauere Kenntnis nur eine Frage von ein wenig Fleiß ist. Mit einigen bin ich etwas vertrauter, wie beispielsweise mit den romanischen Sprachen Italienisch, Französisch, Katalanisch, Spanisch, Lateinisch & in geringerem Maße mit dem Portugiesischen, Waadtländischen, Provenzalischen und diversen Dialekten. Im germanischen Zweig bin ich einigermaßen vertraut mit dem Niederländischen (an meiner Arbeitsstätte muß ich Schriftverkehr auf holländisch, deutsch, französisch & gelegentlich in anderen Sprachen lesen), Flämischen, Deutschen, Dänischen. Mit dem Angelsächsischen und dem Mittelgotischen habe ich mich viel eingehender befaßt; über diese Sprachen habe ich einige Veröffentlichungen verfaßt. Ich weiß ein bißchen über das Keltische und beschäftige mich zur Zeit mit den slawischen Sprachen, praktische Kenntnisse des Russischen habe ich mir bereits angeeignet. Das Persische, die Achämenische Keilschrift & Sanskrit kenne ich im Rahmen der vergleichenden Literatur- und Sprachwissenschaft. Mit dem Hebräischen und Syrischen bin ich so weit ver-

52

traut, daß ich das Alte Testament und die Peschitta vom Blatt lesen kann; in geringerem Maße beherrsche ich Aramäisch, Arabisch, Koptisch und Phönizisch, soweit es bei Genesios vorkommt.

Es ist schwer nachzuvollziehen, weshalb das Museum Murrays Bewerbung ablehnte. Anfangs war er recht zerknirscht, doch er fing sich rasch wieder. Schon bald tröstete er sich auf bewährte Art und Weise – mit einem lexikalischen Vergleich der Zahlensysteme, die die Wowenoc-Indianer im amerikanischen Maine und die Heidelandbauern in Yorkshire beim Schafezählen verwendeten.

Murrays Interesse an der Philologie wäre vielleicht die Leidenschaft eines Amateurs geblieben, wenn er nicht mit zwei außergewöhnlichen Männern befreundet gewesen wäre. Der eine war Alexander Ellis, Mathematiker am Trinity College in Cambridge, der andere der notorisch eigensinnige und kolossal ungehobelte Phonetiker Henry Sweet – der dem Dramatiker Bernard Shaw später als Vorbild für die Figur des Professor Henry Higgins in seinem Schauspiel *Pygmalion* diente, aus dem später das unverwüstliche Musical *My Fair Lady* wurde.

Diese beiden Gelehrten machten aus dem Amateurwissenschaftler und Dilettanten kurzerhand einen seriösen Philologen. Murray wurde als Mitglied in die erlauchte und exklusive Philological Society aufgenommen – eine beachtliche Leistung für einen jungen Mann, der mit vierzehn seine Schulbildung abgeschlossen und keine Universität besucht hatte. Ab 1869 war er im Vorstand der Gesellschaft. Im Jahre 1873, als er aus der Bank ausgeschieden war und wieder an der Mill Hill School unterrichtete, veröffentlichte er *The Dialect of the Southern Counties of*

53

Scotland. Dieses Werk festigte nicht nur seinen Ruf, sondern brachte ihm auch große Bewunderung ein (und sicherte ihm den Auftrag, für die neunte Ausgabe der *Encyclopaedia Britannica* einen Aufsatz über die Geschichte der englischen Sprache zu schreiben). Dem Werk verdankte er auch den Kontakt zu einem der ungewöhnlichsten Menschen des viktorianischen England – dem halb verrückten und gelehrten Bohemien Frederick Furnivall, dem Vorsitzenden der Philological Society.

Manche hielten Furnivall – trotz seiner eifrigen Beschäftigung mit der Mathematik, dem Mittelenglischen und der Philologie – für einen ausgemachten Clown, einen Narren und einen unerhörten Gecken (seine zahlreichen Kritiker stürzten sich insbesondere auf die Tatsache, daß sein Vater in dem Haus, in dem der junge Frederick aufgewachsen war, eine private Irrenanstalt betrieb).

Er war Sozialist, Agnostiker und Vegetarier und «rührte sein Leben lang weder Alkohol noch Tabak an». Er war ein begeisterter Sportler, ein fanatischer Ruderer, der besonders gerne hübschen jungen Kellnerinnen (die er im ABC-Café an der New Oxford Street rekrutierte) beibrachte, wie man aus einem von ihm selbst konstruierten Ruderboot das maximale Tempo herausholte. Eine Photographie aus dem Jahre 1901 zeigt ihn mit einem schelmischen Grinsen, wohl nicht zuletzt, weil er von acht attraktiven Mitgliedern des Hammersmith Sculling Club for Girls umgeben ist – gut durchtrainierten, strahlenden jungen Frauen, die zwar lange Röcke tragen, deren Blusen sich jedoch knapp um ihre üppigen Brüste spannen. Im Hintergrund blickt eine strenge viktorianische Matrone in schwerer Robe finster drein.

Frederick Furnivall war in der Tat ein schlimmer Schürzenjäger. Viele verurteilten sein Verhalten als verwerflich, weil er die in doppelter Hinsicht unverzeihliche Sünde beging, das Hausmädchen einer Dame erst zu heiraten und dann sitzenzulassen. Dutzende von Redakteuren und Verlegern weigerten sich, mit ihm zusammenzuarbeiten; er «kannte weder Takt noch Diskretion, ... pflegte eine jungenhaft freimütige Ausdrucksweise, die viele brüskierte und ihn in unerquickliche Kontroversen verstrickte ... seine kritischen Äußerungen über Religion und Klassenunterschiede waren oft unvernünftig und peinlich».

Doch er war ein brillanter Wissenschaftler und hatte, wie James Murray, einen immensen Wissensdurst; zu seinen Freunden und Bewunderern zählten Alfred Lord Tennyson, Charles Kingsley, William Morris, John Ruskin – Dr. Minors Londoner Mentor, wie sich später herausstellte – und der aus Yorkshire stammende Komponist Frederick Delius. Kenneth Grahame, ein Ruderklubkollege, der bei der Bank von England arbeitete, war ebenfalls von Furnivall beeindruckt; als er *The Wind in the Willows* schrieb, skizzierte er Furnivall in der Gestalt der Wasserratte. «Wir lernten sie», sagt die Kröte. «Wir lehrten sie!» korrigiert die Ratte. Furnivall mag ein lästiger Störenfried gewesen sein, doch in vielem hatte er einfach recht.

Sein Einfluß auf Kenneth Grahame war groß, doch eine weitaus bedeutendere Rolle spielte er im Leben von James Murray. Wie dessen Biograph bewundernd feststellte, war Furnivall in Murrays Augen «anregend und überzeugend, oftmals lästig und anstrengend, aber ein dynamischer und starker Charakter, der selbst James an Lebensgier übertraf».

Er war in vieler Hinsicht ein typischer Viktorianer, ein typischer Engländer. Und so lag es nahe, daß er als führender Philologe des Landes eine entscheidende Rolle bei der Entstehung des großen neuen Wörterbuches spielen sollte, das damals gerade geplant wurde.

Zum erfreulichsten Ereignis in diesem Zusammenhang kam es letztlich aufgrund der Tatsache, daß Furnivall Murrays Freund und Förderer war und daß Murray Verbindungen zu Sweet und Ellis pflegte. Das Ereignis fand am Nachmittag des 26. April 1878 statt. An jenem Tag war James Augustus Henry Murray in das Christ Church College nach Oxford eingeladen worden, um an einer äußerst bedeutenden Beratung der führenden Geistesgrößen des Landes, nämlich der Vertreter der Oxford University Press, teilzunehmen.

Es war ein eindrucksvoller Kreis: Der Dekan des College, Henry Liddell (dessen Tochter Alice dem Christ-Church-Mathematiker Charles Dodgson so sehr den Kopf verdreht hatte, daß er für sie ein Abenteuerbuch schrieb, das im Wunderland spielte); Max Müller, der Leipziger Philologe, Orientalist und Sanskritforscher, der den Lehrstuhl für vergleichende Literatur- und Sprachwissenschaft in Oxford innehatte; der Geschichtsprofessor William Stubbs, dem es in der viktorianischen Zeit als Verdienst angerechnet wurde, sein Interessengebiet zu einer seriösen akademischen Disziplin erhoben zu haben; der Kanonikus des Christ Church College und Klassikforscher Edwin Palmer; der Rektor des New College, James Sewell – und so weiter und so fort.

Hochkirche, Hochgelahrte, Hochambitionierte – dies waren die Köpfe, die zählten, die Architekten der großen geistigen Monumente, die in Englands selbstbewußtester Zeit entstanden. Was Isambard Brunel für Brücken und Eisenbahnen und Richard Francis Burton für Afrika war und Robert Scott bald für den Südpol sein sollte, das waren diese Männer für die unumstößlichen Säulen der Gelehrsamkeit – jener Bücher, die zum Grundbestand aller großen Bibliotheken auf der ganzen Welt werden sollten.

Und sie planten ein Projekt, erklärten sie, das Dr. Murray vielleicht interessierte – ein Projekt, das ihn (was damals allerdings noch niemand wußte) schließlich mit einem Menschen zusammenbringen sollte, der seltsamerweise von demselben Interesse und derselben Frömmigkeit erfüllt war wie er.

Auf den ersten Blick hätte man wahrscheinlich mehr Unterschiede als Gemeinsamkeiten zwischen William Minor und James Murray entdeckt. Minor war reich, Murray arm. Minor war von gehobenem Stand, während Murray unwiderruflich, wenn auch verzeihlich, von niedriger Geburt war. Und auch wenn Minor fast genau im gleichen Alter war – ganze drei Jahre trennten sie –, so war er doch mit einer anderen Staatsbürgerschaft und vor allem an einem Ort zur Welt gekommen, der so viele tausend Meilen von Murrays britischen Inseln entfernt lag, daß es damals für gewöhnliche Menschen weder ratsam noch möglich schien, je dorthin zu kommen.

3. Kapitel

Der Irrsinn des Krieges

---

lunatic ('l(j)u:nətɪk), *a.* [ad. late L. *lūnātic-us*, f. L. *lūna* moon: see -ATIC. Cf. F. *lunatique*, Sp., It. *lunatico*.] **A.** *adj.*
 1. Originally, affected with the kind of insanity that was supposed to have recurring periods dependent on the changes of the moon. In mod. use, synonymous, with INSANE; current in popular and legal language, but not now employed technically by physicians.

Ceylon, die üppig überwucherte Tropeninsel, die wie eine Träne – oder eine Birne beziehungsweise eine Perle oder auch (wie manche sagen) ein Virginischer Schinken – unter der Südspitze Indiens zu hängen scheint, ist für viele Priester der strengeren Weltreligionen der Ort, an den Adam und Eva nach ihrem Sündenfall verbannt wurden. Es ist ein Garten Eden für Sünder, eine Gefängnisinsel für diejenigen, die der Versuchung erlagen.

Heute heißt die Insel Sri Lanka. Die arabischen Seekaufleute nannten sie einst Serendib. Im achtzehnten Jahrhundert ersann Horace Walpole eine wunderliche Geschichte von drei Prinzen, die dort herrschten und die bezaubernde Angewohnheit hatten, durch Zufall auf die wunderbarsten Dinge zu stoßen. Und so wurde die englische Sprache um das Wort *serendipity* – «Findigkeit» – bereichert, ohne daß sein Erfinder genau wußte, weshalb.

Doch zufällig kam er der Wahrheit näher, als er selbst je hatte ahnen können. Ceylon ist tatsächlich eine Art postparadiesischer Schatzinsel; sie bietet all jene Reize der Tropen, die die Sinne betören und erfüllen. Man findet Zimt und Kokosnüsse, Kaffee und Tee, Mangos und Cashews, Saphire und Rubine, Elefanten und Leoparden, und überall weht eine üppig süße, schwüle Brise, die nach Meer, Gewürz und Blüten duftet.

Und man findet Mädchen – junge, schokoladenhäutige, kichernde, nackte Mädchen mit geschmeidigen Körpern, Brustwarzen wie Rosenknospen, Beinen wie Füllen und langem Haar, in dem sie purpurrote Blüten tragen –, Mädchen, die sich in der weißen Brandung des Indischen Ozeans vergnügen und völlig ohne Scham über den kühlen nassen Sand nach Hause laufen.

An solche namenlosen Dorfschönheiten, wie sie seit ewigen Zeiten nackt im singhalesischen Meeresschaum herumtollten, erinnerte sich der junge William Chester Minor am besten. Bestimmt waren es diese jungen ceylonesischen Mädchen, sagte er später, die ihn, ohne es zu ahnen, in den Malstrom seiner im Grunde unstillbaren Lust trieben, in einen unheilbaren Wahnsinn und letztlich in sein endgültiges Verderben. Den erotischen Kitzel ihrer Reize verspürte er erstmals, als er gerade dreizehn Jahre alt war: Dies entfachte die peinliche Leidenschaft der Fleischeslust, die von jenem Augenblick an all seine Sinne in Besitz nahm und ihn all seiner Kräfte beraubte.

William Minor wurde im Juni 1834 auf dieser Insel geboren – etwas mehr als drei Jahre vor und ganze fünftausend Meilen östlich von James Murray, mit dem er später auf das engste verbunden sein sollte. In einer – und nur einer – Hinsicht, waren sich die beiden so weit voneinander entfernten Familien ähnlich: Sowohl die Murrays als auch die Minors waren überaus fromm.

Thomas und Mary Murray gehörten der Congregationalist Church an und hielten als Mitglieder der Gruppe der sogenannten Covenanter an den strikten Werten im Schottland des siebzehnten Jahrhunderts fest. Auch Eastman und Lucy Minor waren Kongregationalisten, allerdings folgten sie der pragmatischeren Glaubensrichtung, die in den amerikanischen Kolonien vorherrschte und deren Ansichten und Vorstellungen auf die Pilgerväter zurückgingen.

Eastman Strong Minor hatte zwar den Beruf des Buchdruckers erlernt und mit Erfolg eine eigene Druckerei betrieben, doch verschrieb er sich später ganz der Aufgabe, das Licht des schlichten amerikanischen Protestantismus in das Dunkel des indischen Subkontinents zu bringen. Die Minors waren als Missionare in Ceylon, und William wurde in der Missionsklinik in eine fromme Missionarsfamilie hineingeboren.

Im Unterschied zu den Murrays waren die Minors etwas Besseres, sie zählten zur amerikanischen Aristokratie: Ihr Stammvater in der Neuen Welt, Thomas Minor, der aus dem Dorf Chew Magna in Gloucestershire stammte, war nicht einmal zehn Jahre nach den Pilgervätern an Bord eines Schiffes namens *Lion's Whelp* über den Atlantik gesegelt und in Stonington in der Mündung des Long-Island-Sund gelandet. Unter den neun Kindern, die Thomas und seiner Frau Grace geschenkt wurden, waren sechs Söhne, die den Familiennamen in ganz Neuengland verbreiteten und Ende des siebzehnten Jahrhunderts zu den frommen und streng gesinnten Gründern des Staates Connecticut zählten.

Eastman Strong Minor, der 1809 in Milford geboren

60

wurde, war das Oberhaupt der siebten Generation der amerikanischen Minors. Die Familienmitglieder waren inzwischen allgemein geachtet, erfolgreich und wohlhabend. Für wenige war es etwas anderes als eine Frage der Ehre, als Eastman und seine junge Frau Lucy, die er 1833 in ihrer Heimatstadt Boston geheiratet hatte, die Druckpressen anhielt, den Familienbetrieb zumachte und an Bord eines Dampfers, der eine Ladung Eis beförderte, von Salem nach Ceylon aufbrach. Die Familie Minor war bekannt für ihre Frömmigkeit und schien erfreut, daß sich das junge Paar trotz seines Wohlstandes und Ansehens dazu berufen fühlte, wahrscheinlich viele Jahre in der Fremde zu verbringen und dort den weniger Glücklichen das Evangelium zu predigen.

Das Paar traf im März 1834 in Ceylon ein und wurde in der Missionsstation des Dorfes Manepay an der Nordostküste der Insel in der Nähe des großen britischen Marinestützpunktes Trincomalee untergebracht. Ganze drei Monate später, im Juni, kam William zur Welt; seine Mutter hatte schwer gelitten, als in der Mitte ihrer Schwangerschaft zu der morgendlichen Übelkeit auch noch die Seekrankheit hinzukam. Zwei Jahre später wurde ein zweites Kind geboren, das nach der Mutter auf den Namen Lucy getauft wurde.

Auch wenn Williams Krankenkartei auf eine wilde und für diese Region typische Kindheit schließen läßt – ein Schlüsselbeinbruch beim Sturz von einem Pferd, Bewußtlosigkeit nach dem Sturz von einem Baum, die üblichen Fälle von Malaria und Schwarzwasserfieber –, so verliefen seine frühen Jahre doch alles andere als normal.

Seine Mutter starb an Schwindsucht, als er drei Jahre alt war. Anstatt mit seinen zwei kleinen Kindern nach

Amerika zurückzukehren, brach Eastman Strong Minor zwei Jahre später zu einer Reise quer durch die Malaiische Halbinsel auf; er hoffte in den dortigen Missionsgemeinden eine zweite Frau zu finden. Seine kleine Tochter ließ er in der Obhut einiger Missionare in einem singhalesischen Dorf namens Oodooville zurück und brach mit dem jungen William im Schlepptau auf einem Trampschiff nach Osten auf.

So kamen sie nach Singapur, wo Minor einen Freund hatte, der ihn mit einer Gruppe amerikanischer Missionare bekannt machte, die in den Norden des Landes ziehen und in Bangkok das Evangelium verkünden wollten. Unter ihnen war auch eine hübsche (und bequemerweise verwaiste) junge Frau namens Judith Manchester Taylor aus Madison im Staat New York. Sie umwarben einander kurze Zeit – taktvollerweise hinter dem Rücken des neugierigen Kindes, das sie begleitete. Minor überredete Miss Taylor, auf dem nächsten Dampfer mit ihm nach Ceylon zu kommen, und so wurden sie kurz vor Weihnachten 1839 vom amerikanischen Konsul in Colombo getraut.

Judith Minor war genauso tatkräftig wie ihr Gatte. Sie leitete die örtliche Schule, lernte Singhalesisch und brachte es auch ihrem zweifellos sehr intelligenten Stiefkind bei – und zu gegebener Zeit auch ihren eigenen sechs Kindern.

Zwei der Söhne aus dieser Ehe starben, der erste im Alter von einem Jahr, der zweite mit fünf Jahren. Eine von Williams Halbschwestern starb, als sie acht war. Seine Schwester Lucy starb mit einundzwanzig Jahren an Schwindsucht. (Ein dritter Halbbruder, Thomas T. Minor, starb viele Jahre später unter rätselhaften Umständen. Er ging in den amerikanischen Westen; zuerst war er Arzt des Winnebago-Stammes in Nebraska, dann zog er in das neuerworbene Alaska, um die Besonderheiten arktischer Lebensformen zu studieren, und schließlich nach Port Townsend und Seattle, wo er zum Bürgermeister gewählt wurde. Im Jahre 1889 – er war noch im Amt – brach er mit einem Freund, G. Morris Haller, zu einer Kanuexpedition nach Whidbey Island auf. Keiner der beiden kehrte zurück. Weder die Boote noch die Leichen wurden je gefunden. Noch heute erinnern eine Minor Street und eine Thomas T. Minor School an den Verschollenen, und in Seattle wird der Name Minor noch immer mit Pioniergeist, Charisma und Geheimnis in Verbindung gebracht.)

Die Unterkunft der Missionarsfamilie in Manepay war Judiths Tagebüchern zufolge zwar «sehr ärmlich», doch die Missionsbücherei war sehr gut bestückt, und die Missionsschule war ausgezeichnet. Auf diese Weise kam der junge William in den Genuß einer weit besseren Schulbildung, als es vielleicht im heimatlichen Neuengland der Fall gewesen wäre. Durch die Druckertätigkeit seines Vaters hatte er Zugang zu Literatur und Zeitungen. Seine Eltern reisten viel mit dem Einspänner durchs Land und nahmen William oft mit; sie ermunterten ihn, so viele einheimische Sprachen wie möglich zu lernen. Im Alter von zwölf Jahren beherrschte er das Singhalesische, verfügte angeblich über Grundkenntnisse im Birmanischen, war mit dem Tamilischen und einigen Dialekten des Hindi vertraut und konnte ein paar Brocken diverser chinesischer Dialekte. Er kannte sich auch in Singapur, Bangkok und Rangun sowie auf der Insel Penang vor der Küste des damaligen British Malaya aus.

William war gerade dreizehn Jahre alt, so hat er später seinen Ärzten berichtet, als er sich erstmals «schlüpfriger Gedanken» über die ceylonesischen Strandmädchen erfreute; sie müssen wohl eine der wenigen Konstanten in seinem bewegten, unbeständigen Leben gewesen sein. Als er vierzehn war, beschlossen seine Eltern (die sich seiner erwachenden Sehnsüchte wohl durchaus bewußt waren), ihn nach Amerika zurückzuschicken, weit weg von den Versuchungen der Tropen. Er sollte bei seinem Onkel Alfred leben, der damals ein Porzellanwarengeschäft im Zentrum von New Haven besaß. Und so wurde William im Hafen von Colombo auf einen der regulären P & O-Dampfer verfrachtet, der die unerträglich lange Passage zwischen Bombay und London machte – und zwar auf der endlosen Route um das Kap der Guten Hoffnung (man schrieb das Jahr 1848, und den Suezkanal gab es noch nicht).

Später gestand er, daß er hocherotische Erinnerungen an die Reise habe. Besonders lebhaft erinnerte er sich daran, wie stark er sich zu einer jungen Engländerin hingezogen fühlte, die er an Bord des Schiffes kennengelernt hatte. Offensichtlich hatte niemand ihn gewarnt, daß lange tropische Tage und Nächte auf hoher See und die langsam wogende Dünung, die Neigung der Frauen, kurze und leichte Baumwollkleider zu tragen, sowie die Neigung der Barkeeper, exotische Drinks zu servieren, durchaus romantische Gefühle entstehen lassen konnten – insbesondere, wenn keine Eltern zugegen waren.

Während der vier Wochen auf See scheint einiges geschehen zu sein, wenn es wohl auch nicht zum Äußersten kam, obwohl die beiden sehr viel Zeit allein miteinander verbrachten. Viele Jahre später sollte Minor gegenüber seinen Ärzten betonen, daß er sich bei seiner Reisebegleiterin, wie auch bei seinen Phantasien bezüglich der kleinen indischen Mädchen, niemals von seinen sinnlichen Empfindungen habe überwältigen lassen und sich niemals «in einer unnatürlichen Weise selbst befriedigte». Vielleicht wäre alles anders gekommen, wenn es anders gewesen wäre.

Schuldgefühle – die frommen Gemütern vielleicht besonders häufig zu eigen sind – scheinen dagegengestanden zu haben, mehr noch als die Schüchternheit und die natürliche Zurückhaltung des Jugendlichen. Von diesem Zeitpunkt an scheinen in William Minors langem und geplagtem Leben Lust und Schuld fest und fatal miteinander verkettet gewesen zu sein. Bei den Verhören in späteren Jahren entschuldigte er sich unentwegt, seine Gedanken seien «schlüpfrig» gewesen, er habe sich ihrer «geschämt», er habe sich redlich bemüht, ihnen nicht «nachzugeben». Er scheint sich ständig umgesehen zu haben, um sicher zu sein, daß seine Eltern – vielleicht die Mutter, die er bereits im frühen Kindesalter verlor, oder vielleicht die Stiefmutter, die ja oftmals hinter den Problemen von Jungen steht – ja nichts von den seiner Meinung nach «abscheulichen Hirngespinsten» mitbekamen, die sein zunehmend krankes Gemüt ausbrütete.

In William Minors Jugendzeit waren diese Gefühle allerdings erst im Entstehen und bereiteten ihm vorerst keinerlei Sorgen. Er verschrieb sich mit vollem Eifer seiner akademischen Laufbahn. Von London aus reiste er mit einem anderen Schiff weiter nach Boston und von dort heim nach New Haven, wo er an der Yale University das mühsame Studium der Medizin aufnahm. Seine Eltern sollten mit den übrigen Kindern erst nach weiteren sechs

Jahren zurückkehren, als er bereits zwanzig war. Anscheinend hat er in dieser Zeit – und auch in den folgenden neun Jahren seiner medizinischen Ausbildung – still und ernsthaft vor sich hin studiert und vorerst beiseite geschoben, was ihn bald zutiefst bedrängen sollte.

Er bestand all seine Prüfungen ohne große Probleme, und im Februar 1863, im Alter von neunundzwanzig Jahren, wurde ihm von der medizinischen Fakultät der Yale University der Doktorgrad in vergleichender Anatomie verliehen. Aus jenen Jahren ist nur ein unglücklicher Vorfall bekannt, nämlich eine ernsthafte Infektion, die er sich zuzog, als er sich bei der Autopsie eines Mannes, der an einer Blutvergiftung gestorben war, in die Hand schnitt. Er reagierte schnell und trug sofort Jod auf seine Hand auf – aber nicht schnell genug. Er sei schwer erkrankt, berichteten seine Ärzte später, und wäre beinahe gestorben.

Inzwischen war er ein erwachsener Mann – abgehärtet durch seine Jahre in den Tropen und geschliffen durch seine Studien an einer der besten amerikanischen Hochschulen. Er ahnte nicht, daß sein Gemüt in einer höchst kritischen Verfassung war, und ließ sich auf ein Abenteuer ein, das mit großer Wahrscheinlichkeit zur traumatischsten Erfahrung seines jungen Lebens wurde. Er bewarb sich bei der Armee, die damals ausgesprochen knapp an Ärzten war, denn es war nicht irgendeine Armee. Es war die Armee der Union. Das ebenfalls noch junge Amerika durchlitt damals gerade die traumatischste Phase seiner Geschichte. Zu jener Zeit wütete der Bürgerkrieg, der Krieg zwischen den Nord- und den Südstaaten.

Als Minor sich bei der Armee verpflichtete – und bequemerweise erst einmal dem Knight Hospital in New Haven

zugewiesen wurde –, war der Krieg fast genau zur Hälfte
vorüber, was damals natürlich niemand wußte. Achthundert Kriegstage hatte man bislang gezählt. Bereits Geschichte waren die Schlachten von Fort Sumter, Fort
Clark, Fort Hatteras und Fort Henry, die erste und zweite Schlacht von Bull Run, die Kämpfe um die Gebiete bei
Chancellorsville, Fredericksburg, Vicksburg, Antietam
und um unzählige längst vergessene Orte wie die Big
Black River Bridge in Mississippi oder Island Number Ten
in Missouri oder Greasy Creek in Kentucky. Der Süden
hatte bereits zahlreiche Siege errungen. Die Armee der
Nordstaaten, die nach achthundert erbitterten Kampfta-
gen und viel zu vielen Niederlagen in arger Bedrängnis
war, nahm jeden Mann, den sie kriegen konnte. Besonders
gerne nahm sie jemanden, der so kompetent schien und
ein so vornehmer Yankee war wie William Chester Minor
aus Yale.

Vier Tage nachdem er Soldat wurde, am 29. Juni 1863,
wütete die Schlacht von Gettysburg, das blutigste Gefecht
des gesamten Krieges und der Wendepunkt, von dem an
die militärische Kraft der Konföderierten nachließ. Die
Zeitungen, die Minor jeden Abend in New Haven las, waren voll von Berichten über den Verlauf der Kampfhandlungen. Die Union zählte 22 000 Gefallene. An diesen Opfern hatte selbst ein so kleiner Staat wie Connecticut einen
ungeheuer hohen Anteil – Connecticut verlor an jenen
drei Julitagen mehr als ein Viertel der Männer, die es nach
Pennsylvania in die Schlacht geschickt hatte. Die Welt
könne niemals vergessen, was diese Männer dort geleistet
hätten, erklärte Präsident Lincoln sechs Monate später,
als er das Schlachtfeld zur Gedenkstätte für die Gefallenen weihte.

Zweifellos wühlten die Schilderungen der Schlacht den jungen Arzt auf; es hatte unzählige Verwundete gegeben, reichlich Arbeit für einen tatkräftigen und ehrgeizigen jungen Arzt. Außerdem sah es inzwischen ganz so aus, als stünde er auf der Seite der Sieger. Ab August war er voll vereidigt und unterstand ab November als Stellvertretender Assistenzarzt offiziell dem Befehl des Generalstabsarztes. Er brannte darauf, so sagte sein Bruder später aus, ins Schlachtfeld geschickt zu werden.

Es sollten jedoch noch weitere sechs Monate vergehen, bis die Armee ihn schließlich in den Süden, in die Nähe des Kampfgetümmels versetzte. In New Haven hatte er es relativ leicht gehabt; er versorgte Männer, die dem Trauma des Kampfes entronnen waren und nun an Leib und Seele heilten. Aber dort unten, im nördlichen Virginia, wohin er zunächst geschickt wurde, sah es ganz anders aus.

Hier holte ihn der ganze Horror dieses mörderischen und blutigen Krieges ein, plötzlich und ohne Verwarnung. Hier zeigte sich der grausame Zynismus des Amerikanischen Bürgerkrieges, wie man ihn bei keinem bewaffneten Konflikt davor oder danach je erlebte. Dieser Krieg wurde mit neuen, hochwirksamen Waffen geführt, mit Maschinen, die Menschen reihenweise niedermähten, und das zu einer Zeit, in der die Ära der primitiven Medizin erst zu Ende ging. Man verfügte bereits über den Mörser, die Muskete und die Miniékugel, aber noch nicht über Betäubungsmittel und Sulfonamide und Penicillin. Der gemeine Soldat befand sich somit in einer weitaus prekäreren Lage als je zuvor oder je danach; er konnte mit den neuen Waffen fürchterlich zugerichtet, aber mit der alten Medizin nur leidlich wiederhergestellt werden.

In den Feldlazaretten waren Infektionen und Amputationen an der Tagesordnung. Schmutz und Schmerz beherrschten das Bild. Die Ärzte werteten die Vereiterung einer Wunde als positiv, als ein Zeichen der Heilung. Unvorstellbar waren die Laute in den Sanitätszelten, die Schreie und das Wimmern von Männern, deren Leiber in grausamen und endlosen Schlachten von brutalen neuen Waffen zerfetzt worden waren. Etwa 360000 Soldaten der Nordstaaten und 258000 Kämpfer der Südstaaten sind in diesem Krieg gefallen – und auf jeden, der durch die neuen Waffen tödlich verwundet wurde, kamen zwei, die an den Folgen von Infektionen und mangelnder Hygiene starben.

Für Minor war all das noch furchtbar fremd. Er war, wie seine Freunde zu Hause später erklärten, ein empfindsamer Mensch – fast schon übertrieben höflich, etwas lebensfremd, eigentlich viel zu sanft für den Soldatenstand. Er las Bücher, malte Aquarelle, spielte Flöte. Aber Virginia im Jahr 1864 war nichts für Feinsinnige und Sanftmütige. Auch wenn man nie ganz genau zu sagen vermag, was bei einem Menschen zum Wahnsinn führt, so gibt es in diesem Fall zumindest einige Hinweise darauf, daß ein Ereignis beziehungsweise eine Kette von Ereignissen, die 1864 in Virginia stattfanden, Dr. Minor schließlich aus dem Gleichgewicht brachten und an den Rand dessen trieb, was in jener unbarmherzigen Zeit pauschal als «Wahnsinn» betrachtet wurde.

Angesichts dessen, was wir heute über die Umstände und Hintergründe seiner ersten direkten Begegnung mit dem Krieg wissen, liegt es zumindest nahe, daß sein Wahnsinn – der bereits im verborgenen lauerte – nun zum Ausbruch kam. Etwas besonders Einschneidendes scheint sich

Anfang Mai 1864 in Virginia zugetragen zu haben, wohl an einem der beiden Tage jenes unsäglich blutigen Zusammenstoßes, der als *Battle of the Wilderness* in die Geschichte einging. Die «Schlacht in der Wildnis», benannt nach dem unwegsamen und menschenfeindlichen Gelände, auf dem sie stattfand, stellte selbst den gesündesten und geistig stabilsten Menschen auf die Probe; an diesen beiden Tagen trugen sich Dinge zu, die jede menschliche Vorstellung überstiegen.

Es ist nicht ganz klar, weshalb Minor nach Virginia ging. Seinem schriftlichen Marschbefehl zufolge wurde er eigentlich von New Haven nach Washington an die Dienststelle des Oberstabsarztes beordert, um in einem Armeehospital im nahegelegenen Alexandria einen Arzt namens Abbott abzulösen. Er tat schließlich auch, was man ihm befohlen hatte, doch zuerst ging er, möglicherweise auf besondere Weisung des Oberstabsarztes, in das Kampfgebiet achtzig Meilen südwestlich der Bundeshauptstadt, wo er das erste und einzige Mal in seiner Laufbahn richtige Gefechte erlebte.

Die *Battle of the Wilderness* war die erste Bewährungsprobe dafür, ob sich nach dem Sieg von Gettysburg im Juli 1863 das Blatt im Bürgerkrieg tatsächlich gewendet hatte. Im darauffolgenden März hatte Präsident Lincoln sämtliche Verbände der Union dem Befehl von General Ulysses S. Grant unterstellt, der sofort einen Kampfplan entwickelte, welcher auf die vollständige Zerstörung der konföderierten Armee abzielte. Die schlecht organisierten Feldzüge der vorausgegangenen Wochen und Monate – hier und da einige Scharmützel, bei denen Städte und Forts eingenommen und wieder eingebüßt wurden

– ließen keine klare Strategie erkennen. Solange die konföderierten Streitkräfte intakt und kampfbereit waren, blieb auch die Konföderation unter Jefferson Davis bestehen. Schlug man die Armee der Sezessionisten, argumentierte Grant, so war die ganze Sezessionsbewegung besiegt.

Diese Strategie wurde ab Mai 1864 in die Tat umgesetzt, als der riesige militärische Apparat, den Grant zur Auslöschung der Konföderationstruppen aufgestellt hatte, vom Potomac aus gen Süden rollte. Der Feldzug, der durch diese erste Offensive ausgelöst wurde, fuhr schließlich wie eine Sense mitten durch die Südstaaten. Sherman stieß von Tennessee nach Georgia vor, Savannah wurde erobert, ganze acht Monate später kapitulierte der Großteil der konföderierten Armee in Appomattox, und fast genau ein Jahr nachdem Grant die Zügel in die Hand genommen hatte, fand bei Shreveport in Louisiana das letzte Gefecht des fünfjährigen Krieges statt.

Am schwierigsten war es zu Beginn dieser strategischen Phase, denn der Feind war noch wenig zermürbt und höchst motiviert; selten wurde in diesen Wochen so heftig gekämpft wie am allerersten Tag. Grants Männer marschierten an den Ausläufern der Blue Ridge Mountains entlang und drangen am Nachmittag des 4. Mai über den Rapidan River nach Orange County vor. Hier trafen sie auf Robert E. Lees Army of Northern Virginia; in der folgenden Schlacht, die mit der Flußüberquerung begann und erst mit Grants Flankenausfall in Richtung Spotsylvania endete, fielen der fünfzigstündigen Metzelei und Feuerhölle etwa 27 000 Soldaten zum Opfer.

Drei Aspekte dieser gewaltigen Schlacht scheinen für die Geschichte William Minors von besonderer Bedeutung zu sein. Der erste ist die Schonungslosigkeit des Gefechts und die mörderische Beschaffenheit des Geländes, auf dem es ausgetragen wurde. Die zigtausend Männer standen sich auf einem Terrain gegenüber, das für jede Taktik ungeeignet war: einer hügeligen Landschaft, mit dichtem Wald und undurchdringlichem Gestrüpp bewachsen, durchzogen von stinkenden, schlammigen Sümpfen, in denen es von Stechmücken nur so wimmelte. Bereits im Mai war es brütend heiß, Laub und Gras abseits der Sümpfe und Rinnsale waren trocken wie Zunder.

Die Kämpfe erfolgten daher ohne Artillerie – die nichts sehen konnte – und ohne Kavallerie – die nicht reiten konnte. Es blieben nur die Infanteristen, die im Zweikampf mit Bajonetten und Säbeln kämpften oder mit Musketen, die mit einem neuartigen Geschoß, der schrecklichen Miniékugel, geladen wurden, die große häßliche Fleischwunden verursachte. Doch die Hitze und der Qualm über dem Schlachtfeld brachten noch ein weiteres Schrecknis mit sich – das Feuer.

Das dürre Gestrüpp entzündete sich, und die Flammen, angetrieben von heftigem, schwülem Wind, fraßen sich durch das ganze Gebiet. Hunderte, vielleicht Tausende von Männern, Verwundete wie Unverwundete, fanden in den Flammen unter schrecklichen Qualen den Tod.

Ein Arzt schilderte in einem Bericht Verwundungen «jeder erdenklichen Art, Männer mit verstümmelten Leibern, mit zertrümmerten Gliedern und zersplitterten Schädeln, Männer, die ihre Verletzungen mit stoischer Geduld erlitten, und Männer, die ihrem Schmerz laut Ausdruck verliehen, Männer mit unerschütterlichem Gleichmut und Männer, die tapfer frohlockten, es sei – nur ein Bein». Die wenigen Wege, die es gab, waren von den primitiven Wagen verstopft, mit denen blutüberströmte Verwundete zu den Verbandsplätzen gebracht wurden, wo erschöpfte Ärzte im Schweiße ihres Angesichts alles versuchten, selbst mit den grauenhaftesten Verwundungen fertig zu werden.

Ein Soldat aus Maine schrieb voller Entsetzen über das Feuer: «Die Flammen züngelten lodernd und prasselnd an den Stämmen der Kiefern empor, bis sie von der Wurzel bis zum Wipfel wie eine einzige Feuersäule dastanden. Dann schwankten sie, stürzten um und wirbelten einen glühenden Funkenregen auf; über allem hingen dichte, dunkle Rauchwolken, die vom Schein der Flammen rötlich schimmerten.»

«Waldbrände wüteten», schrieb ein weiterer Soldat, «Munitionstrosse explodierten; die Toten verkohlten in den Flammen; die Verwundeten schleppten sich mit zerschundenen und zerfetzten Gliedern allein mit der wahnsinnigen Kraft der Verzweiflung vorwärts, um den verheerenden Flammen zu entkommen, und an jedem Busch hingen Fetzen blutbefleckter Kleidung. Es war, als wären Christenmenschen zu Dämonen geworden, als hätte die Hölle die Erde in Besitz genommen.»

Bei dem zweiten Punkt im Zusammenhang mit der Schlacht, der für das Verständnis von Minors rätselhafter Krankheit wichtig zu sein scheint, geht es um eine spezielle Gruppe, die bei den Kämpfen eine Rolle spielte, nämlich die Iren – jene Iren, vor denen sich Minor, wie seine Londoner Vermieterin später aussagte, so außerordentlich zu fürchten schien.

Während des Bürgerkrieges kämpften auf seiten der Union etwa 150000 irische Soldaten, von denen die meisten jenen Yankee-Einheiten zugeteilt waren, von denen sie sich an ihrem Wohnort hatten anwerben lassen. Es gab jedoch auch eine stolze Schar von Iren, die gemeinsam kämpften, nämlich die Soldaten der 2. Brigade – der Irischen Brigade. In der gesamten Nordstaatenarmee war kaum eine Einheit so zäh und tapfer wie diese. «Wenn irgend etwas Irrwitziges, Aussichtsloses oder Halsbrecherisches versucht werden sollte», so schrieb ein englischer Kriegsberichterstatter, «wandte man sich an die Irische Brigade.»

Die Irische Brigade kämpfte auch in der *Battle of the Wilderness*; Männer des 28. Massachusetts und des 116. Pennsylvania Regiments waren dabei, ebenso Iren der legendären New Yorker Regimenter, des 63., des 88. sowie des 69. Regiments, das auch heute noch alljährlich am 17. März auf der grüngeschmückten Fifth Avenue die Parade zum St. Patrick's Day anführt.

Doch die Iren, die 1864 für die Union antraten, kämpften nicht mehr mit derselben Einstellung wie noch ein oder zwei Jahre zuvor. Zu Beginn des Krieges, bevor Abraham Lincoln die Befreiung der Sklaven verkündete, waren die Iren treue Anhänger des Nordens und erklärte Gegner des Südens, der zumindest in jenen ersten Jahren vom gehaßten England unterstützt zu werden schien. Ihre Motive zu kämpfen waren vielschichtig, doch gerade das ist bedeutsam für diese Geschichte. Die Iren waren Einwanderer, die vor der Hungersnot in der Heimat geflohen waren, und sie kämpften in Amerika nicht nur aus Dankbarkeit gegenüber einem Land, das ihnen Beistand geleistet hatte, sondern auch, um eines Tages zu Hause kämpfen zu können und ihre Insel ein für allemal von den verhaßten Engländern zu befreien. In einem irisch-amerikanischen Gedicht aus jener Zeit kommt dies deutlich zum Ausdruck:

When concord and peace to this land are restored,
And the union's established for ever,
Brave sons of Hibernia, oh, sheathe not the sword, –
You will then have a union to sever.

[Sind Eintracht hier und Frieden wieder hergestellt
Und ist die Einheit festgeschrieben,
Laßt das Schwert nicht ruhen, tapf're Söhne Irlands,
Denn dann müßt ein Band ihr noch zertrennen.]

Doch die Iren stimmten bald nicht mehr mit sämtlichen Zielen der Union überein. Sie waren erbitterte Rivalen der amerikanischen Schwarzen, mit denen sie auf der untersten Stufe der gesellschaftlichen Hierarchie um sich bietende Chancen – vor allem Arbeit – wetteiferten. Und kaum waren die Schwarzen von Lincoln im Jahr 1863 offiziell freigelassen worden, entfiel der natürliche Vorteil, den die Iren in ihrer Hautfarbe zu haben glaubten – und damit ein Großteil ihrer Sympathien für die Nordstaaten, auf deren Seite sie sich im Bürgerkrieg gestellt hatten. Außerdem hatten sie gründlich nachgedacht: «Wir haben diesen Krieg nicht angezettelt», sagte einer ihrer Anführer, «doch viele von uns haben dafür ihr Leben gelassen.»

Die Folge war, daß die irischen Soldaten – besonders dort, wo sie anscheinend nur als Kanonenfutter dienten – von den Schlachtfeldern flüchteten. Sie fingen an wegzulaufen, zu desertieren. Und sicherlich flohen auch sehr viele vor dem schrecklichen Flammenmeer und dem Blutvergießen der *Battle of the Wilderness*. Das war Fahnenflucht, und eine der besonderen Strafen, die den Schuldigen auferlegt wurde, ist wohl der dritte und vielleicht wich-

75

tigste Grund für William Minors späteren Zusammenbruch.

Im Bürgerkrieg war Fahnenflucht neben Ungehorsam und Trunkenheit ein ständiges Problem – und auch ein ernstes, denn dadurch verringerte sich die Truppenstärke, auf die die Befehlshaber so dringend angewiesen waren. Und die Situation spitzte sich zu, je länger der Krieg dauerte, denn mit jedem Monat und mit jedem Jahr stieg die Zahl der Gefallenen und im selben Maß sank die Begeisterung für die Sache. Die gesamte Truppenstärke der Union betrug wahrscheinlich 2 900 000, die der Konföderierten etwa 1 300 000 Mann. Beide Seiten erlitten einschneidende Verluste. Der Norden zählte 360 000 Gefallene, der Süden 258 000. Beinahe ebenso gewaltig ist die Zahl derjenigen, die einfach ihre Waffe hinwarfen und in die Wälder flüchteten – 287 000 auf seiten der Union, 103 000 auf seiten der Südstaaten. Diese Zahlen sind natürlich etwas verzerrt, denn sie repräsentieren die Männer, die flohen, wieder eingefangen und zum Waffendienst gezwungen wurden und erneut und vielleicht sogar viele weitere Male desertierten. Dennoch sind dies sehr hohe Zahlen – zehn Prozent bei der Union und ein Zwölftel bei den abtrünnigen Südstaaten.

Gegen Mitte des Krieges desertierten jeden Monat mehr als fünftausend Soldaten. Manche fielen bei den endlosen Märschen einfach zurück, manche flüchteten beim Anblick des Geschützfeuers. Im Mai 1864, als General Grant nach Süden vorstieß und die *Battle of the Wilderness* wütete, nahmen nicht weniger als 5371 Soldaten der Bundesarmee Reißaus. Jeden Tag suchten mehr als 170 Männer das Weite – sowohl Wehrpflichtige als auch Freiwillige, sei es, weil Heimweh oder Verzweiflung sie

76

quälte, weil sie deprimiert oder desillusioniert waren, weil sie vergeblich auf ihren Sold warteten oder einfach nur, weil sie Angst hatten. William Minor war nicht nur aus der Idylle Connecticuts mitten in ein entsetzliches Gemetzel hineingestolpert; hier sah er den Menschen auch in seiner ganzen Schwäche: ängstlich, mutlos und feige.

Die Vorschriften der Armee mögen damals recht dehnbar gewesen sein, wenn es um die Bestrafung von Trunkenheit ging – es war nicht unüblich, einen Betrunkenen mehrere Tage lang mit einem Holzknüppel auf den Schultern auf einer Kiste stehen zu lassen –, doch im Fall der Fahnenflucht waren sie völlig klar und eindeutig. Wer «die einzige Sünde, die weder in dieser Welt noch in der nächsten vergeben werden kann», beging, wurde erschossen. So zumindest stand es auf dem Papier: «Fahnenflucht ist ein Verbrechen, das mit dem Tode zu bestrafen ist.»

Doch einen der eigenen Soldaten zu erschießen, egal für welches Verbrechen, hatte einen entscheidenden Nachteil – es verringerte die Truppenstärke. Diese erschreckend nüchterne Kalkulation bewog die meisten Kommandeure des Bürgerkrieges, und zwar auf beiden Seiten, sich anderweitige Strafmaßnahmen für Deserteure auszudenken. Nur ein paar hundert Männer wurden erschossen, allerdings wurden diese Fälle als abschreckende Beispiele an die große Glocke gehängt, wenn auch vergeblich. Viele wurden ins Gefängnis geworfen, in Einzelhaft gesteckt, ausgepeitscht oder zu hohen Geldstrafen verurteilt.

Die übrigen – und die meisten erstmaligen Täter – wurden in der Regel diversen öffentlichen Demütigungen ausgesetzt. Manchen wurde der Kopf ganz oder zur Hälfte kahlgeschoren und ein Schild mit der Aufschrift «Feigling» umgehängt. Manche wurden von einem Standgericht zu einer schmerzlichen Tortur, dem sogenannten *bucking*, verurteilt; dabei wurden dem Sträfling die Handgelenke gefesselt, die Arme um die Knie gelegt und unter Knien und Achseln Stöcke durchgezogen; dieser qualvollen Verrenkung wurden die armen Teufel oft tagelang ausgesetzt. (Die Strafe war so hart, daß sie bisweilen das genaue Gegenteil bewirkte: einem Offizier, der einen Versprengten «aufbocken» ließ, lief aus Protest die halbe Kompanie davon.)

Es kam auch vor, daß der Verurteilte geknebelt wurde, indem man ihm ein Bajonett quer über den offenen Mund band. Er konnte auch an den Daumen aufgehängt werden; man konnte ihn zwingen, ein meterlanges Stück Schiene auf den Schultern zu tragen, auf einem hölzernen Pferd zu reiten oder nackt in ein Faß gesteckt herumzulaufen – oder er wurde, wie in einem besonders grausamen Fall in Tennessee, an einen Baum genagelt und gekreuzigt.

Oder aber – und dies schien die ideale Verbindung aus Schmerz und Demütigung zu sein – der Deserteur wurde gebrandmarkt. Dabei wurde ihm der Buchstabe «D» auf dem Gesäß, der Hüfte oder der Wange eingebrannt. Der Buchstabe war eineinhalb Zoll hoch – die Vorschriften waren in dieser Hinsicht sehr präzise – und wurde entweder mit einem heißen Eisen eingebrannt oder mit einem Rasiermesser eingeritzt; in die Wunde wurde Schwarzpulver gerieben, damit das Ganze noch unerträglicher und unauslöschlicher wurde.

Aus einem nicht bekannten Grund oblag es oftmals dem Trommler des Regiments, das Pulver aufzutragen, beziehungsweise dem Truppenarzt, das Brenneisen aufzudrücken. Und genau das, so hieß es bei dem Londoner Gerichtsverfahren, hatte man von William Minor verlangt.

Ein irischer Deserteur, der für schuldig befunden worden war, während der grausamen Schlacht in der «Wildnis» davongelaufen zu sein, wurde standrechtlich verurteilt und sollte gebrandmarkt werden. Das Standgericht – in der Regel ein Oberst, vier Hauptmänner und drei Leutnants – bestand in diesem Fall darauf, daß der neue Assistenzarzt, dieser Grünschnabel, ein feiner Pinkel aus Yale, die Strafe ausführte. Das wäre wohl nicht das Schlechteste, meinten die kriegsgestählten Haudegen, um Dr. Minor mit den strengen Sitten des Krieges vertraut zu machen. Und so wurde ihm der Ire mit gefesselten Armen vorgeführt.

Es war ein schmutziger und zerlumpter Mann Anfang Zwanzig; seine dunkle Uniform war während seiner wilden Flucht durch das dornige Gestrüpp zerfetzt worden. Er war erschöpft und hatte Angst. Er benahm sich wie ein Tier – ganz anders als der kecke junge Bursche, der drei Jahre zuvor von Dublin nach Manhattan gekommen war. Er hatte so viele kämpfen, so viele sterben sehen – und dabei stand er inzwischen gar nicht mehr hinter der Sache, für die er gekämpft hatte, jedenfalls seit der Sklavenbefreiung nicht mehr. Außerdem schien seine Seite sowieso zu siegen – man brauchte ihn also gar nicht mehr und würde ihn auch nicht vermissen, wenn er sich auf und davon machte.

Er wollte sich nicht mehr von diesen Fremden benutzen lassen. Er wollte wieder in seine Heimat, nach Irland zurückkehren. Er wollte seine Familie wiedersehen und nichts mehr mit diesem Krieg zu tun haben, in dem er sich im Grunde höchstens als Söldner gesehen hatte. Er wollte das Kriegshandwerk, das er in all den Schlachten in Pennsylvania und Maryland und jetzt in Virginia erlernt hatte, dazu nutzen, um gegen die verhaßten Briten, die Besatzer seiner Heimat, zu kämpfen.

Doch nun hatte er den Fehler begangen davonzulaufen, und fünf Soldaten der Militärpolizei hatten ihn in seinem Versteck hinter der Scheune einer Farm aufgespürt. Das Kriegsgericht war unverzüglich zusammengetreten und das Urteil wie bei allen standrechtlichen Verfahren in grausam kurzer Zeit gefällt worden: Er sollte ausgepeitscht werden, dreißig Hiebe mit der neunschwänzigen Katze – aber erst nachdem man ihm mit dem Brandeisen das Zeichen des Deserteurs für alle Zeit in das Gesicht eingebrannt hatte.

Er flehte seine Richter an; er flehte seine Wächter an. Er brüllte, er schrie, er bäumte sich auf. Doch die Soldaten drückten ihn nieder, und Dr. Minor nahm das heiße Eisen aus einem Korb voll glühender Kohlen, den man sich in aller Eile vom Beschlagmeister der Brigade ausgeliehen hatte. Der Arzt zögerte einen Augenblick und gab damit sein Widerstreben zu erkennen – denn war dies, so schoß es ihm durch den Kopf, wirklich mit seinem hippokratischen Eid vereinbar? Die Offiziere murrten bereits, und so preßte er dem Iren das glühende Eisen auf die Wange. Das Fleisch zischte, das Blut brodelte, der Gefangene schrie und schrie.

Und dann war es vorbei. Der arme Teufel wurde weggeführt. Er drückte sich den alkoholgetränkten Lappen, den Minor ihm gegeben hatte, auf die Wunde. Vielleicht würde sich die Wunde infizieren, vielleicht würde sich der «löbliche Eiter» bilden, der anderen Ärzten zufolge ein Zeichen der Heilung war. Vielleicht käme es zu Wundbrand. Vielleicht würde die Wunde wochenlang immer wieder aufbrechen und brennen und bluten. Er wußte es nicht.

Er wußte nur, daß ihn das Brandmal für den Rest seines Lebens begleiten würde. Solange er in Amerika war, kennzeichnete ihn diese beschämendste aller Bestrafungen als Feigling. Doch zu Hause in Irland würde sie ihn als etwas ganz anderes ausweisen – als einen Mann, der nach Amerika gegangen war, sich dort militärisch hatte ausbilden lassen und jetzt wieder nach Irland zurückgekehrt war, um gegen die britische Obrigkeit zu kämpfen. Er war von nun an eindeutig als Mitglied einer der irisch-nationalistischen Rebellenbanden zu erkennen; jeder Soldat und jeder Polizist in England und Irland würde es bemerken und ihn entweder einsperren, damit er nicht mehr frei herumlief, oder ihm unaufhörlich das Leben schwermachen.

Seine Zukunft als irischer Revolutionär war damit also verbaut. Die gesellschaftliche Ächtung in Amerika kümmerte ihn wenig, doch die Aussicht auf sein zukünftiges Leben in Irland, wo er durch diese eine Disziplinarstrafe für immer und ewig gezeichnet war, verbitterte ihn zutiefst. Er erkannte, daß er als irischer Patriot und Revolutionär nun in jeder Hinsicht nutzlos, unbrauchbar und wertlos war.

Und in seiner Wut richtete er wohl, zu Recht oder zu Unrecht, seinen wachsenden Zorn gegen jenen Menschen, der den Beruf des Mediziners so schändlich verraten und der so völlig bedenkenlos das Gesicht eines Menschen für alle Zeiten brutal entstellt hatte. Er fühlte sich zweifellos veranlaßt und berechtigt, William Chester Minor zutiefst und für immer zu hassen.

So schwor er sich bestimmt, sobald dieser Krieg zu Ende sein würde, nach Hause zu gehen und dort, kaum daß er in Cobh oder Dun Laoghaire an Land gegangen wäre, allen irischen Patrioten folgendes mitzuteilen: Der

Amerikaner William Chester Minor ist ein Feind aller tapferen Fenier, und wenn der rechte Moment gekommen ist, wird er für seine Tat büßen.

Zumindest muß Dr. Minor geglaubt haben, daß dies in dem Kopf des Mannes vorging, den er gebrandmarkt hatte. Mit Sicherheit, hieß es später, wurde er durch die Erfahrung auf dem Schlachtfeld traumatisiert, und einige Ärzte vermuteten darin die Ursache für sein Leiden. Einem anderen Bericht zufolge war er bei der Hinrichtung eines Mannes zugegen gewesen – eines Studienkollegen aus Yale, hieß es in einigen Berichten, in denen jedoch weder Ort noch Zeit genannt waren –, und dieses Erlebnis hatte ihn zutiefst erschüttert. Doch meistens hieß es, er habe Angst, daß Iren sich schändlich an ihm vergingen, wie er es ausdrückte, weil ihm befohlen worden war, einem ihrer Landsmänner in Amerika eine so grausame Strafe aufzuerlegen.

Diese Version wurde im Gericht verbreitet – jedenfalls hatte Mrs. Fisher, seine Vermieterin in der Tennison Street in Lambeth, den offiziellen Gerichtsmeldungen in der *Times* zufolge, während der Verhandlung so ausgesagt. Die Geschichte tauchte in den folgenden Jahrzehnten immer wieder auf, wenn man sich daran erinnerte, daß Minor aufgrund seiner Krankheit noch immer in einer Anstalt saß; und bis 1915, als er in hohem Alter einem Journalisten in Washington ein Interview gab und dabei eine ganz andere Version erzählte, galt dies als der Hauptgrund für seine Geisteskrankheit. «Im Amerikanischen Bürgerkrieg brandmarkte er einen Iren», hieß es allgemein. «Daraufhin ist er verrückt geworden.»

Etwa eine Woche später wurde Minor, der an keinen erkennbaren Folgen dieses Erlebnisses zu leiden schien, versetzt. Nun unterstand er nicht mehr der roten Flagge des Feldlazaretts (das Rote Kreuz wurde in den Vereinigten Staaten erst mit der Ratifizierung der Genfer Konvention am Ende des Bürgerkriegs eingeführt), sondern wurde dorthin geschickt, wo er ursprünglich seinen Dienst hatte tun sollen, in die Stadt Alexandria.

Er traf dort am 17. Mai ein und arbeitete zunächst im L'Overture Hospital, in dem vor allem schwarze Patienten, unter ihnen auch sogenannte «Geschmuggelte» – entflohene Sklaven aus dem Süden – behandelt wurden. Aus diversen Dokumenten geht hervor, daß er nacheinander in verschiedenen Krankenhäusern tätig war; er arbeitete im Alexandria General Hospital und im Slough Hospital. Außerdem existiert ein Schreiben seines alten Militärkrankenhauses in New Haven, das ihn wegen seiner guten Leistungen zurückgewinnen wollte.

Ein derartiges Ersuchen war ungewöhnlich, zumal Minor als *Acting Assistant Surgeon* noch immer den untersten Dienstgrad innehatte. Im Laufe des Krieges wurden von der Armee der Union 5500 Männer mit diesem Dienstgrad eingestellt, und darunter waren einige von ungeheurer Inkompetenz – Studenten der Botanik und der Homöopathie, Alkoholiker, die in der privaten Praxis versagt hatten, Quacksalber, die ihren Patienten das Geld aus der Tasche gezogen hatten, und Scharlatane, die nie eine medizinische Fakultät von innen gesehen hatten. Die meisten verschwanden wieder aus der Armee, als die Kampfhandlungen beendet waren; nur wenige wagten, auf eine Beförderung, geschweige denn auf ein Offizierspatent zu hoffen.

Ganz anders verhielt es sich bei William Minor. Er scheint sich regelrecht auf seine Arbeit gestürzt zu haben. Seine Autopsieberichte, von denen einige noch erhalten sind, zeigen eine saubere Handschrift, einen sicheren Sprachgebrauch und klare Angaben hinsichtlich der Todesursache. Die meisten Fälle waren nichts Besonderes: Ein Feldwebel des 1. Michigan Kavallerieregiments erlag seinem Lungenkrebs, ein einfacher Soldat starb an Typhus, ein anderer an Lungenentzündung. Zur Zeit des Bürgerkriegs waren dies weit verbreitete Krankheiten; behandelt wurden sie allesamt mit der damals herrschenden Unwissenheit und kaum mehr als den zwei medizinischen Waffen Opium und Kalomel, einem Betäubungs- und einem Abführmittel.

Ein Bericht klingt etwas interessanter; er wurde im September 1866 verfaßt – zwei Jahre nach der «Schlacht in der Wildnis» – und betrifft einen Rekruten, einen «kräftigen, muskulösen Mann» namens Martin Kuster, der beim Wachdienst vom Blitz erschlagen wurde, weil er sich während eines Gewitters unklugerweise unter eine Pappel gestellt hatte. Er war übel zugerichtet. «Die linke Seite seiner Mütze offen … Einfassung des Metallknopfs abgerissen … Haar an der linken Schläfe angesengt und verbrannt … Strumpf und rechter Stiefel aufgerissen … eine blaßgelbe und bräunliche Linie zieht sich über den ganzen Körper … Verbrennungen bis zum Schambein und Skrotum …»

Dieser Bericht stammte indes nicht aus Virginia – und auch nicht von einem *Acting Assistant Surgeon*. Er stammte vielmehr von Governors Island, New York, und unterzeichnet war er von Minor in seiner neuen Funktion als *Assistant Surgeon*, als Berufssoldat der Armee der Vereinigten Staaten. Ab Herbst 1866 stand er nicht mehr unter zeitlich befristetem Vertrag, sondern bekleidete den Dienstrang eines Hauptmanns. Er hatte das geschafft, was den meisten seiner Kollegen versagt blieb: Kraft seiner fleißigen und gewissenhaften Arbeit und dank seiner guten Beziehungen gelang ihm der Aufstieg in den Rang eines amerikanischen Berufsoffiziers.

Seine Förderer, in Connecticut und auch andernorts, ahnten nichts von einer beginnenden Geisteskrankheit: Professor James Dana, ein Geologe und Mineraloge in Yale, dessen klassische Lehrbücher bis heute weltweit verwendet werden, sagte, Minor sei «einer der Besten… im Lande» und seine Ernennung zum Stabsarzt «gereiche der Armee zum Nutzen und der Nation zur Ehre». Ein anderer Professor bezeichnete ihn als «fähigen Arzt, ausgezeichneten Operateur und kundigen Gelehrten» – fügte allerdings eine Bemerkung hinzu, die später als Warnsignal hätte gedeutet werden können, nämlich daß Minors moralischer Charakter «nicht herausragend» sei.

Kurz vor seiner offiziellen Examinierung hatte Minor schriftlich erklärt, er leide an keiner «geistigen oder körperlichen Erkrankung, die der vollen Ausübung der Pflichten in jeglichem Klima in irgendeiner Weise im Wege stehen könnte». Seine Prüfer stimmten zu. Im Februar 1866 erteilten sie ihm sein Patent, und im Sommer war er bereits auf Governors Island und befaßte sich dort mit einem der schlimmsten Notstände der Nachkriegszeit – der vierten und letzten großen Choleraepidemie an der Ostküste.

Es hieß, die Krankheit sei von irischen Einwanderern eingeschleppt worden, die damals über Ellis Island ins Land strömten. Während der sommerlichen Seuchenwelle starben etwa zwölfhundert Menschen; die Krankenhäuser auf Governors Island dienten als Seuchenklinik und Quarantänestation. Minor arbeitete während dieser Monate unermüdlich, und sein Einsatz wurde entsprechend gewürdigt: Obwohl er eigentlich erst Leutnant war, wurde er am Ende des Jahres in Würdigung seiner Verdienste durch Brevet zum Hauptmann befördert.

Doch zur selben Zeit begann Minor, beunruhigende Verhaltensweisen an den Tag zu legen, die rückblickend wohl als Anzeichen einer einsetzenden Paranoia zu deuten sind. Er gewöhnte sich an, auch in Zivil eine Waffe zu tragen. Unerlaubterweise nahm er seinen Dienstrevolver, einen 38er Colt mit einem Sechs-Schuß-Rundlaufmagazin, überall mit, bei dem in einer Patronenkammer üblicherweise immer eine Platzpatrone steckte. Er trug die Waffe, erklärte er, weil einer seiner Offizierskollegen von Straßenräubern umgebracht worden war, als er aus einer Bar in Lower Manhattan kam. Er könnte von Schlägern verfolgt werden, meinte er, die möglicherweise auch ihn anzugreifen versuchten.

Er wurde zum Stammgast wüster Bars und Bordelle an der Lower East Side und in Brooklyn. Er verfiel einer erschreckenden Promiskuität, schlief Nacht für Nacht mit Huren und kehrte in den frühen Morgenstunden mit dem Ruderboot zum Fort Jay Hospital nach Governors Island zurück. Seine Kollegen fingen an, sich Sorgen zu machen; dieses Verhalten schien ganz und gar nicht zu einem so liebenswürdigen und tüchtigen Offizier zu passen. Besonders beunruhigt waren sie, als sich herausstellte, daß er des öfteren wegen verschiedener Geschlechtskrankheiten ärztlich behandelt werden mußte, soweit diese überhaupt behandelbar waren.

Im Jahr 1867 – es war das Jahr, in dem sein Vater in New Haven starb – überraschte er seine Kollegen durch die plötzliche Ankündigung seiner Verlobung mit einer jungen Frau aus Manhattan. Es ist nicht bekannt, wer oder was sie war, doch der Verdacht liegt nahe, daß sie Tänzerin oder Varietékünstlerin war und daß er sie bei einem seiner Streifzüge durch das Rotlichtmilieu kennengelernt hatte. Die Mutter des Mädchens war von Dr. Minor allerdings nicht so beeindruckt wie seine Freunde in Connecticut. Sie hatte an dem jungen Hauptmann einiges auszusetzen und bestand darauf, daß ihre Tochter die Verlobung löste, was diese schließlich auch tat. In späteren Jahren weigerte sich Minor beharrlich, über diese Angelegenheit zu sprechen oder etwas darüber zu sagen, was er ob dieses erzwungenen Endes empfand. Seine Ärzte meinten jedoch, der Vorfall habe ihn verbittert.

Die Armee indessen war entsetzt über diesen scheinbar plötzlichen Wandel ihres Protegés. Wenige Wochen nach Bekanntwerden seines ungewöhnlichen Verhaltens beschloß man, Dr. Minor den Versuchungen New Yorks zu entziehen und ihn in die Provinz zu schicken, wo er vor derartigen Gefahren sicher war. Es kam einer regelrechten Degradierung gleich, als er nach Florida, in die Abgeschiedenheit des unbedeutenden Fort Barrancas, beordert wurde. Das Fort, dereinst erbaut, um die Pensacola Bay am Golf von Mexiko vor feindlichen Angreifern zu schützen, spielte strategisch kaum noch eine Rolle. Der alte Backsteinbau beherbergte inzwischen nur noch einen kleinen Trupp von Soldaten, denen Minor als Arzt zugeteilt wurde. Für einen so vornehmen, so gebildeten und so vielversprechenden Mann war dies eine wahrlich demütigende Situation.

Minor wurde von einem ungeheuren Zorn auf die Armee gepackt. Offensichtlich vermißte er seine nächtlichen Ausschweifungen. Seine Offizierskameraden bemerkten, daß er übellaunig und bisweilen äußerst aggressiv wurde. In friedlicheren Momenten griff er zu Farbe und Pinsel – Aquarelle der Sonnenuntergänge in Florida beruhigten ihn, erklärte er. Er hatte durchaus etwas auf dem Kasten, meinten seine Kollegen. Er war ein Künstler, meinte sogar einer; bei ihm spürte man so etwas wie Geist und Seele.

Doch dann begann Minor, Mißtrauen gegen seine Kameraden zu hegen. Er glaubte, daß sie ständig über ihn tuschelten und ihn argwöhnisch beobachteten. Ein Offizier setzte Minor besonders arg zu; er hänselte, verspottete und schikanierte ihn in einer Weise, über die Minor sich nie genauer äußerte. Der Drangsalierte forderte den Mann zum Duell und mußte vom Kommandanten des Forts gemaßregelt werden. Der Offizier war einer von Minors besten Freunden, erklärte der Kommandant, und sowohl Minor als auch der Freund konnten es später gar nicht glauben, daß sie sich damals ohne jeden ersichtlichen Grund so heftig gestritten hatten. Keine wie auch immer geartete Erklärung – daß der beste Freund nicht intrigiere, nichts Böses im Sinn habe und ihm nichts antun wolle – konnte Minor überzeugen. Er schien den Verstand verloren zu haben. Es war alles äußerst rätselhaft und für seine Freunde und seine Familie zutiefst beunruhigend.

Einen Höhepunkt erreichte die Entwicklung im Sommer 1868, als der Hauptmann, wie es offiziell hieß, zu lange in der Sonne Floridas geweilt hatte und über starke Kopfschmerzen und schreckliche Schwindelgefühle zu klagen begann. In Begleitung von Krankenschwestern wurde er nach New York geschickt, wo er sich bei seiner alten Einheit und seinem früheren Arzt melden sollte. Er wurde befragt, untersucht, ausgeforscht und durchleuchtet. Im September war es schließlich ganz offenkundig, daß er alles andere als gesund war. Zum erstenmal wurde der Verdacht zur Gewißheit, daß er allmählich den Verstand verlor.

Aus einem Schreiben, das von einem Stabsarzt Hammond am 3. September 1868 unterzeichnet wurde, geht hervor, daß Minor an einer Monomanie, einem krankhaften Besessensein von einer Wahnidee oder Zwangsvorstellung zu leiden schien. Um welche Wahnidee es sich handelte, stellte Dr. Hammond nicht fest, doch er wies darauf hin, daß Minors Zustand seiner Meinung nach so ernst sei, daß er als «wahnhaft» eingestuft werden müsse. Minor war erst vierunddreißig Jahre alt. Sein Leben und sein Verstand waren dabei, ernsthaft außer Kontrolle zu geraten.

Ab diesem Zeitpunkt begannen sich die Krankenberichte zu stapeln, Woche um Woche mit immer gleichem Wortlaut: «Er ist meiner Meinung nach dienstuntauglich und nicht reisefähig.» Im November empfahlen die Ärzte schließlich einen drastischeren Schritt: Minor sollte nach Meinung des Stabes sofort in eine Anstalt eingewiesen werden. Er sollte fernerhin dem berühmten Dr. Charles Nichols, dem Direktor der staatlichen Irrenanstalt in Washington, anvertraut werden.

«Aufgrund der Monomanie», hielt der untersuchende Arzt in gestochener Handschrift fest, «ist er inzwischen eine Gefahr für sich und andere. Dr. Minor hat sich bereit erklärt, in die Anstalt zu gehen, und den Wunsch geäußert, ohne Wärter gehen zu dürfen. Ich denke, daß er dazu inzwischen durchaus in der Lage ist.»

Durchaus in der Lage, aber beschämt. Es existiert ein Brief, in dem im Namen Minors darum ersucht wird, seine Einweisung in die Anstalt geheimzuhalten. «Er fürchtet das Stigma, das eine ärztliche Behandlung in einer Irrenanstalt seiner Meinung nach bedeutet. Er weiß nicht, daß ich diese Zeilen schreibe. Er wäre dankbar, wenn man es ihm ermöglichen würde, sich zur ärztlichen Behandlung in die Anstalt zu begeben, ohne daß es allgemein bekannt wird.»

Der Brief blieb nicht ohne Wirkung; der Einfluß der alteingesessenen Familie und der altehrwürdigen Hochschule tat ein übriges. Einen Tag später reiste Dr. Minor im geheimen und ohne Aufsicht mit dem Eilzug über Philadelphia, Wilmington und Baltimore nach Washington. Von der Union Station fuhr er mit der Kutsche nach South East Washington zu der gepflegten Anlage der Anstalt. Als er den steinernen Torbogen passierte, machte er erstmals die Bekanntschaft mit dem Innern einer Irrenanstalt; er betrat eine Welt, die er für den Rest seines Lebens nicht mehr verlassen sollte.

Die Washingtoner Anstalt wurde später in St. Elizabeth's Hospital umbenannt und gelangte zu zweifelhafter Berühmtheit: Ezra Pound sollte dort einsitzen und auch John Hinckley nach seinem Attentatsversuch auf Präsident Reagan. Bis zum Ende des neunzehnten Jahrhunderts genoß die Einrichtung jedoch den weniger spektakulären Ruf, die landesweit einzige staatliche Anstalt zu sein, in der Soldaten und Seeleute, die amtlich für verrückt erklärt worden waren, inhaftiert, rehabilitiert und weggesperrt wurden. Hier sollte William Minor die folgenden achtzehn Monate bleiben. Er genoß jedoch das Vertrauen des Direktors und durfte sich deshalb frei auf dem Gelände bewegen und später sogar ohne Begleitung das umliegende Land durchstreifen. (Vor einhundertdreißig Jahren sah Washington noch ganz anders aus: Wo heute Slums sind, waren damals noch weite Felder.) Er ging auch in die Stadt; er spazierte am Weißen Haus vorbei; und jeden Monat suchte er das Soldbüro auf und ließ sich sein Gehalt bar auszahlen.

Doch nach wie vor quälten ihn wahnhafte Angstzustände. Im folgenden September besuchte ihn eine Gruppe von Armeeärzten. «Unsere Beobachtungen veranlassen uns, ein sehr ungünstiges Urteil über Dr. Minors Zustand zu fällen», berichteten sie dem Generalstabsarzt. «Es dürfte sehr lange dauern, bis seine Gesundheit wiederhergestellt ist.» Ein anderer Arzt kam zu dem Schluß: «Die Störung der Hirnfunktionen wird immer auffälliger.»

Im April des nächsten Jahres trafen seine Vorgesetzten eine pessimistische Entscheidung: Minor werde wahrscheinlich nie geheilt werden, erklärten sie, und sollte daher offiziell in den Ruhestand versetzt werden. Im Stabsquartier an der Ecke Houston und Greene Street in dem heute so modischen New Yorker Künstlerviertel Soho wurde in aller Form geprüft, ob die Pensionierung des Offiziers aufgrund der Umstände gerechtfertigt sei.

Die Anhörung war eine langwierige, traurige Angelegenheit. Im Ausschuß saßen ein Brigadekommandeur, zwei Oberste, ein Major und ein Stabsarzt; sie hörten sich schweigend an, wie ein Arzt nach dem anderen Stellung zum Verfall dieses einst so vielversprechenden jungen Mannes nahm. Vielleicht rühre der Geisteszustand, unter dem er litt, von der Sonneneinwirkung in Florida her, mutmaßte einer; vielleicht sei dieser dadurch lediglich verschlimmert worden, meinte ein anderer; vielleicht lag alles nur an seinen schrecklichen Kriegserlebnissen, erklärte ein weiterer.

Unabhängig davon, was genau die Geisteskrankheit verursacht hatte, kam der Ausschuß schließlich zu der einzig richtigen Entscheidung darüber, wie mit diesem Fall bürokratisch zu verfahren war. Laut dem offiziellen Urteil der Armee war der Hauptmann und Assistenzarzt William C. Minor nun gänzlich *dienstunfähig aufgrund der Ausübung seiner Pflichten* – so lautete der maßgebende Satz der Entscheidung – und war mit sofortiger Wirkung in den Ruhestand zu versetzen.

Er war, mit anderen Worten, ein Kriegsversehrter. Er hatte seinem Vaterland gedient und dabei seine Gesundheit ruiniert, somit stand sein Vaterland in seiner Schuld. Ob die betörenden Verlockungen Ceylons, die tragischen Familienverhältnisse, sein zwanghaftes Verlangen nach Huren, seine *nostalgie de la boue* oder ähnliche Faktoren eine Rolle bei Minors schleichendem geistigen Verfall gespielt haben, sei dahingestellt. Die Ausübung seiner Pflicht hatte ihn schließlich zugrunde gerichtet. Die Armee der Vereinigten Staaten würde von nun an für ihn sorgen. Er war ein Mündel von Onkel Sam. Nun konnte er den ehrenvollen Namenszusatz *US Army Ret'd* – a. D. – führen. Sold und Pension sollten ihm bleiben, und zwar bis zu seinem Lebensende.

Im Februar 1871 schrieb ein New Yorker Freund in einem Brief, Minor wäre aus der Anstalt entlassen worden und sei auf dem Weg nach Manhattan, wo er bei einem befreundeten Arzt in der West 20th Street absteigen wolle. Ein paar Wochen später hieß es, er sei nach New Haven zurückgekehrt; er wolle seine alten Freunde in Yale aufsuchen, den Sommer bei seinem Bruder Alfred verbringen und sich im Geschäft seines verstorbenen Vaters nützlich machen – Alfred und sein älterer Bruder George leiteten inzwischen die Firma «Minor & Co., Lieferanten für Porzellan, Glas und Steingut» in der Chapel Street Nr. 261. Jene friedlichen Tage im Sommer und Herbst des Jahres 1871 sollten die letzten auf amerikanischem Boden sein, die Minor in Freiheit genießen durfte.

Als im Oktober die ersten rotgoldenen Blätter von den Bäumen fielen, schiffte sich William Minor in Boston mit einem einfachen Ticket nach London ein. Er wolle ungefähr ein Jahr in Europa verbringen, ließ er seine Freunde wissen. Er wolle sich erholen, lesen und malen. Vielleicht würde er das eine oder andere Heilbad aufsuchen, Paris und Rom und Venedig besuchen und sein – wie er selbst wußte – betrübtes Gemüt stärken und erquicken. Er hatte das Empfehlungsschreiben an Mr. Ruskin dabei; zweifellos würde er die Künstlerkreise der britischen Hauptstadt bezaubern können. Er war schließlich – und wie oft hatte er diese Worte bei den diversen Anhörungen vernommen – «ein Gentleman von Kultur, Geschmack und Bildung». Er würde London im Sturm erobern. Er würde genesen und als neuer Mensch nach Amerika zurückkehren.

An einem nebelverhangenen Morgen Anfang November ging er von Bord. Den Beamten in der Zollbaracke legte er seine Papiere vor, die ihn als Offizier der United States Army auswiesen. Dann fuhr er mit einer Kutsche zum Hotel Radley in der Nähe der Victoria Station. Er hatte genügend Geld bei sich. Er hatte seine Bücher, seine Aquarellfarben, seine Pinsel und seine Staffelei.

Und er hatte, sicher verstaut in einer Lackschatulle, seinen Revolver.

4. Kapitel

Der Sammler der Töchter der Erde

---

sesquipedalian (ˌsɛskwɪpɪˈdeɪlɪən), *a. and sb.* [f. L. *sesquipedālis*: see SESQUIPEDAL and -IAN.]

    A. *adj.* 1. Of words and expressions (after Horace's *sesquipedalia verba* ‹words a foot and a half long›, A. P. 97): Of many syllables.

    B. *sb.* 1. A person or thing that is a foot and a half in height or lenght.

    1615 *Curry-Combe for Coxe-Combe* iii. 113 He thought fit by his variety, to make yo knowne for a viperious Sesquipedalian in euery coast ...

    1656 BLOUNT *Glossogr.*

    2. A sesquipedalian word.

    1830 *Frasers's Mag.* I. 350 What an amazing power in writing down hard names and sesquipedalians does not the following passage manifest! **1894** *Nat. Observer* 6 Jan. 194/2 His sesquipedalians recall i II the utterances of another Doctor.

    Hence **sesquipe'dalianism**, style characterized by the use of long words; lengthiness ...

Es war ebenfalls an einem nebligen Novembertag, fast ein Vierteljahrhundert zuvor, als die entscheidenden Ereignisse auf der anderen Seite dieser merkwürdigen Konstellation ihren Lauf nahmen. Doch während Dr. Minor an einem winterlichen Novembermorgen in London eintraf und sich in eine eher schäbige Pension in Victoria begab, fand dieses andere Ereignis an einem winterlichen Novemberabend, und zwar in dem überaus vornehmen Stadtviertel Mayfair statt.

Das Datum war der 5. November (*Guy Fawkes Day,*

der Jahrestag des *Gunpowder Plot*) des Jahres 1857, die Uhrzeit war kurz nach sechs und der Ort ein schmales Haus an der nordwestlichen Ecke des St. James's Square, einer der modischsten und vornehmsten Oasen Londons. Ringsumher standen die feudalen Stadthäuser und Privatklubs der zahlreichen Bischöfe, Adeligen und Mitglieder des Unterhauses, die hier wohnten. Nur einen Steinwurf entfernt befanden sich die elegantesten Geschäfte der Stadt, die schönsten Kirchen, die prächtigsten Büroetagen sowie die ältesten und imposantesten Auslandsvertretungen. In dem Eckgebäude am St. James's Square war eine Einrichtung untergebracht, die im Geistesleben der großen Persönlichkeiten dieses Viertels eine wichtige Rolle spielte. (Diese Rolle spielt sie auch heute noch, glücklicherweise jedoch in einer demokratischeren Gesellschaft.) Die Räumlichkeiten beherbergten die nach Meinung damaliger wie auch heutiger Bewunderer weltweit erlesenste Privatsammlung öffentlich zugänglicher Bücher, die London Library.

Die Bibliothek war zwölf Jahre zuvor aus den beengten Räumen an der Pall Mall hierhergezogen. Das neue Gebäude war groß und geräumig. Heute platzt es mit über einer Million Bücher aus allen Nähten, doch im Jahr 1857 zählte man nur ein paar tausend Bände und hatte noch viel Platz. Deswegen beschloß der Verwaltungsrat sehr bald, zusätzliche Mittel zu beschaffen, indem man einige Räume vermietete, allerdings nur, so wurde entschieden, an Vereine und Gesellschaften, deren Mitglieder dieselben hehren Ziele verfolgten wie die Bibliothek und aufs trefflichste zu den vornehmen und oft unsäglich arroganten Mitgliedern der Bibliothek paßten.

Zwei Vereinigungen wurden auserwählt: die Statistical

Society und die Philological Society. Bei einer der vierzehntägigen Versammlungen der letzteren, die an jenem kühlen Donnerstagabend in einem Raum im oberen Stockwerk des Gebäudes stattfand, wurde eine Rede gehalten, die eine höchst bemerkenswerte Kette von Ereignissen in Gang setzte.

Der Redner war der Dekan von Westminster, ein formidabler Geistlicher namens Richard Chenevix Trench. Wie kaum ein anderer Zeitgenosse verkörperte Dr. Trench die noblen Ziele der Philologischen Gesellschaft. Er war wie die meisten der zweihundert Mitglieder der festen Überzeugung, daß hinter der unaufhaltsamen Verbreitung der englischen Sprache auf der ganzen Welt eine Art göttlicher Vorsehung stand.

Selbstverständlich billigte Gott – den man in diesem Teil der Londoner Gesellschaft natürlich unbedingt für einen Engländer hielt – die Ausbreitung der Sprache als wichtiges politisches Instrument des Empire; und er begrüßte natürlich auch die logische Folge, nämlich die weltweite Verbreitung des Christentums. Die Gleichung war im Grunde ganz simpel. Es war die Formel für das garantierte Heil der Welt: Je mehr Englisch auf der Welt gesprochen wurde, desto gottesfürchtiger mußte die Menschheit sein. (Und für einen protestantischen Geistlichen lag darin noch ein zusätzlicher nützlicher Hintersinn: Falls das Englische die sprachlichen Einflüsse der römisch-katholischen Kirche tatsächlich einmal überflügeln sollte, dann konnte dies möglicherweise dazu beitragen, die beiden Kirchen wieder in eine Art ökumenisches Gleichgewicht zu bringen.)

Auch wenn das erklärte Anliegen der Gesellschaft rein akademischer Natur war, so wurden unter der Leitung von

Gottesdienern wie Dr. Trench inoffiziell weitaus chauvinistischere Ziele verfolgt. Gewiß, ernsthafte philologische Diskussionen – über obskure Themen wie «Lautverschiebungen in den Papua- und Negritodialekten» oder «Die Funktion der Frikative im Hochdeutschen» – verliehen der Gesellschaft akademisches Gewicht, das ist unbestritten. Der eigentliche Zweck war jedoch die Förderung des Verständnisses jener Sprache, die sämtliche Mitglieder als die mit Fug und Recht weltbeherrschende Sprache erachteten – ihre eigene.

Sechzig Zuhörer hatten sich an jenem Novemberabend eingefunden. Kurz nach halb sechs war die Dunkelheit über London hereingebrochen. Die Gaslaternen zischten und flackerten, und an den Ecken der Piccadilly und der Jermyn Street bettelten sich kleine Jungen noch in letzter Minute ein paar Pennys für Feuerwerkskörper zusammen; sie trugen ihre groben Nachbildungen des alten Guy Fawkes vor sich her, die bald in großen Feuern verbrannt werden sollten. In der Ferne hörte man bereits das Pfeifen und Krachen explodierender Raketen und sonstiger Feuerwerkskörper.

Wie die ängstlichen Hausmädchen, die hastig zu den Dienstboteneingängen der großen Häuser zurückeilten, so huschten auch die alten Philologen, in dicke Mäntel gehüllt, durch die Dämmerung. Diese Männer waren derartigen Belustigungen längst entwachsen. Sie beeilten sich, dem Lärm der Explosionen und den Aufregungen des Feiertages zu entfliehen und sich in die beschauliche Welt der Gelehrsamkeit zurückzuziehen.

Außerdem klang das Thema dieses Abends höchst verheißungsvoll und überhaupt nicht anstrengend. Dr. Trench sollte in einem zweiteiligen Vortrag, der ganz groß angekündigt worden war, über «Wörterbücher» sprechen. Die wenigen Wörterbücher, die existierten, so gab Dr. Trench seinen Zuhörern zu verstehen, wiesen einige gravierende Mängel auf, die sowohl der Sprache als auch zwangsläufig dem Empire und seiner Kirche zum Nachteil gereichten. Für jene Viktorianer, die den strengen Prinzipien der Philological Society folgten, war diese Rede genau das, was sie hören wollten.

Das englische Wörterbuch in dem Sinne, wie wir den Begriff heute normalerweise verwenden – als alphabetisch geordnete Liste englischer Wörter mit einer Erklärung ihrer Bedeutungen –, ist eine relativ neue Erfindung. Vor vierhundert Jahren war solch ein Hilfsmittel in keinem englischen Bücherregal zu finden.

Kein einziges Wörterbuch war verfügbar, als beispielsweise William Shakespeare seine Dramen schrieb. Immer wenn er ein ungewöhnliches Wort benutzte oder ein Wort in einem ungewöhnlich scheinenden Zusammenhang verwendete – wofür seine Dramen unzählige Beispiele bieten –, hatte er kaum eine Möglichkeit zu überprüfen, ob die entsprechende Verwendungsweise auch richtig war. Er konnte nicht einfach ins Regal greifen und ein beliebiges Hilfsmittel hervorholen; keinem einzigen Buch konnte er entnehmen, ob er ein bestimmtes Wort im entsprechenden Zusammenhang treffend verwendet und richtig buchstabiert hatte.

Weitgehend versagt blieb Shakespeare das, was uns heute als genauso normal und alltäglich erscheint wie das Lesen selbst, nämlich «etwas nachzuschauen», wie man so schön sagt. Selbst der Ausdruck im Sinne von «etwas in einem Wörterbuch, Lexikon oder einem anderen Nach-

99

schlagewerk recherchieren» existierte nicht. Dieser Ausdruck tauchte in der englischen Sprache überhaupt erst 1692 auf, und zwar in den Schriften eines Oxforder Historikers namens Anthony Wood.

Die Tatsache, daß es vor dem Ende des siebzehnten Jahrhunderts keinen Begriff für das Nachschlagen gab, läßt darauf schließen, daß man auch keinerlei Vorstellung davon hatte, zumindest nicht zu Shakespeares Zeit – einer Zeit, in der die Dichter so viel dichteten und die Denker so viel dachten wie selten zuvor. Trotz all der geistigen Geschäftigkeit jener Zeit gab es keinen gedruckten Sprachführer, kein linguistisches Vademekum, kein einziges Handbuch, das Shakespeare oder Marlowe oder Nashe, Francis Drake, John Donne oder Ben Jonson, Walter Raleigh, Isaac Walton oder Martin Frobisher oder einer ihrer gelehrten Zeitgenossen hätte zu Rate ziehen können.

Man stelle sich zum Beispiel vor, wie Shakespeare ganz am Anfang des siebzehnten Jahrhunderts *Twelfth Night* schreibt. Man stelle sich vor, wie er wahrscheinlich im Sommer des Jahres 1601 gerade an der Szene im dritten Akt sitzt, in der Sebastian und Antonio, der Schiffbrüchige und sein Retter, im Hafen ankommen und sich überlegen, wo sie die Nacht verbringen können. Antonio denkt kurz nach und erklärt dann – wie jemand, der den aktuellen Hotelführer im Kopf hat:

> In the south suburbs at the Elephant
> Is best to lodge

> [Man wohnt am besten in der Südervorstadt
> Im Elefanten]

Nun, was wußte William Shakespeare überhaupt über Elefanten? Vor allem, was wußte er über «Elefanten» als Gasthäuser? Diesen Namen führten einige Herbergen in verschiedenen Städten Europas. Mindestens zwei «Elefanten» gab es in London, doch der «Elefant» in *Twelfth Night* befand sich in Illyrien. Aber egal, wie viele es nun gab – wieso wurde ein Gasthaus nach solch einem Tier benannt? Und was war das überhaupt für ein Tier? Man würde meinen, daß ein Autor zumindest die Möglichkeit gehabt haben müßte, all diese Fragen zu beantworten.

Doch dem war nicht so. Wenn Shakespeare nicht allzuviel über Elefanten wußte, wovon wir eigentlich ausgehen können, und wenn er nicht genau wußte, wieso man ausgerechnet Gasthäuser nach ihnen benannte, wo konnte er Antworten auf diese Fragen finden? Und wenn er nicht genau wußte, ob er seinen Antonio das Richtige sagen ließ – war das Gasthaus wirklich nach einem Elefanten benannt und nicht etwa nach einem anderen Tier, einem Kamel oder einem Nashorn oder einem Gnu? –, wo konnte er nachschauen und sich Gewißheit verschaffen? Wo konnte ein Autor zu Shakespeares Zeit überhaupt ein Wort nachschlagen?

Man würde meinen, er hätte ständig etwas nachzuschauen gehabt. *Am I not consanguineous* [Bin ich nicht ihr Blutsverwandter]?, schreibt er im selben Stück. Ein paar Zeilen weiter heißt es: *Thy doublet of changeable taffeta* [Ein Wanst von Schillertaft]. Dann taucht die Frage auf: *Is the woodcock near the gin* [Ist die Schnepfe dicht am Garn]? Shakespeare verfügte offensichtlich über einen gewaltigen Wortschatz, doch wie konnte er sicherstellen, daß er ungewohnte Wörter stets grammatikalisch und faktisch richtig gebrauchte? Wie konnte er verhindern, daß er sich in seiner Wortwahl auch einmal vergriff?

Es lohnt sich, diese Fragen zu stellen, um sich darüber klarzuwerden, wie unbequem es wohl gewesen sein muß, nie über ein Wörterbuch verfügt zu haben. Zu Shakespeares Zeiten gab es haufenweise Atlanten, Gebet- und Meßbücher, Historienbilder und Biographien, Versromane sowie Schriften über die Wissenschaften und Künste. Shakespeare bezog vermutlich viele seiner klassischen Anspielungen aus einem speziellen *Thesaurus*, der von einem gewissen Thomas Cooper zusammengestellt worden war, und wahrscheinlich auch aus Thomas Wilsons *Arte of Rhetorique*. Doch das war alles. Andere literarische, linguistische und lexikographische Hilfsmittel standen damals nicht zur Verfügung.

Im England des sechzehnten Jahrhunderts gab es schlicht und einfach keine Wörterbücher, wie wir sie heute kennen. Die Sprache, die Shakespeare so sehr beflügelte, war klar umrissen; ihre Wörter hatten bestimmte Ursprünge, Schreibweisen, Ausspracheregeln und Bedeutungen, doch es existierte kein einziges Buch, in dem all dies festgesetzt und niedergelegt war. Man kann sich vielleicht nur schwer vorstellen, wie ein so kreativer Geist ohne ein einziges lexikographisches Nachschlagewerk arbeiten konnte, abgesehen von Mr. Coopers Wortliste (die Mrs. Cooper einst ins Feuer warf, worauf der helle Kopf noch einmal von vorn anfangen mußte) und Mr. Wilsons kleinem Handbuch. Doch dies waren die Bedingungen, unter denen Shakespeares genialer Geist wirken mußte. Die englische Sprache wurde gesprochen und geschrieben, aber nichts war festgehalten und nichts festgelegt; sie war wie die Luft – das Medium, das alle umgab und das alle für selbstver-

ständlich hielten –, doch was ihr Wesen und ihre Bestandteile ausmachten, konnte keiner genau sagen.

Das soll nicht heißen, daß es überhaupt keine Wörterbücher gab. Bereits 1225 war eine lateinische Wortsamm-
lung als *Dictionarius* veröffentlicht worden, und etwas
mehr als ein Jahrhundert später erschien ein weiteres ein-
sprachiges Lateinwörterbuch als Lesehilfe für die schwierige lateinische Bibelübersetzung des heiligen Hieronymus.
Im Jahr 1538 erschien in London das erste lateinisch-eng-
lische Wörterbuch, Thomas Elyots alphabetisch geordnete Liste, bei der übrigens erstmals das englische Wort *Dictionary* im Buchtitel auftauchte. Zwanzig Jahre später
brachte ein Mann namens Withals *A Shorte Dictionarie
for Yonge Beginners* heraus – ebenfalls ein zweisprachiges
Wörterbuch, bei dem die Wörter jedoch nicht alphabetisch, sondern nach Themen geordnet waren, etwa «the
names of Byrdes, Byrdes of the Water, Byrdes about the
house, as cockes, hennes, etc., of Bees, Flies, and others»
[«die Namen von Vögeln, Wasservögeln, gefiederten Haus-
tieren wie Hähnen, Hennen usw., von Bienen, Fliegen und
anderen»].

Es mangelte also nach wie vor an einem richtigen englischen Wörterbuch, einer vollständigen Erfassung der englischen Sprache. Diese Marktlücke blieb zu Shakespeares
Lebzeiten ungefüllt, mit einer einzigen Ausnahme, von der
er aber vor seinem Tod im Jahr 1616 wahrscheinlich
nichts erfuhr. Auch andere Autoren äußerten sich über
diesen offensichtlichen Mangel. Kurz nach Shakespeares
Tod fügte sein Freund John Webster in seinem Stück *The
Duchess of Malfi* eine Szene ein, in der sich Ferdinand, der
Bruder der Herzogin, vorstellt, er verwandle sich in einen
Wolf. Grund sei «a pestilent disease they call licanthro-

pia». «What is that?» erwidert eine andere Figur. «I need a dictionary to't!» [«eine bösartige Krankheit namens Lykanthropie.» «Was ist das denn? Dafür brauche ich ein Wörterbuch!»]

Ein Schulmeister aus Rutland namens Robert Cawdrey, der später in Coventry unterrichtete, hat diesen dringenden Aufruf anscheinend vernommen. Er las und exzerpierte sämtliche Nachschlagewerke jener Zeit und veröffentlichte im Jahr 1604 (in dem Shakespeare wahrscheinlich *Measure for Measure* schrieb) eine Wortliste als ersten halbherzigen Versuch, das Gefragte zu liefern.

Der kleine Oktavband von 120 Seiten mit ungefähr 2500 Stichworten trug den Titel *A Table Alphabeticall ... of hard usual English Words*. Gedacht war das Büchlein, nach Cawdreys eigenen Worten, «for the benefit & help of Ladies, gentlewomen or any other unskilful persons, Whereby they may more easilie and better vnderstand many hard English wordes, which they shall heare or read in the Scriptures, Sermons or elsewhere, and also be máde able to vse the same aptly themselues» [«zum Nutzen & Frommen von Ladys, Damen oder anderen ungeübten Personen, So daß sie viele schwierige englische Wörter leichter und besser verstehen mögen, die sie in der Heiligen Schrift, in Predigten oder bei anderen Gelegenheiten hören oder lesen, und damit sie nämliche auch selbst treffend gebrauchen können»]. Das Werk hatte viele Unzulänglichkeiten, aber es war zweifellos das allererste einsprachige englische Wörterbuch, und seine Veröffentlichung bildet nach wie vor einen Markstein in der Geschichte der englischen Lexikographie.

In den folgenden eineinhalb Jahrhunderten entwickelte sich große Geschäftigkeit auf diesem Gebiet. Ein Wörterbuch nach dem anderen kam auf den Markt, eines größer als das andere, mit immer höherem Anspruch, die Ungebildeten zu bilden (zu denen vor allem die Frauen zählten, die damals kaum in den Genuß einer Schulbildung gelangten). Im siebzehnten Jahrhundert konzentrierten sich die meisten dieser Bücher, ähnlich wie Cawdreys erster Beitrag, auf sogenannte «schwierige Wörter» – Wörter, die nicht allgemein gebräuchlich waren, oder aber Wörter, die speziell erfunden worden waren, um zu beeindrucken, die sogenannten *inkhorn terms*, gezierte Phrasen, die in den Schriften des sechzehnten und siebzehnten Jahrhunderts mehr als reichlich zu finden waren. Thomas Wilson, dessen *Arte of Rhetorique* Shakespeare zugute gekommen war, veröffentlichte Beispiele für diesen affektierten Stil, wie etwa die Zeilen eines Geistlichen aus Lincolnshire, der einen Staatsbeamten um eine Beförderung ersucht:

There is a Sacerdotall dignitie in my native Countrey contiguate to me, where I now contemplate: which your worshipfull benignitie could sone impenetrate for mee, if it would like you to extend your sedules, and collaude me in them to the right honourable lord Chauncellor, or rather Archgrammacian of Englande.

Die Tatsache, daß sich diese Bände mit solchem Unsinn – der sich auch nicht adäquat ins Deutsche übertragen läßt – befaßten und sich damit auf einen ganz kleinen Ausschnitt des englischen Wortschatzes beschränkten, mag sie aus heutiger Sicht merkwürdig selektiv und unvollständig erscheinen lassen, doch damals galt ihre Beschränkung in der Auswahl als Vorzug. So zu reden und zu schreiben war das höchste Ziel der damaligen High-Society. «Wir bieten

Ihnen die gewähltesten Worte», versprach der Herausgeber eines solchen Buches den Interessenten.

So erschienen in diesen Büchern neben *Archgrammacian* und *contiguate* phantastische Wortschöpfungen wie *abequitate, bulbulcitate* und *sullevation,* jeweils mit ausführlichen Erläuterungen; es gab Wörter wie *necessitude, commotrix* und *parentate,* die heutzutage allesamt als «veraltet» oder «selten» gekennzeichnet sind, soweit sie überhaupt noch aufgeführt werden. Protzige und blumige Erfindungen schmückten die Sprache, was vielleicht gar nicht so sehr verwundert, bedenkt man die pompöse Mode jener Zeit mit ihren gepuderten Perücken und Pluderhosen, Halskrausen und Rüschen, Borten und Bändern. Man bereicherte den Wortschatz auch um Begriffe wie *adminiculation, cautionate, deruncinate* und *attemptate,* die – wie es sich gehörte – alle in den schmalen Lederbändchen aufgeführt waren. Diese Worte waren indes nur für erlauchte Ohren bestimmt und beeindruckten kaum Cawdreys Zielpublikum, nämlich Ladys, Damen und andere «ungeübte Personen».

Die Definitionen, die in diesen Büchern gegeben wurden, waren zudem meist unbefriedigend. Bisweilen waren sie nichts anderes als Ein-Wort-Erklärungen oder erläuternde Synonyme, zum Beispiel «*magnitude:* greatness» oder «*ruminate*: to chew over again, to studie earnestly upon» [«Größe» beziehungsweise «wiederkäuen: etwas noch einmal durchkauen, über etwas ernsthaft grübeln»]. Manche Erklärungen klangen höchst ergötzlich. Henry Cockerams *The English Dictionary* von 1623 zufolge bezeichnet *commotrix* «A Maid that makes ready and unready her Mistress», und *parentate* bedeutet «To celebrate one's parents' funerals» [«eine Hausangestellte, die ihre

Herrin fertig und unfertig macht» beziehungsweise «die Beerdigung seiner Eltern feiern»]. Einige Schöpfer solcher Bücher für schwierige Wörter lieferten Erläuterungen, die unsäglich umständlich waren, wie zum Beispiel Thomas Blount, der in seiner *Glossographia* folgende Definition für *shrew* zum besten gab: «A kind of Field-Mouse, which if he goes over a beasts back, will make him lame in the Chine; and if he bite, the beast swells to the heart, and dyes ... From hence came our English phrase, I beshrew thee, when we wish ill; and we call a curst woman a Shrew.» [«Eine Art Feldmaus, die, wenn sie einem Tier über den Rücken läuft, dieses lahm im Kreuz macht; und wenn sie beißt, schwillt das Tier dick an und stirbt ... Daher stammt unser englischer Ausdruck ‹ich verfluche dich›, wenn wir jemandem Böses wünschen; und wir bezeichnen ein verwunschenes Weib als *Shrew* (Xanthippe)».]

Doch bei all diesem lexikographischen Furor – im England des siebzehnten Jahrhunderts waren sieben größere Wörterbücher erschienen, von denen das letzte nicht weniger als 38 000 Stichworte zählte – blieben zwei Dinge unbeachtet.

Erstens übersah man, daß ein gutes Wörterbuch die Sprache *in ihrer Gesamtheit* erfassen sollte, die leichten und verbreiteten Wörter ebenso wie die schwierigen und unbekannten, den Wortschatz des einfachen Mannes ebenso wie das Vokabular des gelehrten Gentleman. Alles sollte enthalten sein: Eine winzige Präposition aus zwei Buchstaben sollte in einer vorbildlichen Wortliste nicht weniger Gewicht haben als ein mehrsilbiges, majestätisches Wortmonstrum.

Zweitens übersahen die Wörterbuchverfasser, daß sich

das Englische immer mehr zur Weltsprache entwickelte, was außerhalb Englands bereits erkannt wurde, da England einen wachsenden Einfluß in der Welt genoß, seit kühne Seefahrer wie Drake, Raleigh und Frobisher die Meere durchkreuzten, seit in Amerika und Indien Kolonien gegründet worden waren und sich die europäischen Rivalen vor der Macht Englands beugten. Die englische Sprache wurde zu einem wichtigen Hilfsmittel im weltweiten Handel, im Kriegswesen und in der Jurisdiktion. Sie verdrängte Französisch, Spanisch und Italienisch und andere höfische Sprachen. Es mußte um einiges leichter gemacht werden, sie richtig zu lernen. Man mußte ein Inventar dessen erstellen, was gesprochen, was geschrieben und was gelesen wurde.

Die Italiener, die Franzosen und die Deutschen waren bereits viel weiter, was das Sichern ihres sprachlichen Erbes betraf, und hatten sogar Einrichtungen ins Leben gerufen, die ihre Sprachen festschreiben sollten. Im Jahr 1582 war in Florenz die Accademia della Crusca gegründet worden, die der Wahrung der «italienischen» Kultur verpflichtet war, obwohl es noch dreihundert Jahre dauern sollte, bis Italien eine politische Einheit bilden würde. Auch wenn die Nation noch nicht geboren war, so herrschte doch eine lebendige Sprachkultur; 1612 veröffentlichte die Accademia ein italienisches Wörterbuch. In Paris hatte Kardinal Richelieu 1634 die Académie française gegründet. Deren Mitglieder, die «Vierzig Unsterblichen» – die auch einfach als «Die Vierzig» bezeichnet werden – wachen bis zum heutigen Tag mit majestätischer Unergründlichkeit über die Makellosigkeit der französischen Sprache.

Die Briten unternahmen keine derartigen Schritte. Erst

im achtzehnten Jahrhundert entstand vermehrt der Eindruck, daß das Volk genauer wissen sollte, was es mit seiner Sprache auf sich hatte. Am Ende des siebzehnten Jahrhunderts hieß es, die Engländer seien sich «ihrer Rückständigkeit im Verständnis ihrer eigenen Sprache peinlich bewußt». Von da an wimmelte es von Plänen, die englische Sprache zu verbessern und ihr zu Hause wie auch im Ausland größeres Prestige zu verschaffen.

In der ersten Hälfte des achtzehnten Jahrhunderts wurden die Wörterbücher besser, und zwar um einiges. Am auffallendsten war sicherlich ein Buch, das tatsächlich den Schwerpunkt von schwierigen Wörtern auf die gesamte Breite des englischen Wortschatzes verlagerte. Herausgeber des Werkes war der Leiter eines Internats in Stepney namens Nathaniel Bailey, über den sehr wenig bekannt ist, außer daß er der Seventh Day Baptist Church angehörte. Einen deutlichen Hinweis auf sein breites Wissen und seine vielseitigen Interessen liefert jedoch die Titelseite der Erstausgabe seines Wörterbuchs (zwischen 1721 und 1782 erschienen insgesamt fünfundzwanzig Ausgaben, allesamt Bestseller). Die Seite ließ auch die gewaltige Aufgabe erahnen, die jedem bevorstand, der sich mit dem Gedanken trug, ein wirklich umfassendes englisches Lexikon zusammenzustellen. Baileys Werk trug den Titel:

A Universal Etymological Dictionary, Comprehending The Derivations of the Generality of Words in the English tongue, either Antient or Modern, from the Antient British, Saxon, Danish, Norman and Modern French, Teutonic, Dutch, Spanish, Italian, Latin, Greek and Hebrew Languages, each in their proper Characters. And Also A brief and clear Explication of all difficult Words ... and Terms of Art relating to Botany, Anatomy, Physick ... Together with A Large Collection and Explication of Words and Phrases us'd in our Antient Statutes, Charters, Writs, Old Records and Processes at Law; and the Etymology and Interpretation of the Proper Names of Men, Women and Remarkable Places in Great Britain; also the Dialects of our Different Counties. Containing many Thousand Words more than ... any English Dictionary before extant. To which is Added a Collection of our most Common Proverbs, with their Explications and Illustrations. The whole work compil'd and Methodically digested, as well as for the Entertainment of the Curious as the Information of the Ignorant, and for the Benefit of young Students, Artificers, Tradesmen and Foreigners ...

[Ein universelles etymologisches Wörterbuch mit den Ableitungen für die Mehrzahl der Wörter in der englischen Sprache, alten wie neuen, aus dem Altenglischen, Altsächsischen, Dänischen, Normannischen und Französischen, Germanischen, Niederländischen, Spanischen, Italienischen, Lateinischen, Griechischen und Hebräischen, jeweils in den entsprechenden Schriftzeichen. Und auch eine kurze und klare Erläuterung aller schwierigen Wörter ... und Fachausdrücke aus Botanik, Anatomie, Physik ... Zusammen mit einer großen Sammlung und Erklärung von Wörtern und Wendungen in unseren alten Gesetzen, Urkunden, Erlassen, Dokumenten und Gerichtsprozessen; und der Etymologie und Erläuterung der Eigennamen von Männern, Frauen und berühmten Orten in Großbritannien; sowie den

Dialekten unserer verschiedenen Grafschaften. Enthält viele tausend Wörter mehr als ... jedes bisherige englische Wörterbuch. Ergänzt durch eine Sammlung unserer häufigsten Sprichwörter nebst ihrer Erklärung und Erläuterung. Das ganze Werk ist zusammengestellt und methodisch geordnet sowohl zur Erbauung des Neugierigen als auch zur Belehrung des Unkundigen und zum Nutzen von jungen Studenten, Handwerkern, Händlern und Ausländern ...]

So gut die Bücher dank dieser Anstrengungen gewesen sein mögen, sie waren noch immer nicht gut genug. Nathaniel Bailey und diejenigen, die ihn in der ersten Hälfte des achtzehnten Jahrhunderts nachzuahmen versuchten, gaben sich die größte Mühe, doch das Erfassen der gesamten Sprache wurde um so schwieriger, je mehr man darüber nachdachte; noch immer besaß anscheinend niemand genügend Sachverstand oder Mut oder Hingabe oder auch nur genügend Zeit, um die englische Sprache in ihrer Gesamtheit festzuhalten. Und genau das war im Grunde notwendig, selbst wenn es scheinbar niemand so zu formulieren vermochte. Schluß mit der Ängstlichkeit, der Leisetreterei. Statt philologischer Experimente endlich lexikographische Fakten.

Und dann kam der Mann, den Smollett als den «Großkhan der Literatur» bezeichnete und der einer der bedeutendsten Literaten aller Zeiten war, Samuel Johnson. Er faßte den Entschluß, die Herausforderung anzunehmen, vor der so viele andere zurückgeschreckt waren. Und selbst mit dem kritischen Abstand der zwei Jahrhunderte, die seitdem vergangen sind, läßt sich noch immer zu Recht sagen, daß er eine beispiellose Meisterleistung vollbracht hat. Johnsons *A Dictionary of the English Language* war und ist ein getreues Abbild der Sprache jener Zeit in all ihrer Größe, Schönheit und unglaublichen Verworrenheit.

Es gibt wenige Bücher, die einem so viel Freude bereiten, wenn man sie betrachtet, in die Hand nimmt, darin blättert oder liest. Es gibt durchaus noch Exemplare, meist in Schubern aus braunem Saffianleder. Sie sind irrsinnig schwer, eher etwas für das Lesepult als für die Hand. Sie sind in kostbares braunes Leder gebunden; das Papier ist dick und samtig; die Lettern sind tief eingeprägt. Kaum jemand, der die Bände heute liest, ist nicht entzückt von dem amüsanten Charme der Definitionen, als deren Meister sich Johnson erwies. Nehmen wir als Beispiel ein Wort, nach dem Shakespeare gesucht haben könnte. Der *Elephant* war, laut Johnson:

The largest of all quadrupeds, of whose sagacity, faithfulness, prudence and even understanding, many surprising relations are given. This animal is not carnivorous, but feeds on hay, herbs and all sorts of pulse; and it is said to be extremely long lifed. It is naturally very gentle; but when enraged, no creature is more terrible. He is supplied with a trunk, or long hollow cartilage, like a large trumpet, which hangs between his teeth, and serves him for hands: by one blow with his trunk he will kill a camel or a horse, and will raise of prodigious weight with it. His teeth are the ivory so well known in Europe, some of which have been seen as large as a man's thigh, and a fathom in length. Wild elephants are taken with the help of a female ready for the male: she is confined to a narrow place, round which pits are dug; and these being covered with a little earth scattered over hurdles, the male elephant easily falls into the snare. In copulation the female receives the male lying upon her back; and such is his pudicity, that he never covers the female so long als anyone appears in sight.

[Der größte aller Vierfüßer, von dessen Klugheit, Treue, Vorsicht und sogar Verstand viel Überraschendes berichtet wird. Dieses Tier ist kein Fleischfresser, sondern ernährt sich von Heu, Kraut und allen möglichen Hülsenfrüchten; und es soll angeblich extrem langlebig sein. Es ist von Natur aus sehr zahm; doch wenn es gereizt wird, ist es böser als jedes andere Tier. Es verfügt über einen Rüssel, einen langen hohlen Knorpel, vergleichbar einer großen Trompete, der zwischen seinen Zähnen hängt und ihm die Hände ersetzt; mit einem einzigen Schlag seines Rüssels kann er ein Kamel oder ein Pferd töten und ein ungeheures Gewicht heben. Seine Zähne bestehen aus dem in Europa wohlbekannten Elfenbein; man hat schon einige gesehen, die so dick waren wie der Schenkel eines Menschen und sechs Fuß lang. Wilde Elefanten fängt man mit Hilfe einer Elefantenkuh, die paarungsbereit ist; sie wird auf ein kleines Areal gesperrt, um das Fallgruben ausgehoben werden; da diese mit Zweigen abgedeckt werden, auf die ein wenig Erde gestreut wird, geht der Elefantenbulle leicht ins Netz. Bei der Paarung empfängt die Kuh den Bullen auf dem Rücken liegend; und er besitzt so viel Schamgefühl, daß er das Weibchen niemals besteigt, solange jemand in Sicht ist.]

Doch Johnsons Wörterbuch zeichnet sich durch mehr, viel mehr aus als nur Charme und Wortwitz. Seine Veröffentlichung markiert einen wichtigen Moment in der Geschichte der englischen Sprache; der einzige noch wichtigere Moment folgte fast genau ein Jahrhundert später.

Samuel Johnson hat jahrelang über den Aufbau seines Wörterbuches nachgedacht. Dabei ging es ihm auch darum, sich einen Namen zu machen. Den Beruf des Lehrers hatte er an den Nagel gehängt und zu schreiben begonnen, doch bekannt war er nur einem begrenzten Kreis von Lesern – als Parlamentsreporter des *Gentleman's Magazine*. Er wollte unbedingt mehr Beachtung finden. Er begann mit der Arbeit aber auch aufgrund der Forderungen der Geistesgrößen und ihrer Appelle, daß etwas geschehen müsse.

Die Klagen kamen von fast allen Seiten. Addison, Pope, Defoe, Dryden, Swift – die gesamte Elite der englischen Literatur betonte, wie notwendig es sei, eine Sprache zu «fixieren», das heißt «festzuschreiben». Seither ist dies ein fester Begriff im Jargon der Lexikographen. Damit war gemeint, die Grenzen der Sprache abzustecken, ein Verzeichnis ihres Wortbestandes zu erstellen und das wahre Wesen der Sprache genau zu bestimmen. Die Auffassung der Dichter und Denker vom Wesen des Englischen war in höchstem Maße selbstherrlich; die Sprache, betonten sie, sei am Ende des siebzehnten Jahrhunderts genügend kultiviert und geläutert und müßte in dieser Form erhalten bleiben, wenn sie nicht verfallen sollte.

Im großen und ganzen teilten sie die Auffassung der «Vierzig Unsterblichen» jenseits des Ärmelkanals (auch wenn sie es nur ungern zugaben): Zunächst mußte eine landesweit einheitliche Standardsprache definiert, ver-

messen, festgeschrieben, in Silber ziseliert und in Stein ge-
meißelt werden. Änderungen daran konnten dann von
vierzig heimischen Sprachhütern ganz nach Belieben zu-
gelassen werden oder nicht.

Swift war der energischste Verfechter dieser These. Er
schrieb einst an den Earl of Oxford und drückte seine
Empörung darüber aus, daß Wörter wie *bamboozle*
[jemanden übers Ohr hauen], *uppish* [hochnäsig] und vor
allem *couldn't* in gedruckter Form erschienen. Er wollte, daß strenge Regeln eingeführt werden, um solche Wörter als Beleidigung des guten Geschmacks ein für allemal zu verbannen. Er forderte auch, in Zukunft alle
Schreibweisen durch eine strenge Orthographie festzule-
gen und durch eine ebenso strenge Orthophonie die kor-
rekte Aussprache zu regeln. Regeln über Regeln, allerdings notwendige – dafür plädierte der Schöpfer des Gul-
liver.

Der Sprache sollte genausoviel Ansehen und Respekt
zukommen wie den anderen Normen, die man damals
ebenfalls wissenschaftlich festlegte. Was ist Blau beziehungsweise Gelb, wollten die Physiker wissen. Wie heiß
ist kochendes Wasser? Wie lang ist ein *yard*? Wie definiert
man das, was die Musiker als «eingestrichenes C» kennen? Und was ist ein Längengrad in der Navigation? Genau zu der Zeit, als man so viel über die Nationalsprache
diskutierte, wurden auch auf dem Gebiet der Kartogra-
phie enorme Anstrengungen unternommen. Die Regierung hatte ein Komitee für Längengrade einberufen, Gel-
der wurden vergeben, Preise ausgeschrieben, damit eine
Uhr entwickelt wurde, die man mit an Bord nehmen
konnte und die so genau war, wie nur irgend möglich. Die
Vermessung der Längengrade war von entscheidender Be-

deutung: Die Kapitäne einer so mächtigen Handelsnation wie England mußten immer genau wissen, wo sie gerade waren.

Und so dachten sich die großen Dichter folgendes: Wenn Längengrade so wichtig sind, wenn die Festlegung von Farbe und Länge und Masse und Frequenz so bedeutsam ist, wieso mißt man dann nicht der Landessprache dieselbe Bedeutung bei? Der Verfasser einer Flugschrift klagte nicht zu Unrecht: «Weder Grammatik noch Wörterbuch, weder Karte noch Kompaß weisen uns den Weg im weiten Meer der Wörter.»

Kein Wörterbuch habe sich bisher als ausreichend erwiesen, erklärten Swift und seine Freunde; doch angesichts der hohen Vollendung, welche die Sprache inzwischen erreicht habe, sei ein Wörterbuch unentbehrlich, und es müsse ein tatkräftiger und begabter Kopf gefunden werden, dem diese Aufgabe übertragen werden könne. Damit wären zwei gute Taten vollbracht: die Erfassung der Sprache und die Erhaltung ihrer Reinheit.

Samuel Johnson war allerdings ganz anderer Meinung. Zumindest wollte er nichts damit zu tun haben, die Sprache zu reglementieren, um sie rein zu halten. Er mag es vielleicht gewollt haben, doch wußte er, daß es nicht möglich war. Zu der Frage, ob er es für möglich oder für wünschenswert hielt, die Sprache festzuschreiben, lieferten die Gelehrten in den letzten Jahren unzählige Thesen, in denen je nach Standpunkt argumentiert wird, Johnson habe es gewollt beziehungsweise nicht gewollt. Inzwischen ist man allgemein übereingekommen, daß er die Sprache ursprünglich hatte festschreiben wollen, nach der Hälfte seiner sechsjährigen Arbeit jedoch erkennen mußte, daß dies weder möglich noch wünschenswert war.

Einer seiner Vorgänger, Benjamin Martin, nannte den Grund: «Keine Sprache, zumal sie von willkürlichem Gebrauch und von Gewohnheit abhängt, kann je für immer dieselbe sein, sondern befindet sich in einem Zustand der ständigen Veränderung und Wandlung; und was zu einer Zeit als höflich und vornehm galt, kann in einer anderen für ungeschlacht und roh gehalten werden ...» Diese Feststellung, die im Vorwort zu einem anderen, nicht ganz ausgegorenen Versuch eines Wörterbuchs ein Jahr vor Johnsons erschien, könnte durchaus als Motto über dem gesamten Werk des großen Khans gestanden haben.

Doch nicht die vollmundigen Verlautbarungen der Londoner Geistesgrößen, sondern der freie Markt bewog Johnson schließlich dazu, sich an die Arbeit zu machen. Im Jahr 1746 waren fünf Londoner Buchhändler (darunter auch die berühmten Herren Longman) der Meinung, ein brandneues Wörterbuch müsse weggehen wie warme Semmeln. Sie wandten sich an ihren Lieblingsparlamentsberichterstatter, von dem sie wußten, daß er ebenso tüchtig wie pleite war, und machten ihm ein Angebot, das er kaum ausschlagen konnte: fünfzehnhundert Guineen, die Hälfte davon als Vorschuß. Johnson stimmte bereitwillig zu, unter der einzigen Bedingung, daß er als Gönner den Mann gewinnen könne, der damals darüber entschied, was im literarischen England gut und lohnend war, nämlich Philip Dormer Stanhope, den vierten Earl of Chesterfield.

Lord Chesterfield war eine der bemerkenswertesten Persönlichkeiten des Landes; er war Botschafter, Vizekönig von Irland und ein Freund von Pope, Swift, Voltaire und John Gay. Chesterfield hatte darauf gedrängt, daß in

England der Gregorianische Kalender eingeführt wurde. Und die Briefe, in denen Chesterfield seinem unehelichen Sohn Philip wichtige Verhaltensregeln mit auf den Weg gab, wurden nach ihrer Veröffentlichung zu einem unentbehrlichen Handbuch der Etikette. Sein Segen und seine Gönnerschaft wären von unschätzbarem Wert für das Wörterbuch.

Daß er das Imprimatur versprach, die finanzielle Unterstützung aber ablehnte (abgesehen davon, daß er Johnson einen Wechsel über lumpige zehn Pfund aushändigte), später jedoch einen Teil des Ruhms beanspruchte, gab Grund zu Verstimmungen, die für viel Wirbel sorgten. Lord Chesterfield, erklärte Johnson später, lehrte «die Moral einer Hure und die Manieren eines Tanzlehrers». Chesterfield hatte die Elefantenhaut eines wahren Aristokraten und tat die Kritik als harmloses Geplänkel ab, was sie indes nicht war.

Chesterfields anfängliches Eintreten für das Wörterbuch und die siebenhundertfünfzig Guineen, die die Buchhändler vorgestreckt hatten, genügten dem siebenunddreißigjährigen Herausgeber, um sich an die Arbeit zu machen. Er mietete Räume in einer Seitenstraße der Fleet Street, heuerte sechs Bedienstete als Schreibgehilfen an (fünf davon waren Schotten, was dem aus Hawick stammenden James Murray sicherlich gefallen haben dürfte) und begann mit der Plackerei, die sechs Jahre dauern sollte. Wie Murray einhundert Jahre später war Johnson der Meinung, Lesen sei die beste – ja sogar die einzige – Methode, um ein vollständiges Wörterbuch zu erstellen; man müsse die gesamte Literatur sichten und aus den Hunderttausenden von Seiten sämtliche Wörter auflisten.

Es gilt indessen als unbestritten, daß es drei Möglichkeiten gibt, Wortlisten anzulegen. Man kann Wörter aufzeichnen, die man hört. Man kann die Wörter aus bereits existierenden Wörterbüchern abschreiben. Oder man kann lesen und alle Wörter, auf die man stößt, sorgfältig sammeln, ordnen und auflisten.

Johnson verwarf die erste Methode, weil sie ihm viel zu umständlich erschien. Die zweite sagte ihm eher zu – alle Lexikographen benutzen ältere Wörterbücher als Ausgangspunkt, damit ihnen nichts entginge. Doch die größte Bedeutung räumte er der dritten Methode ein, dem Lesen. Deswegen mietete er die Räume in der Nähe der Fleet Street, deswegen kaufte oder borgte er meterweise, ja tonnenweise Bücher und deswegen heuerte er die sechs Männer an. Gemeinsam sollten sie sämtliche existierende Schriften durchkämmen und ein Verzeichnis all dessen anlegen, was in ihrem Rechen hängenblieb.

Bald wurde klar, daß man unmöglich alles durchsehen konnte, und so mußte Johnson Grenzen ziehen. Die Sprache, meinte er, habe mit den Werken Shakespeares, Bacons und Spencers wahrscheinlich ihren Gipfel erreicht, und so war es wohl kaum nötig, weiter zurückzugehen als in ihre Zeit. Er entschied daher, daß die Werke von Sir Philip Sidney, der 1586 im Alter von nur zweiunddreißig Jahren starb, einen geeigneten Ausgangspunkt für ihre Suche bildeten; und die zuletzt veröffentlichten Bücher jüngst verstorbener Autoren sollten den Endpunkt markieren.

Sein Wörterbuch würde somit das Ergebnis eines gezielten Fischzugs durch eineinhalb Jahrhunderte englischer Literatur sein, wobei auch das eine oder andere Stück Chaucer beigegeben wurde. Und so nahm Johnson diese Bücher und las, unterstrich und umkreiste die Wörter, die er haben wollte und kommentierte die ausgewählten Seiten. Dann instruierte er seine Gehilfen, die vollständigen Sätze, in denen die ausgewählten Wörter vorkamen, auf Zettel zu schreiben, die er dann ordnete und dazu benutzte, die Bedeutung eines Wortes, die er genauer erläutern wollte, mit einem Beispiel zu veranschaulichen.

Genau diese zahlreichen Zitate als Belege für die vielen feinen Sinnschattierungen, die durch das simple Aneinanderreihen einer Gruppe von Buchstaben entstehen können, beweisen die Größe von Johnsons Wörterbuch. Vielleicht lachen wir heute über die unfreiwillige Komik seiner Definitionen von *elephant* oder *oats*: «A grain which in England is generally given to horses, but in Scotland supports the people» [Hafer: «Ein Getreide, das in England üblicherweise an Pferde verfüttert wird, von dem sich aber in Schottland die Menschen ernähren»]. Oder *lexicographer*: «A writer of dictionaries; a harmless drudge, that busies himself in tracing the original, and detailing the signification of words» [Lexikograph: «Ein Verfasser von Wörterbüchern; ein harmloses Arbeitstier, das sich damit befaßt, der Herkunft von Wörtern nachzuspüren und ihre Bedeutung zu beschreiben»]. Doch die Art und Weise, wie er etwa mit dem Verb *take* verfuhr, macht uns geradezu sprachlos. Johnson erfaßte nicht weniger als hundertdreizehn Bedeutungen dieses Verbs in seiner transitiven und einundzwanzig in der intransitiven Form, einschließlich der entsprechenden Belege. Das Wort kann alles mögliche bedeuten, unter anderem nehmen, ergreifen oder erbeuten; fangen, ertappen oder erobern; wirken, behaupten oder beanspruchen, besteigen, fliehen oder ausziehen.

Die Liste ist schier endlos. Es zeugt von Samuel Johnsons Genialität, daß er mit den entsprechenden Zitaten aus einhundertfünfzig Jahren englischer Literatur praktisch im Alleingang fast jede Bedeutung für fast jedes Wort, das damals existierte, aufspürte und aufführte, nicht nur für *take*, sondern auch für andere Worte mit vielerlei Bedeutungen wie *set* und *do* und *go* und Hunderte und Aberhunderte weitere. Kein Wunder also, daß er – nachdem das Projekt so richtig in Gang gekommen war und seine Gläubiger ihn mit ihren läppischen Forderungen bedrängten – einmal vor dem Milchmann mit dem Bett die Tür verbarrikadierte und ausrief: «Verlaßt Euch darauf, ich verteidige diese kleine Zitadelle bis zum Äußersten!»

Er schloß seine Bestandsaufnahme des englischen Wortschatzes im Jahr 1750 ab. In den folgenden vier Jahren sammelte und ordnete er die 118 000 Belegstellen (wobei er so weit ging, manche Zitate, die ihm nicht gefielen, einfach zu ändern). Schließlich stellte er die Definitionen der 43 500 ausgewählten Stichworte zusammen. Einige dieser Definitionen verfaßte er selbst; für andere entnahm er längere Abschnitte von Autoren, die er schätzte (wie etwa die Erläuterung zu *elephant*, die zu großen Teilen von einem Autor namens Calmet stammte).

Das vollständige Werk veröffentlichte Johnson jedoch erst 1755: Er wollte die Universität Oxford erst überreden, ihm einen akademischen Titel zu verleihen; er glaubte, wenn er seinen Namen damit auf der Titelseite schmücken könnte, so käme dies der Universität, dem Verkauf des Buches und ihm selbst – und nicht unbedingt in dieser Reihenfolge – sehr zugute. Die Universität Oxford willigte ein, und so erschien am 15. April 1755

A Dictionary of the English Language, in which the Words are deduced from their Originals and Illustrated in their Different Significations by Examples from the best Writers to which are prefixed a History of the Language and an English Grammar, by Samuel Johnson, A. M., in Two Volumes.

[Ein Wörterbuch der englischen Sprache, in dem die Wörter von ihren Ursprüngen abgeleitet und in ihren unterschiedlichen Bedeutungen mit Beispielen der besten Autoren erläutert werden, eingeleitet durch eine Geschichte der Sprache und eine englische Grammatik von Samuel Johnson, Artium Magister, in zwei Bänden.]

Das Buch, das zu Johnsons Lebzeiten vier Auflagen erlebte, sollte für die nächsten hundert Jahre *das* Standardwerk und *die* Schatztruhe der englischen Sprache bleiben. Es war ein ungeheurer kommerzieller Erfolg und wurde fast einhellig gelobt – insbesondere von dem unglaublichen Lord Chesterfield, der vorgab, viel stärker an der Entstehung des Werkes beteiligt gewesen zu sein, als es tatsächlich der Fall war. Dies empörte Johnson; er brummelte nicht nur etwas von Huren und Tanzlehrern, sondern spielte einen unschlagbaren Trumpf aus: Unter dem Stichwort *patron* [Schirmherr, Gönner, Förderer] – und als solchen hatte er Chesterfield zu gewinnen gehofft – hatte er geschrieben: «A wretch who supports with indolence, and is paid with flattery» [«Ein Lump, der mit Teilnahmslosigkeit dabei ist und mit Schmeicheleien belohnt wird»]. Allein, auch darüber setzte sich der noble Lord hinweg, wie es nun einmal die Art eines Lords zu sein pflegt.

Es gab jedoch einige kritische Stimmen. Daß Johnson seine eigene Persönlichkeit in die Seiten hatte einfließen lassen, mag uns heute als nette Schrulle erscheinen, doch diejenigen, die ein absolut richtungweisendes Werk erwartet hatten, hielten dies für unprofessionell und ärgerlich. Viele kritisierten, daß einige der von Johnson zitierten Autoren nur bedingt maßgeblich seien – ein Einwand, den Johnson in seinem Vorwort bereits vorausgesehen hatte. Für manche waren die Definitionen zu uneinheitlich – einige waren platt, andere unnötig kompliziert, beispielsweise *network*: any thing reticulated, or decussated, at equal distances, with interstices between the intersections [Netz(werk): alles netzartig Geäderte oder in gleichen Abständen kreuzförmig Verästelte, mit Zwischenräumen zwischen den Schnittpunkten]. Ein Jahrhundert nach der Veröffentlichung beschimpfte Macauley Johnson als «erbärmlichen Etymologen».

Doch abgesehen von Macauley waren viele der Kritiker wahrscheinlich einfach nur neidisch, weil Johnson etwas vollbracht hatte, wozu keiner von ihnen je in der Lage gewesen wäre. «Jeder Schulmeister hätte geschafft, was Johnson zuwege brachte», schrieb einer. «Sein *Dictionary* ist bloß ein Glossar für seine eigenen ungeschlachten Schriften.» Der anonyme Verfasser dieser Zeilen war höchstwahrscheinlich ein enttäuschter Rivale. Oder aber ein fanatischer Liberaler, ein *Whig*. Johnson hingegen war bekannt als *Tory*, als Konservativer, und verriet auch beim Schreiben, wie manche meinten, eine eindeutige Tendenz. So war das Buch bloß «ein Vehikel für royalistische und hochtrabende Traktate», schrieb ein Whig, zweifellos ein unverbesserlicher Dickschädel. Eine Frau tadelte Johnson sogar, weil er keine Zoten aufgenommen hatte. «Nein,

Madam, ich denke, damit habe ich meine Finger nicht beschmutzt», erwiderte er. «Ich habe jedoch den Eindruck, daß Sie danach suchten.»

Doch es gab sehr viele lobende Stimmen. Voltaire meinte, seine Landsleute sollten sich für ein neues französisches Wörterbuch das Werk Johnsons zum Vorbild nehmen; und die ehrwürdige Accademia della Crusca schrieb aus Florenz, Johnsons Werk sei «ein ewiges Monument zum Ruhme des Autors, eine Ehre für sein Land im besonderen und ein allgemeiner Gewinn für die literarische Welt in ganz Europa». Und für Robert Burchfield, der in den siebziger Jahren unseres Jahrhunderts die vierbändige Ergänzung des *Oxford English Dictionary* herausgab, steht zweifelsfrei fest, daß Johnson brillanter Lexikograph und großer Literat in einer Person war: «In der gesamten Geschichte der englischen Sprache und Literatur ist das *einzige* Wörterbuch, das von einem erstklassigen Literaten geschaffen wurde, jenes von Dr. Johnson.»

Während von allen Seiten Kritik, Schmähungen, Beifall und Lob auf ihn niederprasselten, blieb Samuel Johnson gelassen und bescheiden – und nicht ohne Grund, denn er war stolz auf sein Werk, vor allem aber spürte er Ehrfurcht vor der Erhabenheit der Sprache, die er so kühn angepackt hatte. Das Buch war und ist sein Denkmal. James Murray wies in späteren Jahren darauf hin, daß wenn jemand den Ausdruck *The Dictionary* gebrauchte, so wie man auch *die Bibel* oder *das Gesangbuch* sagt, immer das Werk des Dr. Johnson gemeint war.

Aber nicht doch, hätte der Großkhan der Literatur sicher eingewandt – die Wörter selbst seien das wahre Monument, oder in einem tieferen Sinne sogar die Einheiten, die jene Wörter bezeichneten. «Ich bin noch nicht so tief in der Lexikographie versunken», schrieb er in seinem berühmten Vorwort, «um nicht mehr zu wissen, *daß Wörter die Töchter der Erde und Dinge die Söhne des Himmels sind*». Sein Leben war dem Sammeln dieser Töchter gewidmet, die letztlich eine Schöpfung des Himmels waren.

5. Kapitel

Das große Wörterbuch
in der Retorte

elephant ('εlɪfənt). Forms: *a.* 4–6 oli-, olyfaun-
te, (4 *pl.* olifauns, -fauntz), 4 olyfont, -funt, 5–6
ofifant(e, 4 olephaunte, 5–6 olyphaunt, 4–7 oli-,
olyphant(e. *β.* 4 elifans, 4–5 ele-, elyphaunt(e, 5
elefaunte, 6 eliphant, 5–6 elephante, 6- elephant. [ME, *olifaunt*, a. OF. *olifant*, repr. a popular L. *olifantu-m* (whence Pr. *olifan*; Cf. MDu.
olfant, Bret. *olifant*, Welsh *oliffant*, Corn. *oli-
phans*, which may be all from ME. or OFr.), corrupt form of L. *elephantum, elephantem* (nom.
elephantus, -phas, -phans), ad. and a. Gr. ἐλέφας
(gen. ἐλέφαντος). The refashioning of the word
after Lat. seems to have taken place earlier in Eng.
than in Fr., the Fr. forms with *el-* being cited only
from 15th c.

Of the ultimate etymology nothing is really known.
As the Gr. word is found (though only in sense ‹ivory›)
in Homer and Hesiod, it seems unlikely that it can be,
as some have supposed, of Indian origin. The resem-
blance in sound to Heb. *eleph* ‹ox› has given rise to a
suggestion of derivation from some Phoenician or Pu-
nic compound of that word; others have conjectured
that the word may be African. See Yule *Hobson-Jobson*
Suppl., s. v. For the possible relation to this word of the
Teut. and Slavonic name for ‹camel›, see OLFEND. The
origin of the corrupt Romanic forms with *ol-* is un-
known, but they may be compared with L. *oleum, clīva*,
ad. Gr. ἔλαιον; ἐλαία.]

1. a. A huge quadruped of the Pachydermate
order, having long curving ivory tusks, and a pre-
hensile trunk or proboscis. Of several species
once distributet over the world, including Britain,
only two now exist, the African and Indian; the
former is the largest of extant land animals, and
the latter is often used as a beast of burden, and
in war.

Die Leistungen der großen Wörterbuchmacher im England des siebzehnten und achtzehnten Jahrhunderts waren wahrlich erstaunlich. Ihre Gelehrsamkeit war unvergleichlich, ihr Beitrag zur Literaturgeschichte unermeßlich. All das ist unbestritten – und dennoch, auch wenn es fast vermessen scheint, diese Frage zu stellen: Wer erinnert sich heute überhaupt noch an ihre Wörterbücher, wer zieht noch irgendeinen Nutzen aus all ihrer Arbeit?

Die Frage weist auf eine bittere Tatsache hin, die auch für viele andere Pioniertaten auf ganz anderen Gebieten gilt. Aus heutiger Sicht sieht die Wahrheit ganz einfach so aus: So hervorragend die lexikographischen Werke von Thomas Elyot, Robert Cawdrey, Henry Cockeram und Nathaniel Bailey auch gewesen sein mögen und so brillant und wichtig die Arbeit des Großkhan Samuel Johnson auch war, so sehen wir in ihren Leistungen heute nichts weiter als Vorstufen und in ihren herrlichen Bänden kaum mehr als Kuriosa, die versteigert, verwahrt und vergessen werden.

Der Grund dafür besteht hauptsächlich darin, daß im Jahr 1857, etwa ein Jahrhundert nachdem die erste Ausgabe von Johnsons *Dictionary* erschienen war, offiziell vorgeschlagen wurde, ein völlig neues Werk von wahrhaft gigantischen Dimensionen herauszubringen, ein lexikographisches Projekt von weit, weit größerem Umfang und komplexerem Inhalt als alles, was bisher versucht worden war.

Das Vorhaben war auf geradezu impertinente Weise unbescheiden: Während Johnson eine Auswahl vorgelegt hatte – eine ungeheure Auswahl, zugegebenermaßen, und meisterlich zusammengestellt –, sollte dieses neue Projekt *alles* bieten: jedes Wort, jede Nuance, jede Variante in Bedeutung, Schreibweise und Aussprache, jede idiomatische Wendung und jede etymologische Windung, jeden nur möglichen erläuternden Beleg aus dem Werk jedes englischen Autors.

Bezeichnet wurde es schlicht und einfach als «Das Große Wörterbuch». Geplant war ein Projekt von fast unvorstellbarer Tollkühnheit, das nicht nur Bravour erforderte, sondern auch die Gefahr barg, sich vor lauter Überheblichkeit zu überheben. Doch im viktorianischen England gab es Menschen, die entsprechend verwegen und tollkühn und mehr als bereit waren, die Risiken auf sich zu nehmen; dies war schließlich eine Zeit großer Köpfe, großer Visionen, großer Leistungen. Kaum eine Epoche in der Neuzeit war so geeignet, ein so grandioses Projekt in Angriff zu nehmen, und wohl deswegen kam es schließlich, wenn auch schwerfällig, in Gang. Mehr als einmal drohte es an ernsthaften Schwierigkeiten und hartnäckigen Hindernissen zu scheitern. Es kam zu Auseinandersetzungen und Verzögerungen, aber schließlich wurde das Ziel, von dem vielleicht Johnson selbst geträumt haben mochte, doch noch erreicht – allerdings erst, als viele der großen, klugen Köpfe, die zuerst diese Vision gehabt hatten, längst nicht mehr unter den Lebenden weilten.

Während Samuel Johnson und seine Mannschaft sechs Jahre gebraucht hatten, um ihr Meisterwerk zu schaffen, so würde man für das, was das definitive englische Wörterbuch werden sollte und noch immer ist, fast auf den Tag genau siebzig Jahre benötigen.

Die Erschaffung des Großen Wörterbuches begann mit jenem Vortrag in der London Library am Guy Fawkes Day des Jahres 1857.

Richard Chenevix Trench wurde in den zeitgenössischen Nachrufen in aller Form als «*a divine*», ein Diener Gottes, bezeichnet; dieser heute kaum mehr gängige Begriff schloß alle möglichen redlichen und berühmten Viktorianer ein, die den unterschiedlichsten Berufungen folgten, allerdings im Stand des Geistlichen. Als Trench im Jahr 1886 starb, sah man in ihm noch immer vor allem den Geistlichen; auf dem Höhepunkt einer glänzenden kirchlichen Laufbahn wurde er zum Dekan von Westminster und später zum Erzbischof von Dublin ernannt. Außerdem war er lahm, weil er sich beide Knie gebrochen hatte – allerdings nicht aufgrund übermäßiger Frömmigkeit, sondern weil er bei der Überfahrt nach Irland von einem Fallreep gestürzt war.

An jenem lexikographisch so bedeutsamen Abend hatte er ein spannendes Sujet gewählt. Das Thema seines Vortrags, der mit Plakaten und Flugblättern in ganz West-London angekündigt worden war, lautete: «Über einige Mängel in unseren englischen Wörterbüchern». Nach heutigen Maßstäben klingt der Titel nicht gerade vielversprechend, doch angesichts der damals herrschenden imperialen Haltung und der tiefen Überzeugung, Englisch sei die Sprache des Empire und jedes Buch, das sich damit befaßte, sei ein wichtiges Instrument zur Erhaltung des Empire, ließ bereits der Titel einigermaßen deutlich erkennen, welche Bedeutung Dr. Trenchs Vortrag haben sollte.

Er nannte sieben Kriterien, nach denen die damals verfügbaren Wörterbücher sehr zu wünschen übrig ließen (die meisten Punkte betrafen technische Aspekte, die uns hier nicht weiter interessieren sollen). Seine Grundthese war jedoch simpel und eindeutig: Jeder künftige Wörterbuchautor, erklärte er, müsse den Grundsatz anerkennen, daß ein Wörterbuch schlicht und einfach «ein Inventar einer Sprache» sei. Es sei eindeutig kein Leitfaden für den richtigen Sprachgebrauch. Der Herausgeber habe nicht das Recht, Wörter danach auszuwählen, ob sie gut oder schlecht seien. Doch alle bisherigen Praktiker der Zunft, einschließlich Samuel Johnson, hätten sich eben dieses Vergehens schuldig gemacht. Der Lexikograph, betonte Trench, sei «ein Historiker ... kein Kritiker». Es obliege nicht einem Diktator – «und auch nicht *vierzig*», fügte er mit einer frechen Anspielung auf die Franzosen hinzu – zu entscheiden, welche Wörter verwendet werden dürften und welche nicht. Ein Wörterbuch solle ein Verzeichnis *aller* Wörter sein, die sich in der Sprache einer gewissen Lebensdauer erfreuten.

Und das Herzstück eines solchen Wörterbuches, fuhr er fort, solle die Geschichte der jeweiligen Lebensdauer eines jeden Wortes bilden. Manche Wörter seien uralt und existierten immer noch. Andere seien jung und verschwänden wie Eintagsfliegen. Einige tauchten in einer bestimmten Generation auf, hielten sich in der nächsten und übernächsten und schienen unverwüstlich zu sein. Andere hingegen verdienten eine weit weniger optimistische Prognose. Doch all diese unterschiedlichen Arten von Wörtern seien gültige Bestandteile der englischen Sprache, ganz egal, ob sie alt und obsolet oder neu und ohne gesicherte Zukunft seien. Der entscheidende Punkt, meinte Trench, sei folgender: Wenn jemand ein bestimmtes Wort nachschauen müsse, dann sollte er es auch finden – wenn nicht, sei das Buch kein Nachschlagewerk.

Nun kam er auf sein eigentliches Thema. Um den Lebenslauf eines bestimmten Wortes nachzuzeichnen, fuhr er fort, um sozusagen seine «Biographie» zu kennen, müsse man wissen, wann das Wort «geboren» wurde, müsse man seine Geburtsurkunde in der Hand haben. Damit meinte er natürlich nicht den Zeitpunkt, an dem ein Wort erstmals ausgesprochen wurde – das ließ sich vor der Erfindung des Tonbandgerätes nicht bestimmen –, sondern wann es zum erstenmal niedergeschrieben wurde. Jedes Wörterbuch, das auf jenen historischen Prinzipien beruhte, die Trench zufolge die einzig wirklich gültigen Prinzipien seien, sollte für jedes Wort aus der Literatur die Belegstelle liefern, aus der hervorging, wann und wo das betreffende Wort erstmals verwendet wurde.

Außerdem brauche man für jedes Wort Sätze, welche die verschiedenen Bedeutungsmöglichkeiten veranschaulichten, zumal fast jedes Wort beweglich sei wie ein kleines Fischlein – mal in diese Richtung, mal in jene – und ebenso schwer zu fassen, da es feine neue Nuancen annehme und je nach Laune der Öffentlichkeit wieder ablege. «Ein Wörterbuch», erklärte Trench, «ist ein historisches Monument, das die Geschichte einer Nation aus einem bestimmten Blickwinkel betrachtet; und die Irrwege, auf die eine Sprache geraten ist ... sind fast genauso aufschlußreich wie die rechten Wege.»

Johnsons *Dictionary* war vielleicht eines der ersten Wörterbücher, das Zitate lieferte (ein Italiener hatte dies in seinem Wörterbuch angeblich bereits 1598 getan), doch diese Belegstellen dienten lediglich dazu, die *Bedeutung* zu veranschaulichen. Das neue Projekt, das Trench nun vorschlug, sollte nicht allein die eigentliche Bedeutung erklären, sondern die Geschichte der Bedeutung, die *Lebensgeschichte* jedes einzelnen Wortes. Und dazu müßte alles gelesen und alles zitiert werden, was etwas über die Geschichte des betreffenden Wortes aussagte. Diese Aufgabe war gigantisch, monumental und – nach der gängigen Meinung jener Zeit – unausführbar.

Doch nun präsentierte Richard Chenevix Trench eine Idee – eine Idee, die den konservativen Zuhörern, die an jenem naßkalten und nebligen Abend schweigend in der Bibliothek saßen, regelrecht gefährlich, ja revolutionär erschienen sein mag, die aber das ganze Unterfangen schließlich überhaupt erst ermöglichen sollte.

Die Durchführung des Plans, erklärte er, übersteige die Möglichkeiten eines einzelnen Menschen. Das Erfassen der gesamten englischen Literatur und das Durchkämmen der Londoner und New Yorker Zeitungen sowie der gehobenen Zeitschriften und Magazine erfordere statt dessen «das gemeinsame Vorgehen vieler». Man müsse ein Heer, ein riesiges Heer von Hunderten und Aberhunderten unbezahlter Amateure rekrutieren, die allesamt als Freiwillige mitarbeiteten.

Ein erstauntes Raunen ging durch den Saal. Solch ein Gedanke, der heute völlig einleuchtend erscheint, war bislang noch nie geäußert worden. Andererseits hatte diese Idee einiges für sich, meinten einige Mitglieder, als sich die Versammlung auflöste. Sie hatte etwas Bodenständiges, etwas Demokratisches. Sie entsprach ganz Dr. Trenchs persönlicher Auffassung, wonach jedes große neue Wörterbuch ein Produkt demokratischen Denkens sein müsse und nach dem Prinzip der Freiheit des einzelnen jedem das Recht einräumen müsse, Wörter nach Belieben und ohne allzu starre und strenge Regeln zu gebrauchen.

Solch ein Wörterbuch sollte auf keinen Fall etwas so Absolutistisches und Autokratisches sein, wie es den

132

Franzosen vorschwebte. Die Engländer, die das Exzentrische und Chaotische zur Kunst erhoben und den zerstreuten Professor aufs Podest gehoben hatten, haßten solch mitteleuropäische Dinge wie Regeln, Konventionen und Vorschriften. Ihnen graute bei der Vorstellung, daß irgendein geheimer Zirkel von Unsterblichen, die niemandem Rechenschaft schuldeten, irgendwelche Gesetze erließ – und dann auch noch ausgerechnet für die Sprache! Etliche Mitglieder der Philological Society nickten zustimmend, als sie an jenem Abend ihre Astrachanmäntel, ihre weißen Seidenschals und Zylinderhüte von der Garderobe abholten und in den gelblichen Novembernebel hinaustraten. Dekan Trenchs Vorschlag, Freiwillige zur Mitarbeit zu gewinnen, war eine gute Idee, eine bedenkenswerte und wirklich vortreffliche Idee.

Und diese Idee sollte es schließlich auch ermöglichen, einen gelehrten, wenn auch geplagten Amateurlexikographen in das Projekt einzubeziehen – den Assistenzarzt a. D. der United States Army, Brevet-Hauptmann William Chester Minor.

Dies war indes nur die Idee. Es dauerte noch zweiundzwanzig weitere Jahre sporadischer und wenig durchdachter Anläufe, bis die Arbeit an dem neuen Wörterbuch tatsächlich begann. Die Philologische Gesellschaft hatte ihrerseits bereits für einige Verwirrung gesorgt: Sechs Monate vor Trenchs berühmtem Vortrag hatte sie ein Komitee für nicht erfaßte Wörter gegründet, das neben Trench von dem lebenslustigen Frederick Furnivall und Herbert Coleridge, dem Enkel des berühmten Dichters, geleitet wurde und ein Ergänzungswörterbuch herausbringen sollte, in dem all das enthalten war, was in den bereits bestehenden Wörterbüchern nicht zu finden war.

Erst nach vielen Monaten flaute die Begeisterung für dieses Projekt ab. Gedämpft wurde der Eifer allerdings durch die baldige Erkenntnis, daß bei den Recherchen so viele Wörter entdeckt wurden, daß ein Ergänzungsband weitaus umfangreicher ausfallen mußte als jedes bereits existierende Wörterbuch, selbst das von Johnson. Als dies klar war, beschloß die Gesellschaft offiziell, ein vollkommen neues Wörterbuch zu erstellen. Der 7. Januar 1858, der Tag, an dem der Entschluß gefaßt wurde, gilt normalerweise als Ausgangspunkt, zumindest auf dem Papier.

Furnivall veröffentlichte daraufhin ein Rundschreiben mit einem Aufruf an freiwillige Leser. Diese konnten sich aussuchen, mit welcher Epoche der Literaturgeschichte sie sich befassen wollten – mit dem Zeitraum von 1250 bis 1526, dem Erscheinungsjahr des *New English Testament*, oder von da an bis 1674, Miltons Todesjahr, oder von da an bis zur Gegenwart. Man war der Meinung, jede dieser Epochen repräsentiere unterschiedliche Richtungen in der Entwicklung der Sprache.

Die Aufgaben der Freiwilligen waren einfach, wenn auch etwas mühsam. Sie sollten an die Gesellschaft schreiben und sich bereit erklären, gewisse Bücher zu lesen, von allem Gelesenen Wortlisten anzulegen und ganz gezielt nach bestimmten Wörtern Ausschau zu halten, für die sich die Wörterbuchautoren besonders interessierten. Jeder Freiwillige sollte auf einem Stück Papier links oben das Stichwort notieren und darunter, ebenfalls auf der linken Seite, in fester Reihenfolge folgende Einzelheiten vermerken: Titel des Buches oder Artikels, Bandnummer und Seitenzahl und darunter den vollständigen Satz, der die Verwendung des Stichwortes illustrierte. Dieses Verfahren verwenden Lexikographen bis zum heutigen Tag.

134

Herbert Coleridge wurde der erste Herausgeber dieses Wörterbuchs, das als *New English Dictionary on Historical Principles* bezeichnet werden sollte. Als erstes widmete er sich einer scheinbar ganz banalen Aufgabe – er konstruierte ein kleines Regal aus Eichenholz, neun Fächer breit und sechs Fächer hoch, als Ablage für die 60 000 bis 100 000 Zettel, die man erwartete. Er schätzte, mit dem ersten Band des Wörterbuchs binnen zwei Jahren fertig zu werden. «Und wenn nicht viele Mitarbeiter so saumselig wären», schrieb er offensichtlich leicht gereizt, «würde ich ohne zu zögern einen früheren Zeitpunkt nennen.»

Von all diesen Voraussagen traf nichts, aber auch gar nichts zu. Die Freiwilligen schickten am Ende über *sechs Millionen* Zettel ein. Und Coleridges optimistische Schätzung, es würde etwa zwei Jahre dauern, um den ersten Teil des Wörterbuchs auf den Markt zu bringen – damit ständig Geld hereinfloß, sollte es in Teilen geliefert werden –, griff um ein Zehnfaches zu kurz. Genau diese naive und klägliche Fehleinschätzung – in bezug auf Arbeit, Zeit und Geld – stand der Entwicklung des Wörterbuchs anfangs im Weg. Niemand ahnte, worauf man sich eingelassen hatte; man stapfte wie blind durch einen riesigen Sumpf.

Und Herbert Coleridges früher Tod verzögerte alles noch zusätzlich. Er starb im Alter von einunddreißig Jahren, nachdem er sich ganze zwei Jahre der Arbeit an dem Wörterbuch gewidmet hatte und nicht einmal die Hälfte der Belegstellen für die Wörter mit dem Anfangsbuchstaben «A» gesichtet hatte. Auf dem Weg zu einem Vortrag der Philological Society am St. James's Square war er in einen Regenguß geraten, hatte in dem ungeheizten Raum bis zum Schluß ausgeharrt, war krank geworden und gestorben. Seine letzten Worte waren: «Morgen muß ich mit Sanskrit anfangen.»

Daraufhin übernahm Furnivall die Sache und stürzte sich mit der ihm eigenen Energie und Unbeschwertheit auf die Arbeit – allerdings in derselben verrückten, verantwortungslosen Art, mit der er sich bereits so viele Feinde gemacht hatte. Er kam auf die kluge und überzeugende Idee, zwischen den eigentlichen Herausgeber und die freiwilligen Leser, die unterdessen eifrig Zettel mit Zitaten einschickten, einen Stab von Redakteuren zu schalten.

Die Redakteure prüften die eingesandten Zettel auf Genauigkeit und Wert, sortierten sie zu Bündeln und ordneten sie in die Ablagefächer ein. Dann mußte der Herausgeber entscheiden, welches Wort er sich vornehmen wollte und welches der dazu vorliegenden Zitate seinen Zwecken am besten diente. Dabei mußte geprüft werden, welches das älteste war und welche späteren Belege die langsame Wandlung der Bedeutung über die Jahrhunderte bis zur jeweils aktuellen Verwendung veranschaulichten.

Furnivall leitete jedoch ein Projekt, das trotz allem Einsatz und Enthusiasmus, den er an den Tag legte, langsam, aber sicher einzuschlafen drohte. Aus irgendeinem ungeklärten Grund zeigte Furnivall nicht genug Dynamik, um das Heer der Freiwilligen immer wieder neu zu begeistern und anzuspornen, und so hörten diese im Laufe der Zeit einfach auf zu lesen und Zettel einzusenden. Viele hielten die Aufgabe für unlösbar. Viele sandten sogar die Bücher und Artikel, die Furnivall ihnen zum Lesen geschickt hatte, zurück; allein im Jahr 1879 wurden zwei Tonnen Material zurückgeschickt. Das Projekt war mehr oder weni-

136

ger zum Stillstand gekommen, vielleicht sogar aufgrund seiner massiv überzogenen Dimensionen. Furnivalls Berichte an die Gesellschaft wurden immer kürzer, seine Ruderausflüge mit den Kellnerinnen des ABC immer länger. Das Magazin *The Athenaeum*, das die Fortschritte der Arbeit am intensivsten mitverfolgte, berichtete seinen Londoner Lesern im Jahr 1868, «man geht allgemein davon aus, daß das Vorhaben nicht ausgeführt wird».

Das Projekt sollte jedoch nicht scheitern. James Murray war, wie wir uns erinnern, seit 1869 Mitglied der Philological Society. Er hatte sich bereits einen Namen gemacht, vor allem als Autor von Werken über schottische Dialekte, als Herausgeber umfangreicher Sammlungen schottischer Lyrik und als Leiter großer, wenn auch unabgeschlossener Vorhaben (beispielsweise einem geplanten Werk über die Deklination deutscher Substantive). Er hatte der Chartered Bank of India den Rücken gekehrt und wieder die geliebte Lehrtätigkeit aufgenommen, diesmal an der vornehmen Privatschule Mill Hill.

Gewiß setzte sich Furnivall für das Wörterbuch ein, doch ihm fehlten einfach die persönlichen Eigenschaften, die für die Leitung dieses außerordentlichen Projekts erforderlich waren! Seiner Meinung nach war Murray ideal dafür geeignet. Er sprach Murray und auch andere Mitglieder der Society darauf an: Wäre nicht dieser erstaunliche junge Mann (Murray war damals knapp über Vierzig) der ideale Kandidat? Und wäre nicht die Oxford University Press mit ihrem wissenschaftlichen Ruf, ihren verhältnismäßig üppigen Mitteln und ihrer flexiblen Auffassung von literarischen Epochen der ideale Verlag für die Veröffentlichung des Werkes?

Man überredete Murray, ein paar Musterseiten zu er-

137

stellen, die einen Eindruck davon vermittelten, wie das Werk aussehen solle. Er wählte die Wörter *arrow, carouse, castle* und *persuade* und schickte im Spätherbst des Jahres 1877 die entsprechenden Seiten an die bekanntermaßen schwierigen Vertreter des Verlages nach Oxford, genauer gesagt an die Verwaltungsräte, die in dem Ruf standen, unglaublich arrogant, pedantisch und knauserig zu sein. Furnivall unterhielt sich auch mit anderen Verlegern und Druckern – eine Zeitlang stand er in engem Kontakt mit dem Verlag Macmillan, der sich aber nach einem Streit mit dem Exzentriker zurückzog – und sorgte unentwegt dafür, daß das große Wörterbuch nicht in Vergessenheit geriet.

Die Wahl des richtigen Herausgebers und des richtigen Verlages bereitete dem lexikographischen und literarischen Establishment Englands bis zum Ende des Jahrzehnts große Sorge. Die Vertreter der Oxford University Press sorgten zunächst für allgemeines Entsetzen, als sie Murrays Proben kurzerhand vom Tisch fegten; sie wollten mehr Beweise dafür, daß Murray gründlich und umfassend genug nach Belegstellen für seine vier Beispielwörter gesucht hatte; ihnen gefiel auch nicht, wie er die Aussprache der Wörter angegeben hatte; und sie konnten sich nicht entscheiden, ob der etymologische Teil nicht lieber ganz wegfallen sollte (nicht zuletzt weil sie bereits ein eigenes wissenschaftliches *Etymologisches Wörterbuch* herausgaben).

Tief verärgert hofften Murray und Furnivall auf die Cambridge University Press, doch deren Vertreter reagierten mit einer schroffen Abfuhr. Woche für Woche wurde in Vortragssälen und Londoner Klubs weiter Öffentlichkeitsarbeit geleistet. Und im Laufe der Zeit ließ man sich in Oxford überzeugen, daß gewisse Dinge geändert werden könnten, so daß die maßgeblichen Stellen die Seiten des vorgeschlagenen Buches schließlich doch noch akzeptieren würden, daß Murray vielleicht doch der Richtige war und daß das «Große Wörterbuch» eines Tages den kommerziellen und intellektuellen Anreiz bieten würde, den man sich in Oxford wünschte.

Und so wurde James Murray am 26. April 1878 schließlich zu einem persönlichen Gespräch mit den Vertretern nach Oxford eingeladen. Er kam mit der Erwartung, gehörig eingeschüchtert zu werden; und sie gingen davon aus, ihn gleich wieder loszuwerden. Doch zu jedermanns freudiger Überraschung fand er die großen weisen Häupter, die in jenem Konferenzraum saßen, äußerst sympathisch, und vor allem waren auch sie sofort sehr von ihm angetan. Am Ende der Besprechung, in einem Augenblick gedämpfter, typisch Oxforder Festlichkeit, der mit einem Glas schlechten Sherrys gefeiert wurde, faßten die Vertreter den Entschluß, grünes Licht zu geben.

Ein weiteres volles Jahr währten die Auseinandersetzungen um die Einzelheiten des Vertrags, die oft zäh und bitter waren, aber selten von dem ausgesprochen weltfremden Murray persönlich geführt wurden – hier hatte seine praktisch denkende Gattin Ada das Sagen. Schließlich wurde am 1. März 1879, fast ein Vierteljahrhundert nach der Rede von Richard Chenevix Trench, eine offizielle Vereinbarung unterzeichnet: James Murray sollte im Namen der Londoner Philologischen Gesellschaft das *New English Dictionary on Historical Principles* herausgeben, das sich schätzungsweise auf 7000 Seiten im Quartformat in vier dicken Bänden belaufen und binnen zehn Jahren abgeschlossen sein sollte. Auch diesmal hatte man sich kläglich verschätzt, doch nun kam die Arbeit richtig in Gang und sollte nie mehr stocken.

Innerhalb weniger Tage fällte Murray zwei Entscheidungen. Erstens wollte er auf dem Gelände der Mill Hill School eine Wellblechhütte als Schreibstube, das sogenannte *Scriptorium*, bauen lassen und dort an dem großen Wörterbuch arbeiten. Zweitens wollte er einen vierseitigen Aufruf «an die englischsprechende und englischlesende Öffentlichkeit» verfassen und verbreiten, um ein großes neues Heer von Freiwilligen zu rekrutieren. Das Komitee, erklärte er, «sucht die Unterstützung durch Leser in Großbritannien, Amerika und den britischen Kolonien, welche die freiwillige Mitarbeit zu Ende führen, die vor zwanzig Jahren so enthusiastisch begann, indem sie die bislang ungeprüften Bücher lesen und auswerten.»

Die vier Blätter – insgesamt acht Druckseiten – wurden an Zeitungen und Zeitschriften geschickt, die daraus jene Absätze abdruckten, die ihre Leserschaft möglicherweise ansprachen. Auch in Buchhandlungen und an Zeitungsständen wurde der Aufruf den Kunden mitgegeben. In Bibliotheken wurde er als Lesezeichen verteilt. In Geschäften und Büchereien lag er in kleinen Holzkästen aus. Schon bald hatte die Meldung im ganzen Königreich und in sämtlichen alten und neuen Gebieten des britischen Empire Verbreitung gefunden.

Und irgendwann Anfang der achtziger Jahre fand mindestens ein Aufruf, der in ein Buch gelegt worden oder zwischen die Seiten einer gelehrten Zeitschrift geraten war, den Weg in eine der größeren Zellen im Obergeschoß von Block zwei in der Straf- und Irrenanstalt Broadmoor in Crowthorne. Dort fiel er in die Hände von William Minor, der eine seiner beiden Zellen von oben bis unten mit

Büchern vollgestellt hatte und für den Bücher zum Lebenszweck geworden waren.

Dr. Minor saß nun schon seit acht Jahren in Broadmoor ein. Gewiß, er war geisteskrank, doch er war ein empfindsamer und intelligenter Mensch, ein Absolvent von Yale, und er war belesen und wißbegierig. Natürlich sehnte er sich nach einer nützlichen Beschäftigung, die all die endlosen Wochen und Monate und Jahre und Jahrzehnte, die vor ihm lagen, «bis Ihre Majestät anders belieben», sinnvoll ausfüllte.

Dieser Aufruf eines Dr. James Murray aus Mill Hill, Middlesex, N. W., schien eine gute Gelegenheit zu geistiger Betätigung zu bieten – und vielleicht sogar die Möglichkeit einer persönlichen Wiedergutmachung. Das Ganze klang jedenfalls besser als alles, was er sich sonst vorstellen konnte. Er beschloß, sofort zu schreiben.

Er nahm ein Blatt und eine Feder heraus und brachte mit sicherer Hand seine Adresse zu Papier: Broadmoor, Crowthorne, Berkshire. Eine völlig gewöhnliche Adresse. Und jeder, der es nicht genauer wußte, dachte dabei sicher an ein ganz normales Haus in einem ganz normalen Dorf in einer idyllischen Grafschaft vor den Toren Londons.

Und selbst wenn jemand draußen das Wort *asylum* (als Bezeichnung für das, was wir heute «Anstalt» nennen) kannte – die einzige damals existierende Definition klang recht harmlos. Natürlich wurde die Bedeutung von *asylum* in Johnsons *Dictionary* erläutert: *A place out of which he that has fled to it, may not be taken* [Ein Ort, von dem derjenige, der dort Zuflucht gesucht hat, nicht vertrieben werden darf]. Ein *asylum* war für Dr. Johnson nichts anderes als ein Zufluchtsort, ein Schutzraum. William Chester Minor hatte nichts dagegen, die Adresse eines solchen Ortes anzugeben, solange niemand genauer nach der tieferen und düstereren Bedeutung fragte, die das Wort im viktorianischen England anzunehmen begann.

6. Kapitel

Der Gelehrte in Zellenblock zwei

---

bedlam ('bɛdləm). Forms: 1–3 **betleem**, 3 **beþ-ꝥleæm**, 3–6 **beth(e)leem**, 4 **bedleem**, 4–8 **beth-lem**, 6- **-lehem**, 3–7 **bedlem**, 5 **bedelem**, 6 **bed-leme**, 6–7 **-lame**, 6- **bedlam**. [ME. *Bedlem = Bethlem, Bethlehem*; applied to the Hospital of St. Mary of Bethlehem, in London, founded as a priory in 1247, with the special duty of receiving and entertaining the bishop of St. Mary of Bethlehem, and the canons, etc. of this, the mother church, as often as they might come to England. In 1330 it is mentioned as ‹an hospital›, and in 1402 as a hospital for lunatics (Timbs); in 1346 it was received under the protection of the city of London, and on the Dissolution of the Monasteries, it was granted to the mayor and citizens, and in 1547 incorporated as a royal foundation for the reception of lunatics. Thence the modern sense, of which instances appear early in 16th c.] …

2. The Hospital of St. Mary of Bethlehem, used as an asylum for the reception and cure of mentally deranged persons; originally situated in Bishopsgate, in 1676 rebuilt near London Wall, and in 1815 transferred to Lambeth. **Jack** or **Tom o'Bedlam**: a madman.

3. By extension: A lunatic asylum, a madhouse.

Minor, William Chester. Ein magerer, blasser Mann mit markanten Zügen, hellem sandfarbenem Haar, tiefliegenden Augen und vorstehenden Backenknochen. Er ist achtunddreißig Jahre alt, von hoher Bildung, genauer gesagt Arzt, gehört aber keiner bekannten Konfession an. Er wiegt hunderteinundvierzig Pfund und gilt offiziell als gewalttätig. Er wurde des Mordes an einem gewissen George Merritt aus Lambeth angeklagt, aber aufgrund einer Geisteskrankheit für nicht schuldig befunden. Er sagt, er werde seit Jahren verfolgt – von Subjekten der Unterschicht, denen er alles zutraue. Unbekannte versuchten, ihm Schaden zuzufügen, mit Gift.» So lautete die Aktennotiz zum Broadmoor-Patienten Nr. 742 nach der Untersuchung, die am Tag seiner Einlieferung, am Mittwoch, den 17. April 1872, durchgeführt wurde.

Wärter hatten ihn in Handschellen dort eingeliefert, gemeinsam mit einem anderen Mörder namens Edmund Dainty, der ebenfalls für unzurechnungsfähig erklärt worden war; die beiden hatten im Gefängnis von Newington in Surrey warten müssen, bis die nötigen Papiere aus London eingetroffen waren. Zuerst brachte man sie mit der Eisenbahn zu dem kleinen Bahnhof des Wellington College, einer der bekannten Schulen in Südengland. Dann fuhren Minor und seine Eskorte in einem schwarzen Landauer mit geschlossenem Verdeck durch die engen Straßen, die sich durch das kleine Dorf schlängelten. Die Pferde kamen fast ins Schwitzen, als sie das vierrädrige Gefährt und dessen Insassen den kleinen Hügel hinaufzogen, auf dem Broadmoor thront.

Das *Special Hospital*, wie sich die Einrichtung heute nennt, sieht noch immer abschreckend aus, obwohl vieles von dem, was in viktorianischer Zeit so bedrohlich wirkte, inzwischen diskret hinter modernen, oben abgerundeten Hochsicherheitsmauern versteckt liegt.

Dr. Minor kam 1872 an der Pforte an – einem hohen Torbogen unter einer großen Uhr mit schwarzem Ziffernblatt, flankiert von zwei dreistöckigen Türmen mit vergitterten Fenstern. Das Tor unter dem Bogen bestand aus zwei massiven grünen Türflügeln, die fest verschlossen waren. Beim Klang der Hufe wurde in einem der Türflügel ein Guckloch aufgerissen; als sich das Tor öffnete, tauchte etwa zehn Meter dahinter ein weiteres schweres Tor auf.

Der Landauer passierte das Außentor, dessen Türen zugeschlagen und fest verriegelt wurden. In dem düsteren, engen Eingangsbereich gingen Lichter an. Dr. Minor mußte aussteigen und sich durchsuchen lassen. Man nahm ihm die Handschellen ab; sie mußten wieder nach Surrey zurückgeschickt werden. Der Gerichtsdiener, der ihn begleitete, übergab die Papiere, unter anderem einen Vollzugsbefehl in gestochener Handschrift, unterzeichnet von Henry Austin Bruce, dem Innenminister Ihrer Majestät. Der Leiter der Anstalt, ein netter und sympathischer Herr namens William Orange, ließ seinen Stellvertreter die Zugangsbestätigung quittieren.

Man führte Dr. Minor durch das zweite Tor hinüber in Block vier, den Aufnahmeblock. Minor hörte, wie die Pferde wendeten, wie die Eskorte wieder einstieg und den Kutscher anwies, zum Bahnhof zurückzufahren. Er hörte, wie die Flügel des Außentors geöffnet wurden, um die Kutsche durchzulassen, und dann wieder ins Schloß fielen. Laut und lang hallte es nach, als das innere Eisentor zugeschlagen und verriegelt wurde. Nun war Minor offiziell ein Insasse der Anstalt von Broadmoor, die – so wie es aussah – bis zu seinem Lebensende sein Zuhause sein sollte

Es war zumindest eine relativ neue Behausung. Broadmoor war erst neun Jahre zuvor erbaut worden. Nötig geworden war der Bau, weil die größte staatliche Irrenanstalt, das Hospital of St. Mary of Bethlehem – das zufälli-

145

gerweise in Lambeth stand, weniger als eine Meile vom Ort des Mordes entfernt – inzwischen aus allen Nähten platzte. Seit das Parlament im Jahre 1800 die Unzurechnungsfähigkeit geistesgestörter Verbrecher als Rechtsgrundsatz anerkannt hatte, schickten die Richter unzählige Männer und Frauen, die bisher in gewöhnlichen Gefängnissen gelandet waren, in Irrenanstalten.

Die Viktorianer mit ihrer eigentümlichen Mischung aus Strenge und Aufgeklärtheit waren der Meinung, man könne die Sträflinge sicher wegsperren und trotzdem anständig behandeln. Doch die Aufgeklärtheit hatte ihre Grenzen. Während Broadmoor heutzutage als Spezialklinik gilt und die Insassen als «Patienten» bezeichnet werden, nahm man vor einhundert Jahren kein Blatt vor den Mund: Die Insassen waren «verrückte Kriminelle», sie wurden von «Irrenärzten» behandelt, und Broadmoor war eindeutig eine Anstalt, in der sie in sicherem Gewahrsam waren.

Broadmoor sah fraglos wie ein Gefängnis aus, und es sollte auch so aussehen. Die Baupläne stammten von Sir Joshua Jebb, einem Militärbaumeister, der bereits zwei der düstersten Hochsicherheitsgefängnisse Englands, Pentonville und Dartmoor, entworfen hatte. Die langen kahlen Zellenblocks wirkten unerbittlich einschüchternd. Sämtliche Gebäude bestanden aus dunkelrotem Backstein, alle Fenster waren vergittert, und umgeben war das Ganze von einer hohen Mauer, gespickt mit Glasscherben und Eisenspitzen.

Die Anstalt thronte bedrohlich auf dem Hügel. Den Dorfbewohnern lief es kalt den Rücken hinunter, wenn sie hinaufschauten. Jeden Montagmorgen wurden die Sirenen getestet; das fürchterliche Heulen ging durch Mark und Bein. Es hieß, die Vögel blieben minutenlang stumm vor Schreck.

Aber wohin nun mit Dr. Minor, dem amerikanischen Mörder? Nach dem üblichen Procedere, das den Akten zufolge wahrscheinlich auch in diesem Fall eingehalten wurde, befragte man den Neuankömmling erst einmal ein paar Tage lang zu seiner Person und dann, wenn er wollte, zu dem Verbrechen, dessentwegen er eingeliefert worden war. (Einmal antwortete ein Neuling dem Direktor auf die Frage, weshalb er seine Frau und seine Kinder getötet habe: «Ich weiß gar nicht, wieso ich Ihnen das alles erzähle. Es geht Sie gar nichts an. Und den Richter ging es eigentlich auch nichts an. Es war eine *reine Familienangelegenheit.*») Danach wurde ein Insasse nicht mehr zu seinem Verbrechen befragt.

Als nächstes entschied der Direktor, welcher Zellenblock am geeignetsten war. Neben den sechs Männerblocks gab es zwei streng abgetrennte Frauenblocks. Galt der Patient als selbstmordgefährdet (woraufhin seine Akte nicht auf weißen, sondern auf rosa Blättern geführt wurde), kam er in eine Zelle in Block sechs, wo zusätzliches Personal für eine ständige Bewachung sorgte. Wurde er als Epileptiker eingestuft, bekam er im selben Block eine spezielle Zelle, deren Wände gepolstert waren, und ein keilförmiges Kissen, an dem er bei einem Anfall nicht ersticken konnte.

Hielt man ihn für gemeingefährlich und gewalttätig, landete er ebenfalls in Block sechs oder in dem weniger stark besetzten Block eins; diese beiden Abteilungen wurden als «Schlägerblocks» beziehungsweise «Irrenblocks» oder in jüngerer Zeit als «Blocks der harten Nüsse» bezeichnet. Seit jeher werden diese beiden Gebäude, die um einiges abweisender wirken, als «Rückblocks» bezeichnet, weil sie keinerlei Aussicht auf das Umland bieten. Sie sind streng gesichert und bedrückend.

Nach den ersten Befragungen waren sich die Ärzte von Broadmoor darüber im klaren, daß ihr neuer Schützling – der im übrigen ja selbst Arzt war – weder epileptisch noch selbstmordgefährdet, noch gewalttätig genug war, um anderen gefährlich zu werden. Und so schickte man ihn in den Block zwei, einen relativ komfortablen, der normalerweise Patienten mit bedingter Strafaussetzung vorbehalten war. Er hieß auch «*the swell block*», wobei hier mit *swell* weniger «schick» oder «super» gemeint war, sondern die Tatsache, daß hier meist «*the swell*», die «großen Tiere» und «feinen Pinkel» einsaßen. Ein Besucher schrieb einmal, in Block zwei herrsche eine Atmosphäre, «die sich nach Aussage eines Eingeweihten, der beides kannte, in nichts von der des Athenaeum Club unterschied». Die wenigsten Mitglieder dieses höchst vornehmen Londoner Herrenklubs, dem die meisten Bischöfe und Gelehrten des Landes angehörten, dürften über diesen Vergleich begeistert gewesen sein.

Man machte es dem neuen Insassen jedoch mehr als nur erträglich, nicht zuletzt, weil er aus vornehmem Hause stammte, gebildet war und über ein Einkommen verfügte. Alle Beamten in Broadmoor wußten, daß er Offizier im Ruhestand war und eine regelmäßige Rente aus den Vereinigten Staaten bezog. Und so bekam er nicht nur *eine* Zelle, sondern gleich zwei – zwei nebeneinanderliegende Räume am Südende des obersten Stockwerks. Die Räume wurden tagsüber nicht verschlossen. Nachts wurden Medikamente oder Speisen, nach denen er verlangte, bei verriegelter Tür durch eine lange, schmale Öffnung geschoben.

148

Die Fenster waren von innen mit Eisenstäben vergittert, doch zum Ausgleich boten sie eine bezaubernde Aussicht – man blickte auf ein weites Tal mit grünen Wiesen, auf denen die Kühe im Schatten großer Eichen grasten, auf den Tennisplatz und das kleine Kricketfeld der Anstalt, und in der Ferne schimmerte im Dunst eine mit Buchenwäldern bewachsene Hügelkette. An jenem Frühlingstag, der durch einen strahlenden blauen Himmel, Flieder und Apfelblüten und den Gesang von Lerchen und Drosseln bezauberte, dürfte der Insasse das Urteil nicht unbedingt nur als Alptraum empfunden haben.

Am nördlichen Ende des Korridors saß der Wärter, der in der Anstalt als Aufseher bezeichnet wurde und die zwanzig Männer auf seinem Stockwerk bewachte. Er hatte die Schlüssel und kontrollierte die stets verschlossene Tür, die den Korridor abriegelte; er ließ die Männer aus ihren Zellen, wenn sie zur Toilette mußten. Tagsüber brannte an seinem Platz eine kleine Gasflamme; da die Männer keine Streichhölzer besitzen durften, mußten sie hier ihre Zigaretten oder ihre Pfeifen anzünden. (Die Tabakration, die ihnen jede Woche zugeteilt wurde, stammte von der Zollbehörde; alles, was in den Häfen als Schmuggelware beschlagnahmt wurde, landete beim Innenministerium und wurde an die Gefängnisse und staatlichen Irrenanstalten verteilt.)

Schon nach wenigen Tagen erkundigte sich der amerikanische Vizekonsul in einem Brief, ob der unglückselige Offizier auch gut versorgt sei. Ob es möglich wäre, wollte er wissen, «unserem armen Freund» einige seiner persönlichen Sachen zukommen zu lassen? (Seine Habe war beim Konsulat hinterlegt worden, um mögliche Gerichtskosten zu decken.) Ob es theoretisch möglich sei, ihn zu besuchen? Könne man ihm, um ihn aufzumuntern, ein Pfund Dennis-Kaffee schicken und ein paar französische Pflaumen? Zu den Pflaumen äußerte sich Mr. Orange nicht, er ließ den Konsul jedoch wissen, man könne Dr. Minor alles schicken, solange es nicht seine Sicherheit beziehungsweise die Disziplin der Anstalt gefährde.

Eine Woche später schickte der Diplomat per Eisenbahn einen Lederkoffer mit einem Gehrock und drei Westen, drei Paar Unterhosen und vier Unterhemden, vier Hemden, vier Kragen, sechs Taschentüchern, einem Gebetbuch, einer Schachtel mit Photographien, vier Pfeifen, Zigarettenpapier, einem Beutel Tabak, einem Stadtplan von London, einem Tagebuch sowie einer Taschenuhr mit Goldkette – letztere war ein Familienerbstück, hatte es während des Prozesses geheißen.

Vor allem aber, so berichtete der Direktor später, erhielt der Arzt seine Zeichenutensilien wieder: einen hölzernen Malkasten mit Inhalt, ein Sortiment von Stiften, ein Zeichenbrett, Skizzenbücher und Papier. Ab sofort konnte er seine Zeit sinnvoll nutzen, was man allen Patienten nahelegte.

In den folgenden Monaten richtete Minor seine beiden Zellen komfortabel ein – so wie es wohl auch ein Mitglied des Athenaeum Club getan hätte. Er hatte Geld. Eine Pension von etwa zwölfhundert Dollar im Jahr wurde an seinen Bruder Alfred in Connecticut ausbezahlt. Alfred fungierte als Vormund für William, den man entmündigt hatte; regelmäßig überwies er telegraphisch Geld nach England, damit sein kranker Bruder seine laufenden Unkosten bestreiten konnte. Mit diesen gesicherten Mitteln stillte Dr. Minor seine große Leidenschaft – Bücher.

Zunächst verlangte er, daß ihm seine Bücher aus seinem

Heim in New Haven geschickt wurden. Dann bestellte er bei den großen Londoner Buchhandlungen große Mengen neuer und gebrauchter Bücher, die er anfangs zu gefährlich schwankenden Stapeln auftürmte, bis er sich aus eigener Tasche Bücherregale bauen ließ. Zu guter Letzt war der westliche Raum eine richtige Bibliothek mit Schreibtisch, Stühlen und Teakholzregalen bis unter die Decke geworden.

Seine Staffelei und die Malsachen bewahrte er in dem anderen Raum auf; er verfügte auch über einen kleinen Bestand an Wein und Bourbon, mit dem der Konsul ihn regelmäßig versorgte. Er fing wieder an, Flöte zu spielen, und gab einigen seiner Zellennachbarn Unterricht. Es war ihm sogar erlaubt, einen Mitinsassen gegen Geld Arbeiten wie Putzen, Büchersortieren und Aufräumen für sich verrichten zu lassen. Das Leben, das in jenen ersten Monaten zumindest annehmbar war, fing nun an, eigentlich richtig angenehm zu werden. William Minor konnte in absoluter Sicherheit und in Muße leben, er hatte es warm, er bekam relativ gut zu essen, man kümmerte sich um seine Gesundheit, er konnte auf dem langen Kiesweg, der sogenannten «Terrasse», spazierengehen, konnte es sich auf einer der Bänke neben dem Rasen bequem machen und auf die Sträucher starren oder nach Herzenslust lesen und malen.

Seine Zellen existieren noch heute. In den vergangenen hundert Jahren hat sich in Broadmoor nicht viel geändert. Block zwei heißt jetzt zwar Berkshire House, beherbergt aber nach wie vor in erster Linie jene Patienten, die auf längere Zeit dort sind. Doch aus Gründen der Ökonomie dienen Minors damalige Zellen – die westlichere, die er sich als Bibliothek eingerichtet hatte, und die zweite, sein

Wohn- und Schlafzimmer – heute jeweils einem Insassen als spartanisches Heim.

Dr. Minors geistige Verfassung beziehungsweise seine geistige Verwirrung stand stets außer Zweifel. Er war nie so krank, um aus der angenehmen Atmosphäre von Block zwei in den strengeren Bereich der rückwärtigen Blocks verlegt werden zu müssen (allerdings mußte er seine Räume wegen eines seltsamen und schrecklichen Vorfalls im Jahr 1902 für etliche Wochen verlassen). Aus den Akten geht jedoch hervor, daß seine Wahnvorstellungen im Laufe der Jahre immer heftiger und immer verrückter wurden und daß es kaum danach aussah, als würde er je wieder zu Verstand kommen. Mag sein, daß er sich in Broadmoor wohl fühlte, doch er hatte auch keine andere Wahl.

Anhand der Akten über seine ersten zehn Jahre in der Anstalt läßt sich der traurige und unaufhaltsame Fortschritt seines Verfalls nachzeichnen. Bereits zu der Zeit, als er eingewiesen wurde, hatte er eine detaillierte Vorstellung von den seltsamen Geschehnissen, die ihn nachts – immer nur nachts – quälten. Kleine Jungen, so glaubte er, wurden in den Dachbalken über seinem Bett versteckt; wenn er fest schlief, kamen sie herunter, betäubten ihn mit Chloroform und zwangen ihn dann, unzüchtige Handlungen zu begehen – ob aber mit den Jungen oder mit den Frauen, von denen er unentwegt träumte, geht aus den Unterlagen nicht klar hervor. Er pflegte mit Abschürfungen um Mund und Nase aufzuwachen, wo sie die Gasflasche festgeklemmt hatten. Die Beine seiner Pyjamahosen waren unten stets feucht, sagte er, weil er die ganze Nacht über gezwungen werde, halb betäubt zu marschieren.

April 1873: «Dr. Minor ist mager und anämisch, in reiz-

152

barer Verfassung, wirkt tagsüber jedoch vernünftig und beschäftigt sich mit Malen und Flötespielen. Doch nachts verbarrikadiert er die Tür zu seinem Zimmer mit Möbeln und spannt zwischen die Türklinke und das Möbelstück eine Schnur, damit er aufwacht, falls jemand in den Schlafraum einzubrechen versuche ...»

Juni 1875: «Der Doktor ist überzeugt, daß es Leuten gelingt, in sein Zimmer einzudringen – durch den Fußboden oder durch die Fenster –, und daß sie ihm mit einem Trichter Gift einflößen; er besteht inzwischen darauf, jeden Morgen gewogen zu werden, um zu sehen, ob er durch das Gift schwerer geworden ist.»

August 1875: «Sein Gesichtsausdruck ist am Morgen oft starr und angespannt, als ob er nicht viel Ruhe gefunden hätte. Er klagt, er habe das Gefühl, in der Nacht sei ihm ein kaltes Eisen gegen die Zähne gedrückt und etwas eingetrichtert worden. Ansonsten keine Veränderungen.»

Ein Jahr später scheinen ihn quälende Dämonen gepeinigt zu haben. Im Februar 1876 notierten die Ärzte: «Ein Mitpatient behauptete heute, Dr. Minor sei in der Stiefelkammer auf ihn zugekommen und habe gesagt, er würde ihm alles geben, wenn er ihm – Dr. Minor – bloß die Kehle durchschneiden würde. Ein Aufseher wurde angewiesen, auf ihn aufzupassen.»

Das folgende Jahr war kaum besser. «Alle gesellschaftlichen Ordnungen beruhten auf Korruption und Gaunerei», soll er im Mai 1877 gegenüber einem Wärter erklärt haben, «und er sei das Opfer ihrer Intrigen. Das wäre der Grund für die brutale Folter, der er jede Nacht ausgesetzt sei. Sein Rückenmark werde durchbohrt, und an seinem Herzen werde mit Folterinstrumenten operiert. Seine Feinde kämen durch den Fußboden ...»

Ab 1878 greifen die Schurken zu neuen Techniken. «Elektrische Ströme aus unsichtbaren Quellen würden durch seinen Körper geleitet, beteuert er. Elektrische Knöpfe würden ihm auf die Stirn gesetzt; er werde in einen Wagen gesetzt und durch die Gegend geschoben.» Er sei bis nach Konstantinopel gerollt worden, erzählte er einmal einem Wärter, und habe dort obszöne Handlungen begehen müssen, in aller Öffentlichkeit. «Man versucht, einen Strichler aus mir zu machen!»

Ganz eindeutig verschlimmerten sich die Wahnvorstellungen in jenen ersten Jahren in der Anstalt, doch aus den klinischen Aufzeichnungen geht auch hervor, daß der Geplagte zugleich eine sehr nachdenkliche und gelehrte Seite zeigte.

«Abgesehen von seinen Eindrücken bezüglich der nächtlichen Heimsuchungen», heißt es in einem Eintrag aus der Zeit um 1879, «spricht er über die meisten Themen sehr klar und zusammenhängend. Er arbeitet in seinem Gartenstück und ist zur Zeit recht guter Dinge – doch es gibt Tage, an denen er ziemlich launisch und reserviert sein kann.» Ein Jahr später vermerkt ein Arzt schlicht: «Er zeigt sich meistens vernünftig und einsichtig.»

Zunehmend gewöhnt er sich an seine Umgebung und betrachtet das Krankenhaus immer mehr als sein Zuhause und die Wärter als seine Familie. «Er macht nicht den Eindruck, unbedingt nach Amerika zurückkehren zu wollen, wie es früher der Fall war», schreibt ein anderer Arzt. «Er wünscht sich lediglich ein bißchen mehr Freiheit, vielleicht nach London gehen und Sehenswürdigkeiten besichtigen zu dürfen oder vielleicht die Orchideenschau zu besuchen, für die er kürzlich eine Karte erhalten hat.» Doch der Arzt, der dieses spezielle Gespräch führte, war

154

sich bezüglich des Zustands seines Patienten sicher und fällte ein Urteil, das William Minors Schicksal rückblickend fast endgültig zu besiegeln schien.

«Es kann kein Zweifel bestehen, daß Dr. Minor, der gelegentlich zwar sehr ruhig und gefaßt ist, in hohem Maße geistesgestört ist, und zwar mehr als noch vor einigen Jahren. Er ist der festen Überzeugung, er sei fast jede Nacht Opfer von Folter und gezielter Zudringlichkeit seitens der Aufseher und anderer, die sich in einem teuflischen kriminellen Komplott gegen ihn verbündet haben.»

Etwa um diese Zeit begannen sich zwei Entwicklungen abzuzeichnen, von denen die eine per Zufall indirekt zur anderen führte. Die erste entsprang einem Motiv, das nicht ungewöhnlich ist bei Menschen, die schreckliche Verbrechen begangen haben: Minor zeigte aufrichtige Reue über seine Tat und beschloß, einiges wiedergutzumachen. In dieser Absicht unternahm er den kühnen Schritt, an die Witwe seines Opfers zu schreiben. Dabei half ihm die amerikanische Botschaft, die, wie er wußte, in den Monaten unmittelbar nach der Tragödie einen Spendenaufruf veröffentlicht hatte, um der Hinterbliebenen zu helfen.

Er erklärte Eliza Merritt, wie unsäglich leid es ihm tue, was er getan habe, und bot an, ihr zu helfen, so weit es in seiner Macht stehe – vielleicht durch finanzielle Zuwendungen an sie oder ihre Kinder. Minors Stiefmutter Judith hatte bereits einen Beitrag geleistet; nun könne er vielleicht noch mehr tun, wenn sie nur so gütig wäre, es anzunehmen.

Der Brief scheint ein kleines Wunder bewirkt zu haben. Mrs. Merritt erklärte sich nicht nur bereit, finanzielle Unterstützung von Minor anzunehmen, sie erkundigte sich auch, ob es möglich wäre, ihn zu besuchen. Das hatte es noch nie gegeben, daß ein inhaftierter Mörder einem Angehörigen seines Opfers gegenübertreten durfte; doch nach eingehender Rücksprache mit Dr. Orange, dem Direktor von Broadmoor, willigte das Innenministerium in einen einmaligen, überwachten Besuch ein. Und so fuhr Mrs. Eliza Merritt irgendwann Ende 1879 von Lambeth nach Broadmoor und lernte den Menschen kennen, der sieben Jahre zuvor das Leben ihres Mannes ausgelöscht und ihr eigenes Leben und das ihrer sieben Kinder so einschneidend verändert hatte.

Die Begegnung verlief Dr. Oranges Aufzeichnungen zufolge zunächst angespannt, entwickelte sich dann aber recht erfreulich, und am Ende willigte Eliza sogar ein wiederzukommen. Schon bald unternahm sie allmonatliche Fahrten nach Crowthorne und unterhielt sich mit interessierter Anteilnahme mit diesem inzwischen harmlos erscheinenden Amerikaner. Die Gespräche führten wohl nicht gerade zu einer wirklichen Freundschaft, doch man nimmt an, daß die Besucherin dem Insassen einen Wunsch erfüllte, der zu der zweiten großen Veränderung in seinem damaligen Lebensabschnitt führte. Sie erklärte sich bereit, dem Inhaftierten Pakete mit Büchern aus den Londoner Buchhandlungen und Antiquariaten mitzubringen.

Eliza Merritt verstand wenig von Büchern – sie konnte kaum richtig lesen. Doch als sie sah, wie sehr Dr. Minor seine alten Bände schätzte, und als sie hörte, wie sehr er sich über die langwierige und teure Postbeförderung von London nach Crowthorne beklagte, erklärte sie sich bereit, seine Bestellungen für ihn abzuholen und bei ihren Besuchen mitzubringen. Und so kam es, daß Mrs. Merritt Monat für Monat in Packpapier eingewickelte und mit Schnur zugebundene Pakete von den großen Londoner

156

Buchläden wie Maggs und Bernard Quaritch und Hatchards bei ihm ablieferte.

Wahrscheinlich währte diese Praxis nicht allzu lange, denn Eliza fing an zu trinken und verlor anscheinend jedes Interesse an dem seltsamen Mann. Doch so kurz diese Episode auch gewesen sein mag, sie führte zu dem zweifellos bereicherndsten Ereignis in William Minors ansonsten traurigem Dasein.

Anfang der achtziger Jahre stieß er nämlich auf James Murrays berühmten Aufruf an Freiwillige, die eventuell bereit wären, an dem neuen Wörterbuch mitzuarbeiten. James Murray hatte seinen ersten Aufruf im April 1879 veröffentlicht; er hatte zweitausend Exemplare drucken und von Buchhändlern verteilen lassen; eine dieser Broschüren landete wahrscheinlich bald schon in einem der Pakete, die Eliza in die Anstalt mitbrachte.

Auf den acht Seiten wurde ganz grob erläutert, worum es ging. Zuerst nannte Murray die Art von Büchern, die seiner Meinung nach gelesen werden sollten:

Im Bereich der frühen englischen Literatur bis zur Erfindung des Buchdrucks wurde und wird so viel getan, daß wenig Unterstützung von außen erforderlich ist. Doch nur wenige der ältesten gedruckten Bücher – die von William Caxton und seinen Nachfolgern – sind gelesen worden, und wer Zeit und Gelegenheit hat, das eine oder andere davon zu lesen, entweder im Original oder in zuverlässigen Nachdrucken, würde einen wertvollen Beitrag leisten. Die Literatur des späten sechzehnten Jahrhunderts ist weitgehend abgedeckt; hier müssen noch vereinzelte Bücher gelesen werden. Das siebzehnte Jahrhundert mit so vielen weiteren Autoren weist natürlich noch größere Lücken auf. Die Werke des neunzehnten Jahrhunderts, die allgemein zugänglich sind, wurden zu weiten Teilen gelesen, doch eine große Zahl ist noch unbearbeitet, nicht nur von denen, die in den letzten zehn Jahren erschienen, während denen die Arbeit an dem Wörterbuch fast zum Erliegen kam, sondern auch ältere. Doch vor allem für das achtzehnte Jahrhundert ist dringend Mithilfe erwünscht. Die amerikanischen Gelehrten hatten versprochen, sich der Literatur des achtzehnten Jahrhunderts in den Vereinigten Staaten anzunehmen, doch sie scheinen dieses Versprechen nicht einmal annähernd eingelöst zu haben, und so müssen wir nun englische Leser bitten mitzuhelfen, denn nahezu sämtliche Bücher jenes Jahrhunderts, mit Ausnahme der Werke Burkes, müssen noch durchgesehen werden.

Danach zählte Murray weit mehr als zweihundert spezielle Autoren auf, deren Werke seiner Meinung nach unbedingt gelesen werden mußten. Die Liste warf ein gewisses Problem auf: Die meisten Bücher waren seltene Titel, die sich wahrscheinlich nur im Besitz einiger weniger Sammler befanden. Manche Bücher dagegen standen inzwischen in Murrays neu eingerichteter Bibliothek in Mill Hill und konnten an Leser verschickt werden, die versprachen, sie durchzuarbeiten – und zurückzusenden. (Als Frederick Furnivall Herausgeber war, hatte er feststellen müssen, daß ein paar Leser das Ausleihverfahren dazu benutzten, ihre eigenen Buchbestände zu erweitern, und weder die gewünschten Belege einschickten noch die Bücher zurücksandten.)

Dr. Minor befand sich zweifellos in einer eher ausgeglichenen und ruhigen Verfassung, als er die Broschüre las, denn er reagierte mit Eifer und Begeisterung darauf. Er schrieb sofort an James Murray und bot sich offiziell als Leser an.

Es ist indessen nicht ganz klar, wann genau Minor seine legendäre Arbeit aufnahm. Murray erinnerte sich später, er habe «sehr bald nachdem ich mit dem Wörterbuch anfing» Minors Brief erhalten. Aus der Zeit vor 1885 ist jedoch keine Korrespondenz zwischen dem Arzt und der Wörterbuchredaktion erhalten – man kann also kaum von «sehr bald» sprechen.

Doch es gibt einen Hinweis: Im September 1879 war im *Athenaeum* ein Artikel erschienen, in dem der Wunsch geäußert wurde, die Amerikaner mögen sich stärker beteiligen, und es ist sehr wahrscheinlich, daß Minor, der das Magazin abonniert hatte, den Artikel gelesen hat. Ausgehend von dieser Annahme, von Murrays Erinnerungen und von Minors Beiträgen, die kürzlich in der Bodleian Library in Oxford entdeckt wurden, dürfte er seine Beziehung zu dem Wörterbuch wahrscheinlich 1880 oder 1881 aufgenommen haben.

Doch was dachte sich Murray wohl, wo sein Briefpartner wohnte und was er tat? Murray erinnerte sich später nur daran, daß die ersten Briefe, die Minor an die Redaktion schickte, den schlichten Absender «Broadmoor, Crowthorne, Berkshire» trugen. Murray war viel zu beschäftigt, um über das Ganze nachzudenken, so seltsam vertraut ihm die Adresse auch vorgekommen sein mochte. Als er Minors ersten Brief las, hatte er bereits etwa achthundert ähnliche Schreiben erhalten – das Echo auf seinen Aufruf war überwältigend.

Er antwortete Minor mit der ihm eigenen Höflichkeit

und teilte ihm mit, er möge angesichts seiner offenkundi-
gen Qualifikation, seiner Begeisterung und seines Interes-
ses sofort mit der Lektüre beginnen und entweder Bücher
durchgehen, die er bereits besaß, oder sich an das Büro
des Wörterbuchs wenden und etwaige Exemplare dort anfordern. Zu gegebener Zeit, fuhr Murray fort, werde der
Doktor besondere Wortwünsche erhalten – in dem un-
wahrscheinlichen Fall, daß die Herausgeber selbst keine
Belege für ein spezielles Wort finden konnten. Vorerst jedoch sollten Dr. Minor und all die anderen, die so schnell
geantwortet hatten und denen der Herausgeber seinen
außerordentlichen Dank aussprach, einfach anfangen zu
lesen, Wortlisten anzulegen und sorgfältig und systematisch Zitate aufzuschreiben.

Zusätzliche Hinweise waren zwei weiteren bedruckten
Blättern zu entnehmen, die Murray dem Schreiben beileg-
te und in denen in aller Form bestätigt wurde, daß Dr. Minor offiziell als freiwilliger Leser aufgenommen war.

Währenddessen, erklärte James Murray einige Jahre
später, «verschwendete ich keinen Gedanken daran, wer
Minor sein könnte. Ich dachte, er ist entweder praktizierender Arzt mit einer Vorliebe für Literatur und viel Zeit
oder vielleicht ein pensionierter Arzt oder Chirurg, der
keiner anderen Arbeit nachgeht».

Die Wahrheit über seinen neuen amerikanischen Briefpartner war um einiges bizarrer, als sich dieser zurück-
haltende und weltfremde Schotte je hätte träumen lassen.

7. Kapitel

Mit Lust und Liebe bei den Listen

---

catchword ('kætʃwɜːd) [f. CATCH- 3 b + WORD.]
    1. *Printing.* The first word of the following page inserted at the right-hand lower corner of each page of a book, below the last line. (Now rarely used.) Also in *Manuscripts.*
    2. A word so placed as to catch the eye or attention, *spec.* a. the word standing at the head of each article in a dictionary or the like ...
    1879 *Directions to Readers for Dict.*, Put the word as a catchword at the upper corner of the slip. 1884 *Athenæum* 26 Jan. 124/2 The arranging of the slips collected ... and the development of the various senses of every Catchword.

Die beiden kleinen, dichtbedruckten Blätter, die Murrays erstem Brief beigefügt waren, enthielten präzise formulierte Anweisungen. Als Minor an jenem Tag seine morgendliche Post entgegennahm, muß er sich gleich gespannt auf diesen einen Umschlag gestürzt und neugierig dessen Inhalt verschlungen haben. Doch nicht der Inhalt an sich faszinierte ihn so sehr. Nicht die Liste von Regeln für Wörterbuchassistenten hatte seine Begeisterung geweckt. Seine Aufregung entsprang vielmehr der schlichten Tatsache, daß man sie ihm überhaupt geschickt hatte. Der Brief von James Murray war in Minors Augen ein weiteres Zeichen von Verständnis und Vergebung, die er bereits in Eliza Merritts Besuchen verspürt hatte. Das Schreiben erschien ihm wie ein lang ersehntes Mitgliedsabzeichen der Gesellschaft, von der er so lange isoliert gewesen war. Indem er diese Regeln zugeschickt bekam, wurde er seiner Meinung nach wieder in eine Nische der wirklichen Welt aufgenommen – eine Nische, die sich zugegebenermaßen noch immer in den Zellen einer Irrenanstalt befand, die inzwischen jedoch eng mit der Welt der Gelehrsamkeit und einer angenehmeren Realität verbunden war.

Nachdem er ein Jahrzehnt lang in den dunklen Niederungen gesellschaftlicher und geistiger Isolation geschmachtet hatte, kam es Minor vor, als werde er endlich wieder zu den lichten Höhen der Geisteswelt emporgetragen. Und so wie sich Minor wieder in die Gesellschaft aufgenommen fühlte, so begann auch sein Selbstwertgefühl, zumindest teilweise, wieder zu steigen. Aus dem wenigen, was aus seinen Krankenberichten hervorgeht, scheint er sein Selbstvertrauen und sogar eine gewisse Zufriedenheit von dem Augenblick an wiedergewonnen zu haben, als er Murrays Zusage las und sich auf seine selbstgewählte Aufgabe vorzubereiten begann.

Zumindest eine Zeitlang wirkte er um einiges glücklicher. Selbst der strenge Wortlaut der Haftberichte aus jener Zeit läßt darauf schließen, daß sich die Gemütsverfassung dieses sonst so argwöhnischen, schwermütigen und frühzeitig gealterten Mannes (der kurz vor seinem fünfzigsten Geburtstag stand), gewandelt hatte. Seine Persönlichkeit erfuhr – wenn auch nur für kurze Zeit – eine tiefgreifende Veränderung, und zwar allein deswegen, weil er endlich etwas Sinnvolles zu tun hatte.

Doch eben darin lag in Minors Augen ein Problem. Der Arzt erkannte sehr schnell – und er verzagte fast ob dieser Erkenntnis –, daß dieses Werk wegen seiner großen Bedeutung und seines Wertes für die Nachwelt und den gesamten englischsprachigen Erdkreis richtig angegangen werden mußte. In seiner Broschüre hatte Murray erklärt, daß es bei dem Wörterbuch einzig und allein darum ging, *Hunderttausende* von Belegen zu sammeln. Das war eine gewaltige, beinahe unvorstellbare Aufgabe. Konnte sie von der Zelle einer Anstalt aus bewältigt werden?

Minor war jedenfalls vernünftig genug, sich diese Frage zu stellen (er war sich sehr wohl bewußt, wo er war und weshalb er dort war) und zu wissen, daß Murray die richtige Vorgehensweise für die bevorstehende Aufgabe gewählt hatte (als Bücherfreund kannte er sich auch mit Wörterbüchern einigermaßen aus und konnte unterscheiden, was an den bereits existierenden Werken gut beziehungsweise nicht so gut war). Nach kurzem Nachdenken stand für ihn fest, daß er sich unbedingt an dem Projekt beteiligen wollte, nicht nur, weil er dann etwas Sinnvolles zu tun hatte, was sein Hauptbeweggrund war, sondern vor allem, weil Murrays Plan seiner Meinung nach vollkommen überzeugend und in sich schlüssig war.

Murrays Plan bedeutete jedoch, daß von Minor mehr erwartet wurde, als mit unbeschwerter Muße in der Geschichte der englischen Literatur zu schwelgen. Minor mußte sich seiner Lektüre nun peinlich genau widmen, sorgfältig nach allem Ausschau halten, wonach Murrays Mitarbeiter gerade suchten, und aus seinem Netz schließlich das herausfischen und einsenden, was sich am besten als Eintrag für das Buch eignete.

In seinen Anmerkungen erklärte Murray, wie dies am besten zu bewerkstelligen sei. Die Zitate, hieß es auf der ersten Seite, sollten auf halbierte Bogen notiert werden. Das Stichwort – das *catchword*, wie Murray es zu nennen

163

pflegte – sollte links oben stehen. Die Datierung der Quelle sollte direkt darunter stehen, gefolgt vom Namen des Autors und dem Titel des zitierten Buches, der betreffenden Seitenzahl und schließlich dem vollständigen Wortlaut des zitierten Satzes. Für einige Bücher, die bekannt und sehr wichtig waren und wahrscheinlich viel benutzt werden würden, gab es bereits vorgedruckte Zettel; die Leser, denen diese Bücher zugeteilt wurden, mußten nur an das Büro in Mill Hill schreiben und sie anfordern. In den anderen Fällen bat Murray darum, eigene Zettel vollständig auszufüllen, alphabetisch zu ordnen und an das *Scriptorium* zu schicken.

Das Ganze war relativ einfach. Doch jeder wollte wissen, welche Wörter herausgesucht werden sollten. Am Anfang waren Murrays Regeln klar und eindeutig: *Jedes* Wort war ein mögliches Stichwort. Die Freiwilligen sollten versuchen, ein Zitat für *jedes einzelne* Wort in einem bestimmten Buch zu finden. Sie sollten ihre Aufmerksamkeit vielleicht auf solche Wörter richten, die ihnen selten, veraltet, neu oder sonderbar vorkamen oder in einer besonderen Weise verwendet wurden; doch ebenso eifrig sollten sie nach ganz gewöhnlichen Wörtern Ausschau halten, solange der Satz, in dem es vorkam, etwas über die Bedeutung oder Verwendung des Wortes aussagte. Besonderes Augenmerk sollte auch auf Wörter gerichtet werden, die neuartig oder inzwischen veraltet oder ungebräuchlich klangen, damit anhand der Datierung der Zeitpunkt festgestellt werden konnte, an dem sie in die Sprache eingingen. All das, so meinte Murray, sei sicherlich recht einfach.

Dennoch fragte mancher interessierte Leser an, wie viele Belege für jedes Wort denn eigentlich geliefert werden sollten. So viele wie geeignet erschienen, schrieb Murray zurück, besonders wenn unterschiedliche Kontexte Unterschiede in der Bedeutung erklärten oder feine Nuancen im Sprachgebrauch eines bestimmten Wortes veranschaulichten. Je mehr Zettel mit Zitaten in seiner Blechbaracke in Mill Hill eintrafen, desto besser; er versicherte den Lesern, er habe genügend Helfer für das Sortieren, und die Böden seien besonders verstärkt worden, um das Gewicht auszuhalten.

(Mehr als zwei *Tonnen* Zettel waren bereits nach dem ersten Aufruf von Coleridge und Furnivall eingetroffen, fügte Murray hinzu. Aber er verschwieg, wie viele davon wegen Feuchtigkeit verrottet oder von den Mäusen angenagt worden waren, und er verriet auch nicht, daß eine Partie in einem Korbkinderwagen gefunden wurde, daß ein Haufen Zettel mit Wörtern, die mit «I» anfingen, in einem leerstehenden Pfarrhaus in einem Wäschekorb ohne Boden liegengeblieben waren, daß der gesamte Buchstabe «F» versehentlich nach Florenz geschickt worden war und daß Tausende von Zetteln so unleserlich waren, daß sie – wie Murray einem Freund gestand – viel leichter zu entziffern gewesen wären, wenn sie in Chinesisch geschrieben worden wären.)

Das zweite Blatt enthielt eher praktische Hinweise, ja sogar regelrecht banale Empfehlungen, wie Minor zunächst meinte. Murray stellte erst einmal klar, daß er über Mittel verfüge, mit denen er das Porto an all jene Freiwilligen zurückerstatten würde, die Päckchen mit Zetteln einschickten, sich aber die Zustellgebühr nicht leisten könnten; und Murray bat darum, die Päckchen als Büchersendung nach Mill Hill zu schicken, und zwar unversiegelt, damit Murray kein Strafporto entrichten mußte, nur weil sie an einer auch noch so winzigen Stelle zugeklebt waren, was den Vorschriften der Post zufolge nicht zulässig war.

Wie sich herausstellte, waren anfangs viele Leser schrecklich verwirrt; viele verstanden einfach nicht, wie weit die ihnen zugeteilte Aufgabe überhaupt gehen sollte. Mußte zum Beispiel, wollten einige wissen, für jede einzelne Verwendung des Wortes «*the*» in einem bestimmten Buch eine anschauliche Belegstelle gefunden werden? Von solchen Wörtern gab es in jedem Band sicherlich zigtausend, bevor man überhaupt zu einem der wichtigeren Wörter kam. Und was ist, klagte eine der Leserinnen, wenn man wie sie alle 750 Seiten eines Buches durchgeackert habe und auf kein einziges seltenes Wort gestoßen sei?

Murray ging in seinen Anmerkungen ausgesprochen geduldig und verständnisvoll auf solche Beschwerden ein, doch manchmal klangen zwischen den Zeilen Anflüge seiner calvinistischen Strenge durch. Nein, meinte er mit leicht zusammengebissenen Zähnen, es bestehe wirklich keine Notwendigkeit, Dutzende von Beispielen für den bestimmten Artikel und für Präpositionen zu liefern, wenn es sich nicht gerade um äußerst seltene Kontexte handelte. Und – nein, nein, nein! – die Bücher sollten *nicht ausschließlich* nach seltenen Wörtern durchgekämmt werden; daran mußte er die Freiwilligen immer wieder erinnern. Die Leser sollten *alle* Wörter heraussuchen und notieren, die interessant klangen oder in einer Weise verwendet wurden, die treffend oder passend erschien.

Er nannte auch ein Beispiel für einen der bisher häufig gemachten Fehler: Für das Wort *abusion* (was soviel heißt wie «Verdrehung der Wahrheit») habe er nicht weniger als fünfzig Belege erhalten, dagegen aber nur fünf für das

166

weitaus gängigere Wort *abuse* («Mißbrauch», «mißbrauchen»).

«Meine Redakteure opfern kostbare Stunden, um nach Belegen für Beispiele gewöhnlicher Wörter zu suchen, welche die Leser außer acht lassen, weil sie sie nicht für wichtig genug halten», schrieb er. Denken Sie nicht kompliziert, betonte Murray immer wieder, denken Sie *einfach*.

Halb verärgert darüber, daß er sich offensichtlich noch immer nicht klar genug ausgedrückt hatte, verfaßte er eine Kurzfassung seiner Anweisungen, eine goldene Regel, die zum Leitsatz der Leser werden sollte. Jeder Leser solle sich stets sagen können: «Dies ist ein wichtiger Beleg für, sagen wir, *heaven* oder *half* oder *hug* oder *handful*; er veranschaulicht die Bedeutung oder Verwendungsweise des Wortes; er eignet sich als Beispiel für das Wörterbuch.» Folgen Sie diesem Gedankengang, mahnte Murray, dann können Sie nicht allzuviel falsch machen.

William Minor las all diese Anweisungen und verstand sie problemlos. Er sah sich in seiner Bibliothekszelle um und überflog die erstaunliche Sammlung von Büchern, die sich in den vergangenen zehn Jahren angehäuft hatten. Er nahm die Liste der Titel, die Murrays ursprünglicher Broschüre beigefügt war. Er wollte zunächst einmal sehen, ob er einen der entsprechenden Bände vielleicht in seinen Regalen stehen hatte.

Was bisher lediglich eine liebgewonnene Dekoration gewesen war und eine Möglichkeit geboten hatte, im Geiste dem düsteren Alltag in Broadmoor zu entfliehen, war plötzlich sein kostbarster Besitz. Zumindest vorübergehend konnte er die Vorstellungen verdrängen, daß gewisse Leute versuchten, seiner Person Schaden zuzufügen.

Nun waren es statt dessen seine unzähligen Bücher, die vor den Bösewichtern geschützt werden mußten, vor denen die Anstalt seiner Meinung nach nur so wimmelte. Seine Bücher und seine Arbeit an den Wörtern, die er darin fand, sollten nun zu seinem neuen Lebensinhalt werden. Die nächsten zwanzig Jahre sollte er fast nichts anderes mehr tun, als sich mit seinem gequälten Hirn in seine Bücher und in die Welt der Wörter zu vertiefen.

Er war Individualist genug, um zu erkennen, daß er mehr tun konnte, als lediglich Murrays Anweisungen wort-wörtlich zu befolgen. Aufgrund seiner besonderen Situa-tion, seiner Muße und seiner Bibliothek konnte er weit mehr tun und ganz anders vorgehen. Ein paar Tage lang dachte er darüber nach, wie er dem Projekt am besten die-nen konnte, und nach einiger Zeit kam er darauf, wie er seine Aufgabe wohl am besten anpackte. Er faßte einen Entschluß. Er nahm das erste Buch aus dem Regal und legte es aufgeschlagen auf sein Lesepult.

Es läßt sich nicht genau sagen, welches Buch es war. Doch zum Zweck der Veranschaulichung gehen wir ein-fach davon aus, daß dieses erste Buch eine in Leder ge-bundene und mit Goldschnitt versehene Übersetzung ei-nes französischen Buches mit dem Titel *Complete Woman* war, das Werk eines gewissen Jacques du Boscq, das Mi-nor, wie wir wissen, besaß und auch benutzte. Es war im Jahr 1639 in einer anonymen Übersetzung in London er-schienen.

Er hatte zahlreiche Beweggründe, gerade mit diesem Buch zu beginnen beziehungsweise es überhaupt zu lesen. Es war ein treffliches Werk des siebzehnten Jahrhunderts, es war obskur und exotisch und zweifellos voll von selt-samen und amüsanten Wörtern. Schließlich hatte Murray

seine Helfer aufgefordert, diese Epoche der Literaturgeschichte besonders unter die Lupe zu nehmen. «Das siebzehnte Jahrhundert mit so vielen weiteren Autoren weist
natürlich noch größere Lücken auf.» Du Boscqs Werk in
seiner anonymen Übersetzung entsprach dem Gewünschten also in idealer Weise.

Und so nahm Minor einen Bogen weißes Schreibpapier
und ein Fäßchen mit schwarzer Tinte aus der Schublade
und suchte sich die Feder mit der feinsten Spitze heraus.
Er faltete das Papier so, daß es ein Heft mit acht Seiten ergab. Vielleicht mit einem letzten Blick durch sein Zellenfenster auf die üppige Landschaft unten im Tal, setzte er
sich an sein Buch und fing an, langsam und mit unendli-
cher Sorgfalt Zeile für Zeile, Absatz für Absatz zu lesen.
Er arbeitete mit einer Methode, die er sich in seiner Vor-
bereitungsphase ausgedacht hatte.

Jedesmal wenn er ein Wort fand, das sein Interesse weckte, notierte er es in winzig kleinen, fast mikroskopischen
Lettern in seinem achtseitigen Heft. Minors erstaunliche
Genauigkeit und sein Auge fürs Detail wurden bald zum
prägenden Merkmal für seine einzigartige Methode. Seine Arbeit fand Bewunderung und Respekt bei allen, die sie
später zu Gesicht bekamen; selbst heute versetzen die Bogen, die im Archiv des OED aufbewahrt werden, viele in
ehrfürchtiges Staunen.

Nehmen wir als Beispiel den Moment, in dem er auf das
Wort *buffoon* [Possenreißer, Hanswurst] stieß. Das erste
Mal fiel es ihm in einem besonders anschaulichen Satz auf
Seite 34 in du Boscqs Buch auf. Er notierte es sofort in seiner winzigen, absolut sauberen, absolut leserlichen Handschrift auf die erste Seite seines leeren Heftes. Allerdings
schrieb er das Wort und die entsprechende Seitenzahl

nicht ganz oben hin, sondern plazierte es im zweiten Drittel der Seite.

Minor fällte diese Entscheidung mit Bedacht und gutem Grund. Er war sich nämlich sicher, daß er früher oder später ein weiteres interessantes Wort mit dem Anfangsbuchstaben «b» finden würde und daß dieses sehr wahrscheinlich vor *buffoon* und wohl kaum nach *buffoon* kommen dürfte, denn da *buffoon* als zweiten Buchstaben ein «u» hatte, gab es nur drei Möglichkeiten – entweder fand sich ein weiteres Wort mit einem «u» als zweitem Buchstaben oder eines mit den einzigen anderen möglichen Buchstabenkombinationen, nämlich «bw» – wovon es nur ein Beispiel gab, *bwana* [«Herr», «Meister»; höfliche Anredeform im Kisuaheli] – oder «by».

Und tatsächlich stieß er ein paar Seiten weiter auf eine interessante Verwendung des Wortes *balk* [Hindernis, scheuen, zurückschrecken], die es unbedingt verdiente, aufgenommen zu werden. Er setzte es über *buffoon*, allerdings mit genügend Abstand, falls ein weiteres Wort mit «b» auftauchte, dessen zweiter Buchstabe im Alphabet irgendwo zwischen «a» und «u» lag. Fünf Seiten weiter sichtete er schließlich mit Freude das Wort *blab* [plappern, Schwätzer, Geschwätz] – genau das, was er erwartet hatte –, und auch dieses notierte er, und zwar an der Stelle, die er unter *balk* und über *buffoon* so wohlüberlegt freigelassen hatte.

Und so begann Dr. Minor mit der Wortliste für das erste seiner unzähligen Bücher – Wort für Wort, mit exakter Schreibweise, genauer Seitenangabe der Fundstelle in der betreffenden Quelle, alles in geordneter Reihenfolge innerhalb seines Heftes. Es fing an mit *atom* und *azure*, fuhr fort mit *gust* und *hearten*, *fix* und *foresight* und so weiter. Einige der Wörter tauchten mehrfach auf, beispielsweise *feel*, das Minor sechzehnmal in du Boscqs Werk zählte, manchmal allerdings in der Form *feeling*, entweder als Gerundium (wie in *I can't help feeling this way*) oder als Substantiv (wie in *the feeling of which you speak is painful*). [Im ersten Fall wörtlich: Ich kann nichts dafür, so zu empfinden; im zweiten Fall: Das Gefühl, von dem du sprichst, ist schmerzlich.]

Er dürfte Wochen gebraucht haben, wenn nicht Monate, um diese erste Wortliste zu erstellen. Vielleicht schrieb man längst das Jahr 1883, als er damit fertig war. Obwohl inzwischen volle vier Jahre verstrichen waren, seit James Murray seinen ersten Aufruf verbreitet hatte, und vierzig Monate, seit im *Athenaeum* die amerikanischen Leser aufgerufen worden waren, und ein oder sogar zwei Jahre, seit Minor einen der Aufrufe gelesen und sich zur Teilnahme entschlossen hatte, lag Murray noch immer kein einziger Belegzettel von Minor vor. Im Scriptorium vermutete man, daß er das Interesse verloren oder sich überfordert gefühlt hatte und ausgestiegen war.

Aber nichts hätte weniger der Wahrheit entsprochen. Dr. Minor verfolgte nämlich eine ganz andere Strategie. Er entwickelte eine Arbeitsmethode, die sich zwar deutlich von der aller anderen freiwilligen Leser unterschied, ihn aber schon bald unvergleichlich wertvoll für die Entwicklung des großen Wörterbuchs machen sollte.

Denn kaum war seine erste Wortliste für sein erstes Buch fertig – eine gewaltige Aufgabe –, stellte er den Band in das Regal zurück und nahm einen anderen heraus. Vielleicht war sein nächster Text Francis Junius' *The Painting of the Ancients* aus dem Jahr 1638 oder Thomas Wilsons *The Rule of Reason* von 1551. Vielleicht war es auch etwas ganz anderes. Es kann eines von Hunderten von Büchern gewesen sein, denn er verfügte über eine riesige Sammlung; und er ging so vor, daß er sich ein Buch nach dem anderen vornahm und für jedes davon eine eigene Wortliste anlegte. Er brauchte vielleicht drei Monate für ein Buch, um es so eingehend zu bearbeiten, wie es die fernen Redakteure seiner Meinung nach verlangten.

Und so arbeitete er vor sich hin, Tag für Tag. Das winzige Guckfenster in seiner Tür wurde ungefähr alle Stunde kurz von außen geöffnet, wenn sich die Aufseher versichern wollten, daß ihr seltsamer Patient noch da und alles in Ordnung war. Wenn er arbeitete, war er tief versunken und hoch konzentriert. Aus jedem der Bücher sammelte, erfaßte und ordnete er Wörter und Sätze, bis sein Zellentisch übersät war mit Zetteln und Heften, von denen jedes ein Hauptverzeichnis der erfaßten Wörter aus seiner eklektischen Sammlung, seinem kostbaren und nützlichen kleinen Juwel von einer Bibliothek enthielt.

Wir wissen zwar nicht genau, welche Bücher er zuerst las, doch wir kennen die Titel einiger Bücher, die er mit Sicherheit gelesen hat. Die meisten spiegeln übrigens sein leidenschaftliches, aber unerfüllbares Interesse am Reisen und an der Geschichte. Man kann nur ahnen, wie sich die Gedanken in seinem armen Kopf überschlagen haben müssen – gefangen, wie er nun einmal war, in seiner bücherüberfüllten Zufluchtsstätte im obersten Stock seines Zellenblocks. Wie eingesperrt und frustriert er sich gefühlt haben muß, wenn er Zeile für Zeile solche Bücher las wie jenes von Thomas Herbert aus dem Jahr 1643 mit dem Titel *A Relation of Some Yeares Travaile Begunne Anno 1626 into Afrique and the Greater Asia*. Man kann nur erahnen, wie groß Minors Heimweh nach Trincomalee (und seinen einheimischen Mädchen) gewesen sein muß, als er Nicholas Lichfields Übersetzung von Lopez de Castanhedas *First Booke of the Historie of the Discoverie and Conquest of the East Indies* von 1582 las und systematisch erfaßte.

Seine Sammlung sorgfältig zusammengestellter Wortlisten wurde immer größer. Im Herbst 1884 verfügte er über eine stattliche Auswahl von Wörtern mit leicht zugänglichen Fundstellen – genug, um bei den Wörterbuchredakteuren und insbesondere bei Murray selbst nachzufragen, welche Stichwörter im einzelnen gerade gebraucht wurden. Denn während alle anderen Freiwilligen einfach die ihnen zugeteilten Bücher lasen, interessante Funde auf ihre Zettel notierten und diese bündelweise einschickten, konnte Dr. Minor mit all der vielen Zeit, über die er verfügte, und mit seiner völlig anderen, selbsterdachten Methode viel weiter gehen.

Mit seiner schnell wachsenden Sammlung von Wortlisten und Verzeichnissen war er nun in der Lage, Murrays Mitarbeitern ganz gezielt zu helfen, indem er nämlich Belegstellen genau zu dem Zeitpunkt einschickte, an dem sie tatsächlich gebraucht wurden. Er konnte nicht nur Schritt halten, sondern war den Redakteuren sogar stets um einiges voraus, denn er hatte leichten Zugang zu den Wörtern, die jeweils gefragt waren. Er verfügte über einen Code, ein viktorianisches Wort-Rolodex, ein Wörterbuch-im-Wörterbuch, das jederzeit abrufbar war. Die Hefte mit Listen auf seinem schlichten Holztisch stellten ein kreatives Werk dar, auf das er völlig zu Recht stolz war.

In der Regel schrieb er zuerst an die Redaktion und erkundigte sich, welcher Buchstabe oder welches Wort gerade bearbeitet wurde. Sobald er Antwort erhielt, schaute er in seinen Verzeichnissen nach, ob er das gewünschte Wort bereits erfaßt hatte. Wenn ja – und bei seiner Vorgehensweise und seiner intensiven Lektüre dürfte dies wohl meist der Fall gewesen sein –, suchte er in seinem Verzeichnis die Seitenzahlen heraus, die ihn auf die entsprechenden Stellen in den Büchern verwiesen, in denen das Wort vorkam. Dann und erst dann schrieb er den besten Beispielsatz für das Wort auf einen vorbereiteten Meldezettel und schickte diesen nach Oxford.

Es war ein völlig neuer Ansatz, den sich nur jemand mit unglaublich viel Energie und sehr viel Zeit ausgedacht haben konnte. Und es war eine Vorgehensweise, die den Redakteuren natürlich höchst gelegen kam; nun wußten sie, daß sie an dieser anonymen Adresse in Crowthorne unzählige vollständig erfaßte Wörter mit den entsprechenden Belegstellen sozusagen «auf Lager» hatten.

Als Minors erster Brief eintraf, in dem dieser über seine bisherige Tätigkeit berichtete und sich für weitere Recherchen anbot, hatten Murrays geplagte Mitarbeiter das Gefühl, daß ihr Los um vieles einfacher zu werden versprach. Fortan mußten sie nicht mehr ihre Fächer durchforsten und unter Tausenden von Zetteln nach Zitaten wühlen, die sie für ein Wort brauchten, das sie in das *Dictionary* aufnehmen wollten. Wenn ihnen ein bestimmtes Wort Probleme bereitete, mußten sie bloß nach Crowthorne schreiben und es anfordern. Mit etwas Glück – und großer Wahrscheinlichkeit – bekamen sie dann von Dr. Minor einen Brief und ein Paket mit den genauen Angaben zum Gewünschten, einschließlich aller Belegzettel, und zwar genau dann, wenn diese für die Schriftsetzer und Drucker zusammen auf ein Blatt geklebt werden mußten.

Das erste Wort, mit dem man so verfuhr, war ein trügerisch einfaches Wort, das in die zweite Teillieferung des Wörterbuchs aufgenommen werden sollte, die man im Spätsommer 1885 drucken und herausbringen wollte. «Bitte sehen Sie in Ihren Wortlisten nach», schrieb ein Redakteur, «ob Sie darin Hinweise auf das Wort *art* und all seine Ableitungen finden.»

Die Anfrage wurde direkt an Dr. Minor nach Broadmoor geschickt, so wie dieser es in seinem Schreiben angeboten hatte. Keiner von Murrays Redakteuren wußte irgend etwas über den Menschen, den sie um Antworten auf ihre dringlichen Fragen ersuchten. Jahrelang war in der Schreibstube nicht das geringste über ihn bekannt, außer der unbestreitbaren Tatsache, daß er seine Arbeit sehr gut und sehr schnell ausführte und dabei war, ein unentbehrliches Mitglied des Mitarbeiterstabes zu werden.

Art sollte seine erste Bewährungsprobe sein.

8. Kapitel

Buchweizen, Ziegeltee und Kunst

poor (pʊə(r), pɔə(r), *a.* (sb.) Forms: *a.* 3–5 pouere (povere), 3–6 pouer (pover), (4 poeuere, poeure, pouir), 4–5 poer, powere, 5 poyr, 5–6 power, (6 poware). *β.* 3–5 poure, 4–6 powre, pour. *γ.* 3–7 (-9 *dial.*) pore, 4–7 poore, (6) 7- poor. *δ. Sc.* and *north. dial.* 4–6 pur, 4–8 pure, (4 puyre, 5 pwyr, poyr, 6 peur(e, pwir, puire), 6- puir (y), (9 peer). [ME. *pov(e)re, pouere, poure,* a. OF. *povre, -ere, poure,* in mod.F. *pauvre,* dial. *paure, pouvre, poure* = Pr. *paubre, paure,* It. *povero,* Sp., Pg. *pobre*:–L. *pauper,* late L. also *pauper-us,* poor. The mod. Eng. *poor* and Sc. *puir* represent the ME. *pōre*: with mod. vulgar *pore,* cf. *whore* and the pronunciation of *door, floor.*

On account of the ambiguity of the letter *u* and its variant *v* before 1600, it is uncertain whether ME. *pouere, poure, pouer,* meant *pou-* or *pov-.* The phonetic series *paupere(m, paupre, paubre, pobre, povre,* shows that *povre* preceded *poure,* which may have been reached in late OF., and is the form in various mod.F. dialects. But the 15th and early 16th c. literary Fr. form was *povre,* artificially spelt in 15th c. *pauvre,* after L. *pauper,* and ME. *pōre* (the source of mod.Eng. *poor*) seems to have been reduced from *povre* like *o'er* from *over, lord* from *loverd.* Cf. also POORTITH, PORAIL, POVERTY. But some Eng. dialects now have *pour* (paʊr), which prob. represents ME. *pour* (puːr).]

I. 1. a. Having few, or no, material possessions; wanting means to procure the comforts, or the necessaries, of life; needy, indigent, destitute, *spec.* (esp. in legal use) so destitute as to be dependent upon gifts of allowances für subsistence. In common use expressing various degrees, from absolute want to straitened circumstances or limited means relatively to station, as ‹a poor gentleman›, ‹a poor professional man, clergyman, scholar, clerk›, etc. The opposite of *rich,* or *wealthy. poor people,* the poor as a class: often with connotation of humble rank or station …

176

6. Such, or so circumstanced, as to excite one's
compassion or pity; unfortunate, hapless. Now
chiefly *colloq*.
In many parts of England regularly said of the dead
whom one knew; = late, deceased.

Die ersten schneeweißen, unlinierten, sechs mal vier
Zoll großen Zettel mit William Minors gestochen
scharfer und ausgesprochen amerikanischer Handschrift
in grünlichschwarzer Tinte verließen den Postraum von
Broadmoor im Frühjahr 1885. Bis zum Spätsommer trafen jeden Monat weitere Zettel in kleinen braunen
Päckchen an ihrem Bestimmungsort ein, bald darauf in
größeren Paketen, und zwar jede Woche. In kürzester Zeit
war aus der leichten Zettelbrise ein mächtiger Sturm geworden, der in den folgenden zwanzig Jahren fast unentwegt aus Crowthorne blies.

Die Zettel wurden jedoch nicht nach Mill Hill geschickt. Als Dr. Minor in der zweiten Phase seiner Arbeit
nicht mehr nur massenweise Listen anlegte, sondern Belegstellen einschickte, waren James Murray und seine Mitarbeiter längst nach Oxford gezogen. Man hatte den Herausgeber überredet, seinen bequemen Posten als Schulmeister aufzugeben, und trotz der schlechten Bezahlung
und der endlosen Arbeitsstunden hatte dieser sich voll
und ganz auf die Lexikographie verlegt.

Diesen Schritt hatte er trotz eines allgemeinen Unbeha-
gens gewagt. In den ersten Jahren seiner Arbeit an dem
«Großen Wörterbuch», wie es inzwischen bezeichnet wurde, war Murray alles andere als zufrieden gewesen, und er
hatte sich viele Male geschworen, sein Amt niederzulegen.
Die Vertreter des Universitätsverlages waren knauserig

und lästig; die Arbeit schleppte sich unerträglich langsam dahin; und seine Gesundheit litt unter den endlosen Arbeitsstunden und seiner monomanischen Aufopferung für diese beinahe unlösbare Aufgabe.

Doch es gab einen Umstand, der ihm Kraft verlieh. Die erste der geldbringenden Teillieferungen, in die das Wörterbuch auf dringenden Wunsch der Oxforder unterteilt wurde, war am 29. Januar 1884 erschienen.

Fast fünf Jahre waren vergangen, seit James Murray zum Herausgeber berufen worden war. Siebenundzwanzig Jahre waren verstrichen, seit Richard Chenevix Trench seinen berühmten Vortrag gehalten hatte, in dem er ein neues englisches Wörterbuch forderte. Nun endlich erschien bei der Clarendon Press in Oxford in einem blaßbeigen Einband mit halb ungeschnittenen Bogen der erste Teilband mit dreihundertzweiundfünfzig Seiten, der alle bekannten englischen Wörter von «A» bis «Ant» enthielt und zwölf Shilling und sechs Pence kostete.

Endlich war etwas vorzuweisen – der erste Teil des *New English Dictionary on Historical Principles, Founded Mainly on the Materials Collected by The Philological Society, edited by James A. H. Murray, LL. D., Sometime President of the Philological Society, with the Assistance of Many Scholars and Men of Science* [Neues Englisches Wörterbuch nach historischen Grundsätzen, weitgehend auf der Grundlage von Material, das die Philologische Gesellschaft gesammelt hat, herausgegeben von James A. H. Murray, Doktor der Rechte, ehemaliger Vorsitzender der Philologischen Gesellschaft, unter Mithilfe vieler Gelehrter und Wissenschaftler].

Murray mußte einfach stolz sein. Die Probleme, die auf ihm lasteten, lösten sich förmlich auf, wenn er den schmalen, in Papier gebundenen Band in die Hand nahm. Und in einem plötzlichen Anflug von Optimismus erklärte der Herausgeber knapp eine Woche vor seinem siebenundvierzigsten Geburtstag, er könne nun sicher voraussagen, daß der letzte Teil in elf Jahren erscheinen werde.

Es sollten jedoch vierundvierzig Jahre daraus werden.

Doch nach all dem jahrelangen Warten konnte sich die interessierte Öffentlichkeit jetzt wenigstens davon überzeugen, wie überaus komplex das Unterfangen war und welch unendliche Sorgfalt die Herausgeber walten ließen. In England konnte man ein Exemplar für zwölf Shilling, sechs Pence bestellen; in Amerika erhielt man für dreieinviertel Dollar ein Exemplar, das in Oxford gedruckt, aber von Macmillan in New York vertrieben wurde.

Das erste Wort des ersten Teils – nach den vier Seiten, die dem Einzelbuchstaben «a» gewidmet sind – war das veraltete Substantiv *aa* für «Bach» oder «Wasserlauf». Als Beleg für das Wort diente ein Zitat aus einem Werk von 1430, in dem die auch heute noch recht feuchte und wasserreiche Stadt Saltfleetby in Lincolnshire erwähnt wird, durch die vier Jahrhunderte zuvor ein kleiner Bach floß, der bei den Einheimischen *«le Seventown Aa»* hieß.

Das erste wirklich noch geläufige Wort in dem ersten Band lautete *aal;* dies ist ein bengalischer oder nordindischer Name für eine der Färberwurzel verwandte Pflanze, aus der ein Farbstoff zur Textilfärbung gewonnen wird. Als Quelle diente Andrew Ures *Dictionary of Arts, Manufactures and Mines* von 1839, in dem es heißt: *He has obtained from the aal root a pale yellow substance which he calls morindin* [Er gewann aus der Aalwurzel eine hellgelbe Substanz, die er als Morindin bezeichnet].

Und dann folgte das erste richtige englische Wort – falls

179

es so etwas überhaupt gibt, würde ein Linguist vielleicht kritteln. Es war *aardvark* [«Erdferkel»], die Bezeichnung für jenes ameisenbärähnliche afrikanische Gürteltier mit einer über einen halben Meter langen klebrigen Zunge. Drei Quellen wurden genannt, die älteste von 1833.

So entfaltete sich das gewaltige Arsenal von Wörtern über *acatalectic* und *adhesion*, *agnate* und *allumine* bis zu *animal*, *answer* und schließlich *ant* [akatalektisch (d. h. ohne Fehlsilbe im letzten Versfuß), Adhäsion (Haftvermögen), Agnat (Verwandter väterlicherseits), erhellen, Tier, Antwort, Ameise beziehungsweise ant(i) –]. Unter letzterem verstanden Murrays Mitarbeiter weit mehr als nur jenes «kleine staatenbildende Insekt der Ordnung der Hymenopteren», nämlich die Ameise; sie erwähnten auch die verkürzte Form für *ain't*, die eher seltene Vorsilbe mit der Bedeutung *anti-*, wie etwa in *antacid* [Antiacidum, säureneutralisierend] sowie die häufigere Nachsilbe, die vom Lateinischen «*-antem*» abstammt und mit der Wörter wie *tenant, valiant, claimant* und *pleasant* gebildet werden. Diese dreihundertfünfzig Seiten gesammelter Gelehrsamkeit bildeten den Anfang dessen, was in über vier Jahrzehnten auf nicht weniger als 15487 Seiten anwachsen sollte.

Von nun an bewältigte Dr. Murray die Arbeit an dem Wörterbuch im neuen Scriptorium in Oxford. Er und Ada sowie ihre sechs Söhne und fünf Töchter waren im Sommer 1884, sechs Monate nach «A–Ant», dorthin übersiedelt. Sie bezogen ein großes Haus in der Banbury Road, die damals zu den nördlichen Randbezirken der Stadt gehörte. North Oxford war und ist eine ruhige Gegend, in der die bedeutenderen Universitätsgelehrten und die weniger bedeutenden Institute ansässig sind. Das große, komfortable Haus mit der Nummer 78 existiert heute noch, ebenso wie der säulenförmige rote Briefkasten, den die Post für die gewaltigen Mengen herausgehender Briefe vor dem Haus aufstellte. Heute wird das Haus, das äußerlich weitgehend unverändert blieb, von einem bekannten Anthropologen bewohnt.

Verschwunden ist nur das Scriptorium. Innerhalb der Familie wurde es schlicht als «*the Scrippy*» bezeichnet; dagegen ist es Murrays eigenem Wörterbuch zufolge «der Raum in einem religiösen Haus, der dem Abschreiben von Handschriften dient». Daß die Hütte verschwunden ist, überrascht vielleicht nicht. Selbst in viktorianischer Zeit hatte niemand viel für den fünfzehn mal fünf Meter großen Eisen- und Wellblechbau übrig, der im Garten aufgestellt wurde.

Ein Nachbar klagte, er versperre ihm die Sicht, und so ließ Murray eine Grube ausheben und die Baracke um einen Meter absenken, wodurch es drinnen klamm und kalt wurde. Außerdem bildete nun die aufgeschüttete Erde einen riesigen Wall, an dem die Nachbarn noch mehr Anstoß nahmen. Das Scriptorium, hieß es, sehe wie ein Geräteschuppen, ein Stall oder ein Waschhaus aus, und diejenigen, die darin arbeiteten, fluchten über die asketische Atmosphäre und die eisige Kälte und bezeichneten den Raum als «fürchterliches Loch».

Diese Schreibstube war jedoch sieben Meter länger als das Scriptorium in Mill Hill (das als Anbau zur Bibliothek der nach wie vor teuren und vornehmen Schule auch heute noch steht); und die Einrichtungen zum Sortieren, Ablegen und Auswerten der Belegzettel – von denen inzwischen täglich mehr als tausend eintrafen – waren um einiges verbessert.

Zunächst richtete man 1029 Ablagefächer ein (Coleridge hatte ganze 54 gehabt); als die erdrückende Masse der Zettel nicht mehr zu bewältigen war, wurden ganze Regalwände gebaut. Auf langen, glänzenden Mahagonitischen wurden die Texte ausgelegt, die für das Wort des Tages oder der Stunde ausgewählt wurden, und auf großen Lesepulten lagen die wichtigsten Wörterbücher und Nachschlagewerke, die Murray und seine Leute unentwegt zu Rate zogen. In Mill Hill hatte der Schreibtisch des Oberhauptes auf einem Podest gethront; hier in Oxford saßen alle etwas demokratischer auf derselben Höhe. Murrays Stuhl war allerdings höher als die übrigen, und von hier aus führte er mit uneingeschränkter Autorität die Aufsicht. Er sah alles. Es entging ihm nichts.

Er organisierte die Arbeiten in der Schreibstube wie ein Offizier auf dem Schlachtfeld. Die Zettel waren das Revier des Quartiermeisters, und Murray war der Generalquartiermeister. Jeden Morgen kamen die Päckchen, ungefähr eintausend Zettel jeden Tag. Ein Mitarbeiter überprüfte rasch, ob das Zitat vollständig und orthographisch korrekt war; ein zweiter – oft eines von Murrays Kindern, die eingespannt wurden, sobald sie lesen konnten, und für eine halbe Stunde Arbeit pro Tag sechs Pence in der Woche erhielten und schon sehr früh alle Kreuzworträtsel lösten – ordnete dann den Inhalt jedes Bündels alphabetisch nach Stichwörtern. Ein dritter teilte dann die Zettel zu einem bestimmten Stichwort in die unterschiedlichen Wortklassen ein – beispielsweise *bell* als Substantiv [Glocke, Klingel] und *bell* als Verb [röhren]. Ein vierter Angestellter sorgte schließlich dafür, daß sämtliche Belege chronologisch geordnet wurden.

Dann teilte ein Redakteur, einer der höheren Mitarbeiter, die Bedeutungen eines jeden Wortes in die unterschiedlichen Varianten ein, die es im Laufe seiner Geschichte angenommen hatte. Und spätestens hier versuchte sich der Redakteur auch an jenem entscheidenden Bestandteil der meisten Wörterbücher – der Definition.

Wörter richtig zu definieren ist eine ganz besondere Kunst. Dabei sind bestimmte Regeln zu beachten. Zunächst definiert man ein Wort (beispielsweise ein Substantiv) in bezug auf die Objektklasse, die es bezeichnet (etwa: Säugetier, Vierfüßer); danach unterscheidet man weiter innerhalb dieser Klasse (etwa: Rind, weiblich). Die Definition darf kein Wort enthalten, das komplizierter oder womöglich noch weniger bekannt ist als das Wort, das definiert werden soll. Die Definition muß klar aussagen, *was* etwas ist – und nicht, was es *nicht* ist. Wenn ein bestimmtes Wort eine Reihe unterschiedlicher Bedeutungen hat – *cow* hat mehrere Bedeutungen, *cower* im wesentlichen nur eine einzige [*cow* als Substantiv «Kuh», «Weibchen» z. B. eines Elefanten, «Kuh» übertragen, verächtlich als Schimpfwort; *cow* als Verb «einschüchtern», «ducken»; *cower* «kauern», «hocken»] – müssen alle genannt werden. Und sämtliche Wörter innerhalb der Definition müssen innerhalb des Wörterbuchs aufzufinden sein; ein Leser darf in einem Wörterbuch niemals auf ein Wort stoßen, das er nicht an entsprechender Stelle wiederfindet. Befolgt man all diese Regeln und gibt noch eine gehörige Portion Prägnanz und Eleganz hinzu, so kommt wahrscheinlich eine richtige Definition heraus.

In einem vorausgehenden Arbeitsschritt waren die Beispiele zu einem bestimmten Wort in die allerkleinsten Untergruppen eingeteilt, jeweils einer festen Bedeutung zugeordnet und mit einer Definition versehen worden; manch-

183

mal verfaßte diese Definition einer der unteren Angestellten bereits zu einem Zeitpunkt, an dem das betreffende Wort noch nicht endgültig abgeschlossen war. Nun mußten diese Untergruppen nur noch chronologisch geordnet werden, um so – anhand der zahlreichen Zitate – zu veranschaulichen, wie sich die Bedeutungsvarianten des jeweiligen Stichworts im Laufe der Zeit entwickelt und verändert hatten.

Sobald dies geschehen war, nahm sich Murray die Zettelberge für jede Untergruppe zu jedem einzelnen Stichwort vor und ordnete sie, gruppierte sie um oder unterteilte sie weiter. Dann schrieb er etwas zur Etymologie des Wortes (die er schließlich doch einbringen durfte, obwohl die Oxford University Press ein eigenes etymologisches Wörterbuch herausgebracht hatte) und zu seiner Aussprache (eine heikle Entscheidung, die endlose Kontroversen heraufbeschwören mußte und heraufbeschworen hat) und wählte endgültig die besten Belegstellen aus. Idealerweise sollte für jedes Jahrhundert, in dem das Wort gebraucht wurde, mindestens ein Satz aus der Literatur zitiert werden; bei einem sehr rasanten Bedeutungswandel brauchte man allerdings mehr Zitate, um die rasche Folge neuer Varianten zu belegen.

Wenn all das schließlich erledigt war, schrieb Murray die knappe, gelehrte, genaue und liebevoll elegante Definition, für die das Wörterbuch bekannt wurde, und schickte die fertigen Kolumnen an den Universitätsverlag. Die Spalten wurden in einer fetten Clarendon beziehungsweise in einer Old Style gesetzt (oder, wo erforderlich, in griechischen oder anderen ausländischen beziehungsweise altenglischen oder angelsächsischen Lettern) und als Fahnenabzug in das Scriptorium zurückgeschickt. Dort erfolgte

184

dann der Umbruch des Textes zu Seiten; gedruckt wurden diese auf den großen Druckmaschinen in der Walton Street.

Murray neigte gewiß nicht zum Jammern, doch seine Briefe verraten einiges über die Schwierigkeiten der Aufgabe, die er sich selbst und die der Verlag ihm gestellt hatte, der schließlich einen Gewinn aus seiner Investition erwartete. Es bestand der ausdrückliche Wunsch, jedes Jahr zwei Teillieferungen – sechshundert Seiten Wörterbuch – herauszubringen. Murray selbst bemühte sich tapfer, jeden Tag dreiunddreißig Wörter zu bearbeiten, aber «oft erfordert ein einziges Wort wie *approve* ... allein einen dreiviertel Tag».

Über die Strapazen dieser Arbeit berichtete Murray in seiner Ansprache als Vorsitzender der Philological Society und im März 1884 in jenem Artikel im *Athenaeum*, der zu seinem ersten konkreten Kontakt mit William Minor geführt hatte. Er sprach von der Schwierigkeit, «einen Weg durch einen unberührten Wald zu bahnen, wo vor uns noch keines weißen Mannes Axt gewirkt hat».

Nur wer den Versuch gemacht hat, kennt die Verwirrung, mit welcher der Herausgeber oder Redakteur die Belege für ein Wort wie *above* ... zuerst in 20, 30 oder 40 Gruppen einteilt und jeder davon eine vorläufige Definition zuteilt und sie dann auf einem Tisch oder auf dem Boden ausbreitet, wo er einen allgemeinen Überblick über das Ganze gewinnt, und sie dann stundenlang wie Figuren auf einem Schachbrett herumschiebt, um in den bruchstückhaften Beweisen eines unvollständigen historischen Dokuments eine Folge von Bedeutungen zu finden, die möglicherweise eine logische

Entwicklungslinie bilden. Manchmal scheint die Suche hoffnungslos zu sein; kürzlich hat mich beispielsweise das Wort *art* tagelang sehr verwirrt. Irgend etwas mußte gemacht werden; dann wurde etwas gemacht und gesetzt, doch eine erneute Betrachtung im Druckbild, welches das Lesen und Vergleichen um einiges erleichterte, führte dazu, daß das ganze Konstrukt über mehrere Druckspalten hinweg vollständig auseinandergenommen und umgestellt wurde ...

Etwa zu dieser Zeit hatte Murray solchen Ärger mit dem Wort *art*, daß einer seiner Redakteure – oder vielleicht sogar Murray selbst – die erste offizielle Anfrage nach Broadmoor schickte. Dr. Minor solle bitte nachsehen, ob er irgendwelche Belege für *art* vorgemerkt habe, die andere Bedeutungen anzeigten oder älter waren als die bisher gesammelten. Für das Substantiv seien sechzehn verschiedene Bedeutungsvarianten gefunden worden; vielleicht habe Dr. Minor noch weitere Beispiele oder andere Erläuterungen zu dem Wort. Wenn ja, solle er sie freundlicherweise so schnell wie möglich nach Oxford senden.

Nach dem Erscheinen des Artikels trafen in kürzester Zeit achtzehn Briefe von Lesern zu dem Wort *art* ein. Die zweifellos ergiebigste Antwort kam jedoch aus Broadmoor. Im Vergleich zu den anderen Lesern, die nur jeweils einen oder zwei Sätze einreichten, legte der unbekannte Dr. Minor nicht weniger als siebenundzwanzig vor. Die Redakteure in Oxford merkten, daß sie es nicht nur mit einem präzise arbeitenden, sondern auch einem hochproduktiven Menschen zu tun hatten, der aus tiefen Quellen des Wissens schöpfte. Die Wörterbuchmannschaft hatte einen raren Fund gemacht.

Zugegebenermaßen stammten die meisten von Minors Belegen zu diesem speziellen Wort aus einer relativ naheliegenden Quelle, nämlich Sir Joshua Reynolds' berühmten *Discourses*, die dieser 1769 geschrieben hatte, in dem Jahr nachdem er Präsident der Royal Academy geworden war. Die Beispiele waren jedoch von unschätzbarem Wert für die Wörterbuchmacher. Und als Beweis, als stummen Zeugen für die Anfänge seiner Arbeit, haben wir als ersten Beleg, den William Chester Minor nachweislich zu dem fertigen Buch beisteuerte, den zweiten Eintrag unter der Bedeutung *The Arts* mit dem schlichten Wortlaut:

1769 – Reynolds, Sir J., *Discourses* I. 306. There is a general desire among our nobility to be distinguished as lovers and judges of The Arts [In unseren Adelskreisen herrscht allgemein der Wunsch, als Liebhaber und Kenner der Künste anerkannt zu sein].

Sir Joshuas Worte bildeten somit den Beginn einer Beziehung zwischen Dr. Murray und Dr. Minor, die gekennzeichnet war von großer Gelehrsamkeit, tiefer Tragik, viktorianischer Reserviertheit, aufrichtiger Dankbarkeit, gegenseitigem Respekt und einer langsam wachsenden Sympathie, die im weitesten Sinne sogar als Freundschaft bezeichnet werden kann. Wie man ihr Verhältnis zueinander auch definieren mag – es war eine Verbindung, die den beiden Männern erhalten bleiben sollte, bis der Tod sie dreißig Jahre später schied. Dr. Minor setzte die Mitarbeit an dem Wörterbuch, die mit Reynolds' *Discourses* begonnen hatte, in den folgenden zwei Jahrzehnten fort. Es war jedoch ein Band geschmiedet worden, das stärker war als nur die gemeinsame Liebe zum Wort und das die beiden so unterschiedlichen älteren Herren noch für ein weiteres Jahrzehnt auf das engste verbinden sollte.

Es sollte indes noch sieben Jahre dauern, bis sie sich persönlich begegneten. In dieser Zeit schickte Minor in ungeheurem Tempo seine Belege ein. Zeitweise waren es weit über hundert Zettel jede Woche, an die zwanzig jeden Tag, alle in einer klaren, sicheren Handschrift. Wenn er Murray schrieb, blieb er immer eher unpersönlich und schweifte nur sehr selten auf Themen ab, die nicht innerhalb seines selbstgesteckten Aufgabenbereichs lagen.

In dem ältesten noch erhaltenen Brief, der vom Oktober 1886 stammte, ging es hauptsächlich um Fragen der Landwirtschaft. Vielleicht war der Arzt in einer Arbeitspause von seinem Tisch aufgestanden, hatte sich gestreckt und wehmütig durch sein Zellenfenster zu den Landarbeitern unten im Tal hinabgeblickt und zugeschaut, wie sie die letzten Garben bündelten und unter den Eichen Apfelwein tranken. In seinem Brief erwähnte er ein Buch, das er gerade las, nämlich *The Country Farme* von Gervase Markham aus dem Jahr 1616, in dem das Verb *bell* umschrieb, wie der heranreifende Hopfen Ende August zu glockenförmigen Zapfen anschwillt. Auch das Wort *blight* weckte seine Aufmerksamkeit, sowie *blast* und später auch *heckling*, das auf Farmen früher das Hecheln von Flachsfasern bezeichnete und erst später in einem politischen Sinn verwendet wurde – wenn jemand ausgefragt oder zur Rede gestellt, unter Druck gesetzt oder so entblößt wird wie eine Flachsfaser unter dem Schwingmesser.

Auch das Wort *buck-wheat* [Buchweizen] gefiel ihm, und er entdeckte nette Einzelheiten wie *ointment of buckwheat* [Buchweizensalbe] und den französischen Ausdruck *blé noir* für das englische *buck-wheat*. Er schwelgte offensichtlich in seiner Arbeit. Man spürt geradezu, wie ihn jugendlicher Überschwang packt, wenn er schreibt, «Ich könnte Ihnen noch mehr nennen, wenn Sie wollen», und als Vorgeschmack und kleine Verlockung das höchst ergötzliche Wort *horsebread* [bohnenartiges Pferdefutter] einwirft. In den abschließenden Worten klingt durch, daß er eine Antwort von dem großen Vertreter der großen Außenwelt wünscht. «Ich hoffe, einiges mag für Sie von Nutzen sein – Ihr sehr ergebener W. C. Minor, Broadmoor, Crowthorne, Berks.»

Der Tonfall dieser und anderer noch erhaltener Briefe ist halb würdevoll und zurückhaltend, halb unterwürfig und anbiedernd. Minor wollte unbedingt hören, daß er gebraucht wurde. Er wollte sich zugehörig fühlen. Er wollte mit Lob überschüttet werden, auch wenn er wußte, daß er das nicht erwarten durfte. Er wollte geachtet werden. In der Anstalt sollte man wissen, daß er kein gewöhnlicher Zelleninsasse, sondern etwas Besonderes war.

Zwar wußte Murray nicht das geringste über die Person und die Lebensumstände seines Briefpartners – er dachte nach wie vor, jener sei «praktizierender Arzt mit einer Vorliebe für Literatur und viel Zeit» –, doch er schien etwas aus dessen flehendem Ton herauszuhören. So fiel ihm auf, daß Minor am liebsten an aktuellen Einträgen zu arbeiten schien – an Wörtern wie *art, blast* und *buck-wheat*, die eines nach dem anderen in die fortlaufenden Seiten, Teile und Bände aufgenommen wurden. Murray erwähnte in einem Brief an einen Kollegen, daß Minor offensichtlich immer auf dem aktuellen Stand sein wolle und im Gegensatz zu den meisten anderen Lesern kein Interesse habe, Wörter mit Anfangsbuchstaben zu bearbeiten, die erst in Jahren oder Jahrzehnten an der Reihe sein würden. Der Herausgeber schrieb später, er habe den Eindruck gehabt, Minor wolle sich als Teil des Teams fühlen, wolle Hand in Hand mit den Schreibern im Scriptorium arbeiten.

In der Tat wohnte Minor gar nicht so weit von Oxford entfernt. Vielleicht hat er sich so gefühlt, als sei er an einem abgelegenen College wie St. Catherine's oder Wellington, als arbeite er in seiner Zelle – von der Murray immer noch glaubte, es handle sich um ein behagliches und komfortabel eingerichtetes Studierzimmer – und in einer Art ländlicher Außenstelle des Scriptoriums, einer Gelehrtenstube und Kanzlei für lexikalische Detektivarbeit. Die Umgebung des einen und die des anderen entsprachen sich auf höchst sonderbare Weise: Beide waren zwischen gewaltigen Bücherwänden eingezwängt, beide verschrieben sich dem Studium der abstrusesten Phänomene, beide teilten sich nur über ihren Briefverkehr mit, in einer täglichen Flut von Papier und Strömen von Tinte.

Doch es gab einen entscheidenden Unterschied: William Minor war und blieb hochgradig und unwiderruflich geisteskrank. Anfang der achtziger Jahre, als Minor auf den Aufruf aus Mill Hill geantwortet hatte, war den Aufsehern in Broadmoor eine gewisse Besserung aufgefallen. Doch im Laufe der Jahre tauchten die alten Leiden verstärkt wieder auf, besonders als er im Juni 1884 einsam und niedergeschlagen seinen fünfzigsten Geburtstag erlebte. Einen Monat davor hatte ihn seine alte Stiefmutter besucht, die nach dem Tode ihres Mannes von Ceylon nach Amerika zurückkehrte.

«Lieber Dr. Orange», schrieb er Anfang September des folgenden Jahres an den Direktor von Broadmoor, «meine Bücher werden nach wie vor verwüstet. Es ist ganz klar, daß jemand außer mir Zugang dazu hat und sich daran vergeht.» Seine Handschrift war wackelig und unsicher. Er habe gehört, schrieb er, wie um drei Uhr in der vergangenen Nacht seine Zellentür aufgegangen sei, und fuhr wütend fort: «Das Geräusch jener Tür ist seit der Veränderung unverkennbar, wie Sie bestätigen werden, und die Tatsache, daß sie betätigt wurde, läßt sich anhand des Geräusches genauso zuverlässig bestätigen wie alles, was man nicht sieht.» Falls sich nichts dagegen tun ließe, kündigte er an, «werde ich meine Bücher nach London zurückschicken müssen und sie verkaufen lassen». Zum Glück währte dieser kleine Anfall nur kurze Zeit. Hätte er angedauert oder sich verschlimmert, hätte das Wörterbuch vielleicht einen seiner engsten und wertvollsten Freunde verloren.

Einen Monat später packte ihn eine weitere fixe Idee. «Lieber Dr. Orange – Eine Tatsache möchte ich erwähnen, die sich mit meiner Hypothese deckt. In den Vereinigten Staaten kam es zu so vielen Bränden, die unerklärlicherweise in dem Zwischenraum zwischen Decke und Fußboden ausgebrochen sind, daß die Versicherungsgesellschaften, wie ich jetzt erfahren habe, keine größeren Gebäude – Werkhallen, Fabriken – versichern, die den üblichen Hohlraum unter dem Boden aufweisen. Sie verlangen massive Böden. All dies ist seit zehn Jahren bekannt, aber keiner hat eine Erklärung dafür.»

Außer Dr. Minor natürlich. Unholde kröchen in den Hohlräumen zwischen Boden und Decke herum, beteuerte er; sie richteten Unheil an und begingen Verbrechen – nicht zuletzt in Broadmoor, wo sie sich tagsüber versteckt hielten und jede Nacht herauskämen, um den armen Arzt zu malträtieren, seine Bücher zu beschädigen und seine Flöte zu stehlen. Das Krankenhaus, meinte er, müsse massive Böden einbauen lassen, andernfalls bestehe keine Feuerversicherung und kein Schutz vor den unzähligen nächtlichen Missetaten.

Die Berichte rissen nicht ab: Vier Kuchen gestohlen; seine Flöte verschwunden; alle seine Bücher lädiert; er selbst von den Wärtern James und Annett an Händen und Füßen gepackt und über den Korridor geschleppt. Mit einem Ersatzschlüssel lasse man nachts Dorfbewohner in seine Räume eindringen und sich an ihm und seiner Habe vergehen. Weiter wurde berichtet, Dr. Minor beklage sich in Hemd und Socken, daß kleine Holzstücke in sein Schloß getrieben worden seien, daß er mit Elektrizität behandelt werde, daß «ein mörderisches Pack» ihn in der Nacht verprügelt habe, so daß ihm die ganze linke Seite furchtbar weh tat. Halunken seien in seine Zelle eingebrochen. Aufseher Coles sei um sechs Uhr früh gekommen und habe sich an ihm vergangen. Es sei «schändlich», schrie er eines Morgens, entblößt bis auf die Unterhose, «daß man nicht schlafen kann, ohne daß Coles einfach so hereinkommt.» Und wieder klagte er: «Er hat mich zum Strichler gemacht!»

Er hatte jedoch nicht nur seine Wahnvorstellungen, sondern auch seine Wörter. Viele der Begriffe, die ihn faszinierten, waren angloindisch und erinnerten ihn an seinen Geburtsort. Darunter waren *bhang, brinjal, catamaran, cholera, chunnam* und *cutcherry*. Er begeisterte sich auch für *brick-tea* [Ziegeltee]. Mitte der neunziger Jahre arbeitete er fleißig am Buchstaben «D». Hier interessierte er sich nicht nur für indische Wörter wie *dubash, dubba* und *dhobi*, sondern auch für solche, die als Kernbegriffe des

Wörterbuchs galten. Im Archiv in Oxford finden sich Belege für Wörter wie *delicately, directly, dirt, disquiet, drink, duty* und *dye* aus der Feder von Dr. Minor. In den meisten Fällen gelang es ihm, den Beleg für die erstmalige Verwendung eines Wortes zu liefern, was stets Anlaß zum Feiern gab. Die Verwendung des Wortes *dirt* im Sinne von «Erde» zitierte er aus John Fryers *New Account of East Indies and Persia* aus dem Jahr 1698. Für bestimmte Bedeutungen von *magnificence, model, reminiscence* und *spalt* hielt später auch das erste Werk von du Boscq geeignetes Material bereit.

Dem Mitarbeiterstab in Oxford fiel nur eine kleine, seltsame Veränderung in Minors rasantem Tempo auf: Im Hochsommer pflegten viel weniger Päckchen von ihm einzutreffen. Vielleicht, so vermutete man ahnungslos, verbrachte er die heißen Tage gerne im Freien, fern von seinen Büchern – eine durchaus einleuchtende Erklärung. Doch wenn der Sommer sich neigte und es wieder früher dunkel wurde, stürzte er sich wieder in die Arbeit, antwortete auf jede Anfrage, erkundigte sich immer wieder neugierig nach dem Fortschritt des Projekts und überschwemmte die Mitarbeiter mit weiteren Paketen voller Zettel mit weit mehr Zitaten als nötig.

«Man würde sich wünschen, daß Dr. Minor etwa halb so viele Belege geliefert hätte», schrieb Murray völlig überwältigt an einen Kollegen, «doch man weiß nie so genau, welche gebraucht werden, bis man ein Wort lexikographisch aufbereitet.»

Minor verwandte eine ganz andere Arbeitsmethode als alle übrigen Leser. Er schickte nur Zettel mit Zitaten für Wörter ein, von denen er wußte, daß sie tatsächlich gebraucht wurden, und nicht all jene Wörter, die nur ihn interessierten. Aus diesem Grund ist es einigermaßen schwierig, seine Leistung quantitativ mit der anderer bedeutender Mitwirkender zu vergleichen. Am Ende des Projekts hatte er vielleicht nicht mehr als zehntausend Zettel nach Oxford geschickt, was relativ überschaubar klingt. Doch da fast alle angefordert worden waren und sich praktisch jeder einzelne als nützlich erwies, übertrifft sein Beitrag deutlich die Leistung anderer freiwilliger Mitarbeiter, die vielleicht zehntausend Zettel *pro Jahr* einschickten.

Die Mannschaft in Oxford war überaus dankbar. Das Vorwort zum ersten vollständigen Band, Volume 1, A–B, der 1888, neun Jahre nach Beginn der Arbeit, abgeschlossen war, enthielt einen knappen Hinweis. Es hätte genausogut eine ganze Seite überschwenglichen Dankes sein können – sie erfüllte Minor jedenfalls mit großem Stolz, nicht zuletzt, weil der Hinweis zufälligerweise so diskret war, daß er keinem Außenstehenden etwas über seine seltsamen Lebensumstände verriet. In der Danksagung hieß es schlicht und einfach, «Dr. W. C. Minor, Crowthorne».

So dankbar man in Oxford auch gewesen sein mag – alle zerbrachen sich im Laufe der Zeit immer mehr den Kopf. Und die meisten Gedanken machte sich Murray. Wer war dieser geniale, seltsame, penible Mensch? Crowthorne lag nicht einmal fünfzig Meilen von Oxford entfernt – eine Stunde mit der Eisenbahn über Reading. Wieso hatte man Minor, der so brillant und tatkräftig mitarbeitete und fast ein Nachbar war, noch nie zu Gesicht bekommen? Wie war es möglich, daß ein Mensch, der lexikographisch so begabt war, der so viel Energie und Zeit hatte und ganz in der Nähe wohnte, anscheinend noch nie den Wunsch gehegt hatte, den Tempel zu sehen, an den er so viele tausend Gaben schickte? Was weckte seine Neugier? Was machte ihm Freude? War er irgendwie unpäßlich, behindert, scheu? Konnte es sein, daß er sich von der Gesellschaft solch großer Gelehrter eingeschüchtert fühlte?

Geklärt wurden diese Fragen schließlich auf höchst sonderbare Weise. Die Antwort erhielt Dr. Murray von einem durchreisenden Bibliothekar, der 1889 im Scriptorium vorbeischaute, um eigentlich über einige ernsthaftere Themen zu sprechen. Im Laufe des Gesprächs, in dem es um das gesamte Spektrum der Lexikographie ging, erwähnte der Besucher ganz nebenbei den Arzt aus Crowthorne.

Wie freundlich der gute James Murray offensichtlich zu ihm sei, bemerkte der Gelehrte. «Wie gut Sie doch stets zu unserem armen Dr. Minor gewesen sind.»

Es war auf einmal still. Die Redakteure und Sekretäre im Scriptorium, die das Gespräch mitgehört hatten, hielten plötzlich inne. Sie sahen alle auf und blickten in die Richtung, in der ihr Vorgesetzter und sein Besucher saßen.

«Unserem *armen* Dr. Minor?» fragte Murray, nicht weniger verdutzt als all jene, die ihre Ohren spitzten. «Was wollen Sie damit sagen?»

9. Kapitel

Die Begegnung verwandter Seelen

---

dénouement (de'numā). [F. *dénouement, dé-noûment*, formerly *desnouement*, f. *dénouer, des-nouer*, in OF. *desnoer* to untie = Pr. *denozar*, It. *disnodare*, a Romantic formation from L. *dis-* + *nodāre* to knot, *nodus* knot.]
    Unravelling; *spec.* the final unravelling of the complications of a plot in a drama, novel, etc.; the catastrophe; *transf.* the final solution or issue of a complication, difficulty, or mystery.

Einem modernen Märchen der Literaturgeschichte zufolge liegt das größte Rätsel im Zusammenhang mit William Chester Minors lexikographischer Laufbahn in der Frage, weshalb er nicht an dem großen *Dictionary Dinner* teilnahm – jenem Festessen, das am Abend des 12. Oktober 1897 in Oxford stattfand und zu dem er eingeladen worden war.

Es war das Jahr des sechzigsten Thronjubiläums Königin Viktorias, doch in Oxford hatte man noch einen anderen Grund zu feiern. Das Wörterbuch machte endlich Fortschritte. Die schleppende Entwicklung der ersten Jahre war überwunden. Der Band *Anta-Battening* war 1885 erschienen, *Battenlie-Bozzom* im Jahr 1887 und *Bra-Byzen* 1888. Ein neuer Geist der Effizienz hatte im Scriptorium Einzug gehalten. Und zur Krönung hatte die Königin 1896 «huldvoll gebilligt», wie es bei Hofe hieß,

196

daß der eben fertiggestellte dritte Band, der den gesamten vertrackten Buchstaben «C» umfaßte, ihr gewidmet wurde.

Plötzlich umgab eine Aura majestätischer Beständigkeit das Wörterbuch. Nun stand außer Zweifel, daß es abgeschlossen werden würde – denn wer hätte geduldet, daß es eingestellt wird, wo es doch inzwischen königlich abgesegnet war? Nachdem die Monarchin ihren Teil beigetragen hatte, beschloß man in Oxford in freudiger und festlicher Stimmung, ihrem Beispiel zu folgen. James Murray verdiente es, geehrt zu werden, und wem stand es mehr zu, dem großen Mann zu danken, als der Universität, die sich der großen Sache angenommen hatte?

Der neue Vizekanzler der Universität beschloß, James Murray zu Ehren ein großes Festessen zu veranstalten, sehr nobel und sehr schick – *slap-up*, um einen Ausdruck zu benutzen, der später mit einem Quellennachweis von 1823 im *Dictionary* zitiert werden sollte. Stattfinden sollte das Ganze in der großen Aula des Queen's College, wo nach alter Tradition ein Gelehrter auf einer silbernen Trompete eine Fanfare anstimmte, um die Gäste zu Tisch zu bitten. Es bestand wahrlich Grund genug zum Feiern, denn wie die *Times* am Tag der Festlichkeit rühmte, war dies «wahrscheinlich der größte Kraftakt, den eine Universität oder auch ein Verlag seit der Erfindung des Buchdrucks unternommen hat... Es ist sicherlich einer der größten Verdienste der Universität Oxford, diese gigantische Aufgabe gelöst zu haben». Das Dinner sollte zu einem denkwürdigen Ereignis in Oxford werden.

Es war in der Tat ein denkwürdiger Abend. Die langen Tafeln zierte prächtiger Blumenschmuck und das feinste Silber und Kristall, das man in den Kellern des College

aufgetrieben hatte. Die Speisenfolge war straff und englisch – klare Schildkrötensuppe, Steinbutt in einer Hum-
mersauce, Hammelkeule, geröstete Rebhühner, «Queen
Mab»-Pudding und Erdbeereis. Doch so wie das Wörterbuch war auch das Essen einigermaßen großzügig mit
Gallizismen garniert; es gab «Bries à la Villeroi, Kalbs-
grenadin und Ramequins». Einige ausgezeichnete Trop-
fen wurden gereicht: ein 1858er Amontillado, ein 1882er
Zara-Maraschino, ein Château d'Yquem und ein Cham-
pagner von Pfungst, Jahrgang 1889. Die Gäste trugen Ta-
lare, weiße Fliegen und Ehrenzeichen. Nach einem Trink-
spruch, den man stolz und untertänigst auf Ihre Majestät
und ihre sechs Jahrzehnte auf dem Thron ausbrachte,
folgten die Reden. Während der Reden wurden Zigarren
geraucht. Die Anwesenden müssen lange und ausgiebig
geraucht haben. Es gab nicht weniger als vierzehn Ansprachen. James Murray ließ sich über die gesamte Geschichte des Wörterbuchverlegens aus, der Leiter der Oxford University Press beteuerte, mit dem Projekt erfülle
man eine große Pflicht gegenüber der Nation, und der unglaubliche Frederick Furnivall, der einmal keine drallen
Amazonen zum Rudern rekrutierte, äußerte sich so erfri-
schend und unterhaltend wie immer über die seiner Meinung nach herzlose Haltung bezüglich der Zulassung von
Frauen in Oxford.

Unter den Gästen waren alle prominenten Akademiker
des Landes vertreten. Anwesend waren die Redakteure
des Wörterbuchs, die Vertreter des Universitätsverlags,
die Drucker, Mitglieder der Philologischen Gesellschaft
und nicht zuletzt einige der eifrigsten freiwilligen Leser.

Zu letzteren gehörten Mr. F. T. Elworthy aus Wellington, Miss J. E. A. Brown aus Further Barton in der Nähe

von Cirencester, der Reverend W. E. Smith aus Putney, Lord Aldenham («den Freunden des Wörterbuchs besser bekannt als Mr. H. Huck Gibbs»), Mr. Russell Martineau, Monsieur F. J. Amours und, als Vertreterinnen «der letzten Teile von D», Miss Edith und Miss E. Perronet Thompson, beide aus Reigate. Die Liste der Mitarbeiter war lang, doch ihre Namen waren so wohlklingend und ihre Leistungen so beeindruckend, daß die Gäste, die sich längst dem Port und Cognac zugewandt hatten, sich das Ganze in einer Schweigsamkeit anhörten, die man leicht für andächtige Begeisterung hätte halten können.

Die überschwenglichsten Bemerkungen, die an jenem Abend über die freiwilligen Mitarbeiter fielen, galten indessen zwei Männern, die einiges gemeinsam hatten. Beide waren Amerikaner, beide hatten in Indien gelebt, beide hatten als Soldaten gedient, beide waren geistesgestört, und obwohl man beide zu dem Festessen nach Oxford eingeladen hatte, waren sie beide nicht erschienen.

Der erste war Dr. Fitzedward Hall aus Troy im Staat New York. Seine Lebensgeschichte war recht kurios. Als er im Jahr 1848 nach Harvard gehen wollte, schickte ihn seine Familie nach Kalkutta, um einen herumvagabundierenden Bruder ausfindig zu machen. Sein Schiff ging in der Bucht von Bengalen unter, doch er überlebte und entdeckte sein Interesse am Sanskrit. Er befaßte sich so intensiv mit der Sprache, daß man ihm schließlich den Lehrstuhl für Sanskrit am Government College im damaligen Benares, der heiligen Stadt am Ganges, anbot. Während der Meuterei von 1857 kämpfte er als Schütze auf der Seite der Engländer; 1860 verließ er Indien und wurde Professor für Sanskrit am King's College in London und Bibliothekar des India Office.

Doch dann ging es jäh mit ihm bergab. Niemand kennt den Grund. Bekannt ist nur, daß er fürchterlichen Krach mit einem Kollegen, dem Sanskritforscher Theodor Goldstücker, hatte. Der Zwist war so verbissen – Linguisten und Philologen waren bekannt dafür, launisch zu sein und ewigen Groll zu hegen –, daß Hall die Stellung beim India Office aufgab, aus dem Philologenverband ausschied und in ein kleines Dorf in Suffolk zog.

Es hieß, er sei ein Säufer, ein ausländischer Spion, ein liederlicher Lump und ein akademischer Hochstapler. Er hingegen warf allen Engländern vor, sie würden über ihn herfallen, ihm das Leben schwermachen, ihm seine Frau abspenstig machen und nur «bösen Haß» gegen die Amerikaner schüren. Er schloß sich in seinem kleinen Häuschen in Marlesford ein und lebte, abgesehen von gelegentlichen Dampferreisen heim nach New York, fast wie ein Einsiedler.

Allerdings schrieb er tagtäglich nach Oxford. Der Briefwechsel mit James Murray währte zwanzig Jahre. Die beiden lernten sich nie persönlich kennen, doch im Lauf der Jahre hatte Hall, ohne je zu klagen, zahllose Zitate gesammelt, Fragen beantwortet, Ratschläge erteilt und war selbst während der düstersten Zeit einer der treusten Verbündeten des Wörterbuchs gewesen. Kein Wunder also, daß Dr. Murray in dem berühmten Vorwort schrieb: «... vor allem müssen wir die unschätzbare Mitwirkung von Dr. Fitzedward Hall würdigen, der durch seine freiwillige Mitarbeit die literarische und sprachliche Geschichte zahlloser Wörter, Bedeutungen und Wendungen klärte und dessen Beiträge auf jeder Seite zu finden sind ...»

Die Gäste der Festveranstaltung wußten, weshalb er

nicht gekommen war; sie wußten, daß er wie ein Einsiedler lebte, daß er «schwierig» war. Doch niemand wußte – so hieß es jedenfalls lange Zeit –, wieso der Mann, der als nächstes gewürdigt wurde, nicht erschienen war. In seinem gefeierten Vorwort hatte ihn Murray beinahe ebenso großzügig mit Lob bedacht: «... und auch der unermüdliche Einsatz von Dr. W. C. Minor, der allwöchentlich weitere Zitate für die Wörter bereitstellte, die gerade in den Druck gingen.» Und kurz darauf schrieb Murray: «Fast genausoviel wie den Beiträgen von Dr. Fitzedward Hall verdanken unsere Erläuterungen zur Literaturgeschichte einzelner Wörter, Wendungen und Konstruktionen den Beiträgen von Dr. W. C. Minor, die Woche für Woche eingingen ...»

Aber wo war Dr. Minor, fragte sich die versammelte Gesellschaft. Er wohnte in Crowthorne, mit der Eisenbahn kaum mehr als eine Stunde von Oxford entfernt. Er war nicht als übellauniger Menschenfeind bekannt wie Dr. Hall. Seine Briefe waren stets durch Höflichkeit und besondere Eifrigkeit aufgefallen. Wieso besaß er dann nicht den Anstand zu kommen? Einigen Gelehrten, die an jenem herrlichen Herbstabend im Queen's College speisten, muß Dr. Minors Fehlen wie eine traurige Fußnote zu einem ansonsten großen literarischen Augenblick vorgekommen sein.

Den gängigen Darstellungen zufolge war Dr. Murray etwas verwirrt, ja sogar leicht irritiert. Er soll gelobt haben, sich mit all seinem lexikographischen Wissen ein Beispiel an Francis Bacon zu nehmen, der im Jahr 1624 einen Grundsatz aus dem Hadith ins Englische übernommen hatte – *if the mountain will not come to Mahomet, then Mahomet must go to the mountain* [Wenn der Berg nicht zum Propheten kommt, muß der Prophet zum Berge kommen].

Es heißt, Murray habe Dr. Minor sofort geschrieben und ihm angeblich folgendes mitgeteilt:

Wir sind nun aufgrund unseres Briefwechsels seit geschlagenen siebzehn Jahren miteinander bekannt, und es ist höchst bedauerlich, daß wir uns noch nie begegnet sind. Vielleicht war es Ihnen nie gelegen zu reisen; vielleicht war es zu teuer. Es fällt mir zwar sehr schwer, die Arbeit im Scriptorium auch nur für einen Tag liegenzulassen, doch ich hege seit langem den Wunsch, Sie kennenzulernen, und möchte daher vorschlagen, Sie besuchen zu kommen. Falls Ihnen dies recht ist, könnten Sie mir vielleicht einen Tag und einen Zug vorschlagen, und falls es mir gelegen kommt, würde ich Ihnen telegraphisch meine voraussichtliche Ankunftszeit mitteilen.

Dr. Minor antwortete unverzüglich, er würde den Herausgeber natürlich gerne empfangen und bedaure es sehr, daß physische Umstände – auf die er nicht näher einging – es ihm bisher unmöglich gemacht hätten, nach Oxford zu kommen, und nannte einige Züge, die im Kursbuch verzeichnet waren. Murray entschied sich für einen Mittwoch im November und einen Zug, der am frühen Nachmittag an der Bahnstation von Wellington College eintreffen sollte.

Er telegraphierte die Einzelheiten nach Crowthorne, holte an dem fraglichen Tag sein treues schwarzes Humber-Dreirad heraus und fuhr mit wehendem weißen Bart die Banbury Road hinunter, am Randolph Hotel, am

Ashmolean und am Worcester College vorbei zum Bahnhof von Oxford.

Die Fahrt dauerte etwas länger als eine Stunde. Murray war angenehm überrascht, daß bei seiner Ankunft in Crowthorne ein Gespann mit livriertem Kutscher für ihn bereitstand. Seine langgehegte Vermutung, daß Minor ein gutsituierter Gelehrter sei, schien sich zu bestätigen; vielleicht, so dachte er sich, war er sogar wohlhabend.

Die Pferde trabten über die neblig feuchten Straßen. Der prächtige Gebäudekomplex der Wellington School glänzte in der Ferne, in gebührendem Abstand zum Dorf Crowthorne, das nur aus wenigen kleinen Häuschen bestand. Auf den Feldern schwelten Herbstfeuer. Es war ein hübscher kleiner Ort; die Gegend war dicht bewaldet, ruhig und recht abgeschieden. Nach ein paar Meilen schwenkte der Kutscher in einen von Pappeln gesäumten Fahrweg ein, der auf einen flachen Hügel führte. Die Kutsche ließ das Dorf hinter sich. Bald tauchten einige recht düster wirkende rote Backsteinbauten auf. Die Kutsche hielt schließlich vor einem riesigen Tor, das von zwei Türmen flankiert und von einer großen Uhr mit schwarzem Zifferblatt überragt wurde. Das grüngestrichene Tor wurde von einem Bediensteten geöffnet.

James Murray nahm seine Mütze ab und knöpfte sein schottisches Wollcape auf, das ihn vor der Kälte geschützt hatte. Der Diener geleitete ihn wortlos in das Gebäude und führte ihn eine Marmortreppe hinauf. Man brachte ihn in einen großen Raum, in dem ein Kaminfeuer glimmte. An den Wänden hingen zahlreiche Porträts hagerer Gestalten. Hinter einem großen Schreibtisch saß ein offensichtlich bedeutender Mann. Der Bedienstete zog sich zurück und schloß die Tür.

Murray ging auf den stattlichen Mann zu, der sich erhob. Murray verbeugte sich steif und streckte ihm seine Hand entgegen.

«Ich, Sir, bin Dr. James Murray vom Londoner Philologenverband», erklärte er in seinem leicht schottisch eingefärbten Tonfall, «und Herausgeber des *New English Dictionary*. Und Sie, Sir, müssen Dr. William Minor sein. Endlich. Es ist mir eine große Ehre, Sie kennenzulernen.»

Es herrschte Stille. Dann erwiderte der andere:

«Ich bedaure, mein Herr. Diese Ehre kann ich nicht beanspruchen. Ich bin der Direktor der Straf- und Irrenanstalt Broadmoor. Dr. Minor ist einer unserer ältesten Insassen. Er hat einen Mord begangen. Er ist geisteskrank.»

Dr. Murray war, der Überlieferung zufolge, sehr überrascht, zugleich aber voller Mitgefühl und Interesse. «Er bat darum, zu Dr. Minor geführt zu werden. Die Begegnung der beiden Gelehrten, die so lange miteinander korrespondiert hatten und sich jetzt unter solch merkwürdigen Umständen kennenlernten, war ausgesprochen beeindruckend.»

Diese Darstellung jener ersten Begegnung ist jedoch nichts weiter als eine ergötzliche und sentimentale freie Erfindung. Ausgedacht hat sie sich ein amerikanischer Journalist namens Hayden Church, der in der ersten Hälfte dieses Jahrhunderts lange Zeit in London lebte. Die Geschichte erschien im Magazin *Strand* im September 1915 und sechs Monate später nochmals in einer revidierten und erweiterten Fassung.

Church hatte bereits in Amerika versucht, die Geschichte an den Mann zu bringen; im Juli 1915 war sie anonym im *Sunday Star* in Washington erschienen. Der

Artikel war reiner Sensationsjournalismus und lockte mit jener Art von schauerlicher, mehrzeiliger Schlagzeile, wie sie heute leider ganz außer Mode gekommen ist:

Amerikanischer Mörder half mit bei Oxford Dictionary. Mysteriöser Mitarbeiter an englischem Wörterbuch entpuppt sich als reicher amerikanischer Arzt, der wegen eines Mordes, den er in geistiger Umnachtung beging, in der Straf- und Irrenanstalt Broadmoor einsitzt. – Wie Sir James Murray, Herausgeber des Wörterbuchs, im Glauben, einen gelehrten Kollegen zu Hause zu besuchen, sich in einer Anstalt wiederfand und die ungewöhnliche Geschichte vernahm, die im Amerikanischen Bürgerkrieg begann, in dem der Held als Arzt in der Nordstaaten-Armee diente. – Mitarbeiter wohlhabend, lebt in Amerika, sagt sein Freund.

Dieser atemberaubenden Schlagzeile folgte ein noch erschlagenderer Bericht, der allerdings mehr als nur leicht grotesk wirkte, weil der Autor nicht bereit oder nicht in der Lage war, Minor beim Namen zu nennen. Immer wenn von ihm die Rede war, hieß es einfach nur «Dr. X», etwa in dem Satz: «Und Sie, Sir, müssen Dr. X sein. Es ist mir eine große Ehre, Sie kennenzulernen ...»

Bei der amerikanischen Leserschaft kam die Geschichte gut an. In den vergangenen Jahren hatte man immer wieder Andeutungen und Einzelheiten erfahren können. Daß ein amerikanischer Offizier in London wegen Mordes festgenommen worden war, blieb damals nicht unbemerkt, und daß er in einer Anstalt einsaß, wurde immer dann wieder aufgewärmt, wenn neue Korrespondenten und neue Diplomaten nach London kamen. Daß er an dem Wörterbuch mitgearbeitet hatte, war indes neu, und in dieser Hinsicht hatte Hayden Church einen echten Knüller gelandet. Die Meldung ging um die Welt und erschien selbst in den entferntesten Winkeln, sogar im chinesischen Tientsin.

In London kam sie jedoch nicht so gut an. Henry Bradley, Murrays Nachfolger als Herausgeber des *Oxford English Dictionary*, wie es inzwischen offiziell hieß, nahm Anstoß an dem *Strand*-Artikel. In einem empörten Brief an den *Daily Telegraph* beklagte er sich über die «zahlreichen Tatsachenverdrehungen» und monierte, «die Darstellung von Dr. Murrays erstem Gespräch mit Dr. Minor ist, was die abenteuerlichen Einzelheiten betrifft, reine Erfindung».

Hayden Church verfaßte eine energische Erwiderung, die der sensationslüsterne *Telegraph* natürlich sofort veröffentlichte. Es war ein vages Dementi unter Berufung auf «unzählige Kontakte, darunter einige Prominente» – von denen aber keiner namentlich genannt wurde –, die seine Darstellung in ihren Grundzügen bestätigt hätten. Die Replik schließt mit dem lahmen Argument: «Ich habe guten Grund, den Bericht über die Begegnung zwischen Minor und Murray für zutreffend zu halten.»

Das Sonderbarste an Churchs Entgegnung war jedoch der rätselhafte Nachsatz: «Ich stand unlängst in Verbindung mit einem der berühmtesten Literaten Englands, der … darauf hinwies, daß in meinem Artikel das seiner persönlichen Meinung nach bemerkenswerteste Detail in der Lebensgeschichte des Amerikaners fehlte.»

Hayden Churchs Bericht über die erste Begegnung war, ganz abgesehen davon, ob er nun der Wahrheit entsprach oder nicht, einfach viel zu gut, um ignoriert zu werden. Er fesselte ganz England, hieß es. Er lenkte ein wenig vom Krieg ab – 1915 war schließlich das Jahr von Ypern, von Gallipoli, das Jahr, in dem die *Lusitania* sank, und man war zweifellos dankbar für solch eine Legende, die die düstere Realität des Krieges vergessen ließ.

«Kein Roman», hieß es in der *Pall Mall Gazette*, «gleicht dieser phantastischen Geschichte eines Gelehrten in einer Gummizelle.»

In praktisch allen späteren Darstellungen der Geschichte des Wörterbuchs wurde Churchs Version mehr oder weniger wörtlich übernommen. Elisabeth Murray gab in ihrer zu Recht gefeierten Biographie ihres Großvaters Churchs Version fast völlig unhinterfragt wieder, ebenso Jonathon Green in einer allgemeineren Geschichte der Lexikographie aus dem Jahr 1996. Lediglich Elizabeth Knowles, eine Lektorin der Oxford University Press, die sich seit Anfang der neunziger Jahre eingehend mit der Geschichte befaßt, vertritt eine distanziertere Sichtweise, findet es jedoch recht merkwürdig, daß offensichtlich kein definitiver Bericht über die erste Begegnung existiert. Aufgrund der Patina, die durch jahrzehntelangen reichlichen Gebrauch entstanden ist, erscheint die Legende inzwischen aufs schönste glaubwürdig.

Die Wahrheit, so stellt sich jedoch heraus, ist kaum weniger abenteuerlich als die Legende. Ans Licht kam sie in einem Brief, den Murray im Jahr 1902 an einen Bostoner Freund, Dr. Francis Brown, schrieb und der in einer Holzkiste auf dem Dachboden bei einem der wenigen noch lebenden Verwandten William Minors, einem pensionierten Geschäftsmann in Riverside, Connecticut, auftauchte. Bei dem Brief scheint es sich um das Original zu handeln. Viele Briefeschreiber hatten damals die ermüdende Angewohnheit, saubere Abschriften all ihrer Briefe anzufertigen, wobei sie aber hin und wieder einige Absätze änderten oder ausließen. Der Brief an Dr. Brown scheint vollständig und ungekürzt zu sein.

Sein erster Kontakt mit Minor, schreibt Dr. Murray, ergab sich kurz nachdem er, Murray, mit der Arbeit an dem Wörterbuch begonnen hatte – wahrscheinlich also 1880 oder auch 1881. «Er erwies sich als ausgezeichneter Leser und hat mir oft geschrieben.» Wie bereits erwähnt, hielt Murray ihn schlicht für einen pensionierten Arzt, der viel Zeit hatte.

Durch Zufall wurde ich des Umstands gewahr, daß seine Adresse, *Broadmoor, Crowthorne*, Berkshire, die Anschrift einer großen Irrenanstalt war. Ich nahm an, daß er (vielleicht) der medizinische Leiter dieser Anstalt war. Doch unsere Korrespondenz beschränkte sich natürlich ganz auf das Wörterbuch und dessen Materialien, und ich empfand ihm gegenüber einzig und allein ein Gefühl der Dankbarkeit für seine enorme Unterstützung und war einigermaßen überrascht, daß er zu so vielen seltenen und teuren alten Büchern Zugang hatte. Das ging über mehrere Jahre so, bis eines Tages, zwischen 1887 und 1890, der verstorbene Mr. Justin Winsor, der Bibliothekar von Harvard College, plaudernd in meiner Schreibstube saß und unter anderem bemerkte, «Sie haben den Amerikanern große Freude bereitet, mit dem, was Sie in Ihrem Vorwort über den armen Dr. Minor geschrieben haben. Es ist eine sehr traurige Geschichte.»

«Tatsächlich?», erwiderte ich erstaunt. «In welcher Hinsicht?»

Mr. W. war nicht minder erstaunt zu erfahren, daß ich in all den Jahren, in denen ich mit Dr. Minor in regem Briefwechsel gestanden hatte, nie etwas über ihn erfahren noch irgendwelche Vermutungen angestellt hatte. Und dann fesselte er mich mit seiner Geschichte...

So erzählte also der große Bibliothekar – und Justin Winsor gilt nach wie vor als eine der bedeutendsten Gestalten des amerikanischen Bibliothekswesens im gesamten neunzehnten Jahrhundert und als wichtiger Historiker obendrein – die Geschichte, die Murray seinem Freund in Boston in dem Brief weitererzählte. Einige Fakten sind verdreht, wie dies häufig der Fall ist, wenn etwas erst nach Jahren berichtet wird; so schreibt Murray etwa, Minor sei in Harvard gewesen (in Wahrheit war es Yale), und wiederholt die wahrscheinlich ungesicherte Anekdote, wonach er wahnsinnig geworden sei, weil er die Hinrichtung zweier standrechtlich verurteilter Männer hatte ansehen müssen. Des weiteren schreibt er, die tödlichen Schüsse seien auf dem *Strand* gefallen – damals wie heute eine der vornehmsten Straßen Londons – und nicht im tristen Sumpf von Lambeth. Im wesentlichen gibt Murray die Geschichte jedoch richtig wieder und fährt anschließend mit seinem eigenen Bericht fort.

Ich war natürlich tief berührt von der Geschichte, doch da Dr. Minor nie das geringste über sich und seine Situation angedeutet hatte, konnte ich ihm nur noch respektvoller und freundlicher schreiben, um nichts von dieser Enthüllung zu erkennen zu geben, weil ich fürchtete, dies könnte unsere Beziehung verändern.
Vor ein paar Jahren erzählte mir ein amerikanischer

Staatsbürger, der mich besuchte, er sei bei Dr. Minor gewesen und habe ihn sehr verzagt und niedergeschlagen vorgefunden, und er redete mir zu, ihn zu besuchen. Ich sagte, ich scheue mich davor, weil ich keinen Grund hatte anzunehmen, daß Dr. Minor dachte, ich wüßte irgend etwas über ihn persönlich.

Er sagte: «Doch, das denkt er. Er hegt keinen Zweifel, daß Sie alles über ihn wissen, und es wäre wirklich eine freundliche Geste, wenn Sie ihn besuchen würden.»

Daraufhin schrieb ich Dr. Minor und teilte ihm mit, daß Mr. (ich habe seinen Namen vergessen), der ihn unlängst besucht hatte, mir gesagt habe, er würde sich über einen Besuch von mir freuen. Ich schrieb auch Dr. Nicholson, dem damaligen Direktor, der mich herzlich einlud – und, als ich hinfuhr, mich vom Bahnhof abholte und zum Mittagessen einlud, zu dem er auch Dr. Minor gebeten hatte, der bei seinen Kindern sehr beliebt war.

Vor und nach dem Mittagessen saß ich viele Stunden mit Dr. Minor in seinem Raum, vielmehr seiner Zelle, und hatte den Eindruck, er war, soweit ich das feststellen konnte, genauso normal wie ich, sehr kultiviert und gebildet, mit sehr viel Kunstsinn, ein wirklich guter, christlicher Mensch, der sich in sein trauriges Schicksal ergab und nur darüber klagte, daß ihn dies in seiner Nützlichkeit einschränkte.

Ich erfuhr (von dem Direktor, glaube ich), daß er mit einem beträchtlichen Teil seines Einkommens die Witwe des Mannes unterstützte, dessen Tod er bedauerlicherweise herbeigeführt hatte, und daß sie ihn regelmäßig besuchte.

Dr. Nicholson hatte eine sehr hohe Meinung von ihm,

räumte ihm viele Privilegien ein und führte regelmäßig prominente Besucher zu ihm und seinen Büchern hinauf. Doch sein Nachfolger, der derzeitige Direktor, zeigt nicht so viel Verständnis ...

Die Begegnung fand im Januar 1891 statt – sechs Jahre früher, als die romantischen Schwärmer glauben wollen, die die Geschichte des *Dictionary Dinner* nachbeten, Murray hatte Nicholson geschrieben und um dessen Zustimmung gebeten; in seinem Brief spürt man eine fast kindlich gespannte Erwartung des Ereignisses.

Es wäre mir eine große Genugtuung, Dr. Minor, dem das Wörterbuch so viel verdankt, kennenzulernen und auch Sie, der Sie stets so freundlich zu ihm gewesen sind. Ich komme wahrscheinlich mit dem Zug, den Sie genannt haben (dem um 12 von Reading), hatte jedoch noch keine Zeit, auf dem Fahrplan nachzuschauen oder vielmehr meine Frau zu bitten, dies zu tun; denn in solchen Angelegenheiten verlasse ich mich ganz auf sie, und sie sagt mir dann «Dein Zug fährt dann und dann, und du nimmst den und den Zug, und ich komme fünf Minuten vorher ins Scriptorium und hole dich ab». Ich füge mich dankbar und mache meine Arbeit, bis die «fünf Minuten vorher» gekommen sind.

Nun ist völlig klar, daß sich die beiden Männer von diesem Zeitpunkt an persönlich kannten und fast zwanzig Jahre lang regelmäßig sahen. Schon bei der ersten Begegnung begann eine lange und tiefe Freundschaft, die auf gegenseitigem Respekt und vor allem auf ihrer gemeinsamen Begeisterung für die Sprache beruhte.

Beide müssen ein eigentümliches Gefühl gehabt haben, als sie sich zum ersten Mal gegenüberstanden, denn sie sahen sich erstaunlich ähnlich. Beide waren groß, hager und glatzköpfig. Beide hatten tiefliegende, blaue Augen (keiner von beiden trug eine Brille; Minor war allerdings stark kurzsichtig). Dr. Minors Nase war leicht gebogen, Dr. Murrays etwas schmaler und spitzer. Murray zeigte eine großväterliche Liebenswürdigkeit, ähnlich wie Minor, jedoch mit einer Spur von jener Strenge, die einen Tieflandschotten von einem Neuengland-Yankee unterscheidet.

Die auffallendste Ähnlichkeit der beiden bestand jedoch in den Bärten – in beiden Fällen wallende, weiße Kinnbärte, dichte Oberlippenbärte und lange, üppige Koteletten. Beide erinnerten an Methusalem. Wenn Murray mit dem Dreirad durch Oxford fuhr, riefen ihm die Jungen «Weihnachtsmann!» nach.

Gewiß, Dr. Minors Bart wirkte weitaus wilder und ungepflegter, zweifellos weil die Möglichkeiten zum Trimmen und Waschen in Broadmoor etwas bescheidener waren als in der Welt draußen. Murrays Bart hingegen war glatt gekämmt und schamponiert und sah so aus, als sei er noch nie mit irgendwelchen Speisen in Berührung gekommen. Minors Bart sah schlichter aus, Murrays dagegen eher modisch, beide waren jedoch wunderbar üppige Arrangements. Angesichts der Bärte und der anderen äußeren Merkmale muß jeder der beiden sicher einen Moment lang den Eindruck gehabt haben, sich selbst im Spiegel gegenüberzustehen, anstatt einem Fremden zu begegnen.

In den folgenden Jahren sahen sich die beiden Dutzende Male. Nach allem, was man weiß, begegneten sie einander mit einer Sympathie, die lediglich Dr. Minors Launen unterworfen war, für die Murray im Lauf der Jahre indes ein gutes Gespür entwickelte. Oft telegraphierte er Nicholson im voraus, um sich nach dem Befinden des Patienten zu erkundigen; war jener depressiv oder aggressiv, so blieb er in Oxford; war er bedrückt und wollte aufgerichtet werden, stieg er in den Zug.

Bei schlechtem Wetter saßen die beiden in Minors Zimmer, seiner kleinen und praktisch eingerichteten Zelle, die sich kaum von der typischen Studierstube eines Studenten in Oxford unterschied und die ganz dem Raum glich, den man Murray später im Balliol College gab, nachdem er zum Ehrenmitglied der Fakultät ernannt worden war. Der Raum stand voll mit Bücherregalen, die allesamt offen waren, bis auf eines mit einer Glastür; dort befanden sich die raren Werke des sechzehnten und siebzehnten Jahrhunderts, auf denen der größte Teil der Arbeit für das Wörterbuch beruhte. Im Kamin knisterte es gemütlich. Tee und Dundee Cake servierte ein Mitinsasse, den Minor für sich arbeiten ließ – eines der vielen Privilegien, die Nicholson seinem vornehmen Insassen gewährt hatte.

Er genoß noch eine ganze Reihe weiterer Vergünstigungen. Er durfte bei verschiedenen antiquarischen Buchhändlern in London, New York und Boston nach Belieben Bücher bestellen. Er durfte unzensiert Briefe schreiben, an wen er wollte. Er durfte mehr oder weniger nach Belieben Besuch empfangen – er berichtete Murray nicht ohne Stolz, daß Eliza Merritt, die Witwe des Mannes, den er getötet hatte, recht häufig zu ihm heraufkam. Sie war nicht unattraktiv, gestand er, doch es hieß, sie trinke ein wenig zu viel.

Er abonnierte Zeitschriften, aus denen er und Murray

213

W. C. Minor, *carte de visite,* Datum unbekannt

James Murray, 1908

sich gegenseitig vorlasen; der *Spectator* war eines seiner Lieblingshefte, ebenso *Outlook*, das ihm seine Verwandten aus Connecticut schickten. Er bezog das *Athenaeum* sowie die höchst unergründlichen Oxforder *Notes & Queries*, die bis heute verzwickte Anfragen über ungelöste Rätsel der Bücherwelt an die literarische Öffentlichkeit richten. Die OED-Redaktion pflegte Suchaufrufe zu besonderen Wörtern dort zu veröffentlichen. Bevor sich Murray angewöhnte, Minor in Crowthorne zu besuchen, fand er hauptsächlich auf diesem Wege heraus, welche Wörter die Redaktion gerade bearbeitete.

Die beiden unterhielten sich zwar in erster Linie über Wörter – meist über ein spezielles Wort, bisweilen aber auch über lexikalische Probleme des Dialekts und Varianten der Aussprache –, doch sie redeten sicherlich auch über die Krankheit des Doktors. So entging es Murray beispielsweise nicht, daß der Fußboden in Minors Zelle mit einer Zinkplatte abgedeckt war – «damit nachts niemand durch die Planken eindringt» – und daß Minor in dem Raum, in dem er sich gerade aufhielt, immer eine Schüssel mit Wasser vor der Tür stehen hatte – «weil es die bösen Geister nicht wagen, Wasser zu überqueren, um mich zu kriegen».

Murray wußte auch, daß der Doktor sich davor fürchtete, nachts entführt und gezwungen zu werden, sich in «Lasterhöhlen den wildesten Ausschweifungen» hinzugeben. Als das Flugzeug erfunden worden war – und als Amerikaner verfolgte Minor mit Interesse die Entwicklungen in den Jahren, nachdem die Gebrüder Wright in Kitty Hawk erstmals in die Lüfte gestiegen waren –, bezog er es ebenfalls in seine Wahnvorstellungen ein. Männer wären bei ihm eingebrochen, hätten ihn in eine Flugmaschine gesetzt und nach Konstantinopel gebracht, wo er in Bordellen mit billigen Flittchen und kleinen Mädchen schrecklich obszöne Handlungen vollziehen mußte, berichtete er. Murray zuckte jedesmal zusammen, wenn er solche Geschichten hörte, doch er enthielt sich jeglicher Kommentare. Es stand ihm nicht zu, dem alten Mann anders als mit Sympathie und Mitleid zu begegnen; außerdem ging dessen Arbeit für das Wörterbuch stets zügig vonstatten.

Bei schönem Wetter gingen die beiden auf der «Terrasse» spazieren – einem breiten Kiesweg, der zwischen den öden roten Blocks und der fünf Meter hohen Südmauer der Anstalt eingekeilt war und im Schatten großer alter Tannen und Araukarien lag. Zwischen den Büschen hinter dem grünen Rasen blühten im Frühling zahlreiche Narzissen und Tulpen. Manchmal kamen aus den Blocks auch andere Patienten ins Freie, um Fußball zu spielen, spazierenzugehen oder um sich auf eine der Holzbänke zu setzen und in die Luft zu starren. Im Hintergrund wachten die Aufseher und sorgten dafür, daß es keinen Ärger gab.

Murray und Minor gingen langsam und im Gleichschritt den dreihundert Meter langen Weg auf und ab. Meist hatten sie die Hände hinter dem Rücken verschränkt und waren in ein angeregtes Gespräch vertieft; hin und wieder zog einer einen Artikel oder auch ein Buch aus der Tasche. Sie sprachen nie mit anderen und erweckten den Eindruck, als lebten sie in einer ganz eigenen Welt.

Manchmal lud Dr. Nicholson die beiden zum Tee ein. Ein- oder zweimal kam Ada Murray mit nach Broadmoor; sie verweilte bei Nicholson und seiner Familie in deren behaglichem Heim, während Murray und Minor in

217

der Zelle über den Büchern hockten oder auf dem Kiesweg spazierten. Es herrschte immer eine gedrückte Stimmung, wenn die Zeit zum Abschiednehmen gekommen war; die Schlüssel rasselten, das Tor fiel ins Schloß, und Minor war wieder allein, gefangen in seiner kleinen Welt, aus der er erst erlöst wurde, wenn er nach einigen Tagen stiller Trauer einen neuen Band aus seinen Regalen nehmen, ein gewünschtes Wort und die schönsten Belegstellen auswählen konnte, die Feder ergriff und in die Tinte tauchte und abermals schrieb: *An Dr. Murray, Oxford.* Das Postamt von Oxford kannte die Adresse; mehr mußte man nicht angeben, wenn man dem größten Lexikographen des Landes schreiben wollte. Der Brief kam auf jeden Fall im Scriptorium an.

Von den Briefen, die sich die beiden Männer schrieben, sind nur wenige erhalten. Es existiert ein längeres Schreiben aus dem Jahr 1888, in dem sich Minor über die Quellen zu dem Wort *chaloner* ausbreitet – einer veralteten Bezeichnung für jemanden, der *shalloon*, wollenen Futterstoff für Mäntel, macht. Einer späteren Notiz zufolge interessierte er sich auch für das Wort *gondola*, für das er ein Zitat von Spencer aus dem Jahr 1590 fand.

Murray sprach oft von seinem neuen Freund und erwähnte ihn auch – bisweilen sogar mit einem diskreten Hinweis auf seine Lebensumstände – in den Vorträgen, die er häufig halten mußte. Das geht beispielsweise aus den Notizen für eine Rede hervor, die er 1897 bei einem *Dictionary Evening* der Philologischen Gesellschaft halten sollte:

Etwa 15 oder 16000 zusätzl. Zettel im vergangenen Jahr erh. Die Hälfte davon sind von Dr. W. C. Minor, dessen traurige Geschichte ich schon oft angedeutet habe. Dr. M. hat 50 oder 60 meist seltene Bücher aus dem 16.–17. Jh. gelesen. Er hat die Angewohnheit, der aktuellen Erstellung des Wörterbuches immer ein Stück voraus zu sein.

Zwei Jahre später ging Murray sogar noch ausführlicher auf ihn ein:

Die herausragendste Position ... nimmt sicherlich Dr. W. C. Minor aus Broadmoor ein, der in den vergangenen zwei Jahren nicht weniger als 12 000 Zitate eingesandt hat. Diese waren nahezu alle für die Wörter, mit denen Mr. Bradley und ich jeweils gerade beschäftigt waren, denn Dr. Minor möchte jeden Monat wissen, welche Wörter wir in dem Monat voraussichtlich bearbeiten werden, und sammelt unter Einsatz all seiner Kräfte Belege für eben jene Wörter, um so das Gefühl zu haben, direkt an der Herstellung des Wörterbuches beteiligt zu sein.
Dr. William Minors Beiträge in den vergangenen 17 oder 18 Jahren waren so enorm, daß wir die letzten 4 Jahrhunderte leicht mit seinen Zitaten allein erläutern könnten.

Doch der Einsatz all seiner Kräfte erwies sich allmählich als strapaziös, sowohl körperlich als auch geistig. Sein ergebener Freund Dr. Nicholson trat 1895 in den Ruhestand – er litt noch immer unter den Folgen eines Angriffs seitens eines Patienten, der ihm sechs Jahre zuvor einen Ziegel, der in einem Strumpf verborgen war, über den Schädel gehauen hatte. Sein Nachfolger wurde Dr. Brayn: Im

Innenministerium war man der Meinung, in der Anstalt müßten die Zügel straffer angezogen werden.

Brayn war in der Tat ein Zuchtmeister, ein Gefängnisdirektor der alten Schule, der sich sehr gut für eine Sträflingskolonie auf Tasmanien oder Norfolk Island geeignet hätte. Er entsprach ganz den Erwartungen der Regierung; während seiner Amtszeit gab es keinen einzigen Ausbruch, und in seinem ersten Jahr in Broadmoor saßen die widerspenstigeren Insassen zweihunderttausend Stunden Einzelhaft ab. Bei den Patienten war er gefürchtet und verhaßt – und auch bei Dr. Murray, der der Meinung war, Brayn behandle Minor herzlos.

Minor beschwerte sich (im November 1896) über ein Loch in der Ferse seines Strumpfes, das seiner Meinung nach zweifellos daher rührte, daß er nachts in die Stiefel eines Fremden gezwungen worden war. Außerdem hegte Minor (im Dezember 1896) den Verdacht, jemand mache sich an seinem Wein und seinen Spirituosen zu schaffen.

Noch im selben Jahr kam aus Amerika eine sonderbare Nachricht, in der es nur lakonisch hieß, zwei von Minors Verwandten hätten sich unlängst umgebracht – und man solle in Broadmoor die größte Vorsicht walten lassen, für den Fall, daß die Geisteskrankheit des Patienten erblich wäre. Doch auch wenn man Minor für möglicherweise selbstmordgefährdet hielt, so wurden ihm aufgrund der Meldung aus Amerika keinerlei Beschränkungen auferlegt.

Ein paar Jahre zuvor hatte er um ein Taschenmesser gebeten, um die ungeschnittenen Seiten der von ihm bestellten Erstausgaben aufschneiden zu können; nichts deutet darauf hin, daß er es hatte zurückgeben müssen, selbst unter dem strengen Dr. Brayn nicht. Kein anderer Patient durfte ein Messer besitzen; doch mit seinen beiden Zellen, seinen Flaschen und Büchern und mit seinem stundenweise beschäftigten Bediensteten schien William Minor nach wie vor zu einer ganz anderen Klasse zu gehören als die meisten anderen Insassen von Broadmoor.

In dem Jahr nach der Nachricht vom Freitod seiner Verwandten wurde in den Akten vermerkt, Minor habe sich angewöhnt, bei jedem Wetter auf der «Terrasse» spazierenzugehen. Während eines besonders heftigen Schneesturms beschimpfte er diejenigen, die ihm zuredeten, wieder hineinzugehen, und beharrte in seiner herrischen Art darauf, daß es einzig und allein seine Sache sei, wenn er sich erkälten wolle. Er verfügte über weit mehr Bewegungs- und Entscheidungsfreiheit als die meisten anderen Patienten.

Nicht daß dies seine Stimmung groß verbessert hätte. Im Jahr 1899 kamen zufällig ein paar frühere Kameraden aus der amerikanischen Armee nach London und wollten ihn in Broadmoor besuchen. Doch der alte Offizier wollte keinen von ihnen sehen; er sagte, er erinnere sich nicht an sie, und außerdem wolle er nicht gestört werden. Er beantragte offiziell Hafturlaub; er forderte, wie er es formulierte, ein gewisses Maß an *«freedom of the vicinage»* – die Möglichkeit, sich frei in der Umgebung zu bewegen. (Das Wort, das er verwendete, ist ziemlich selten und bedeutet im Grunde dasselbe wie *vicinity*.)

Die Gewähltheit seines Ausdrucks überzeugte jedoch nicht. Sein Antrag wurde entschieden abgelehnt. «Er ist noch immer unzurechnungsfähig, und ich kann nicht dazu raten, daß seinem Gesuch stattgegeben wird», schrieb der Direktor an den Innenminister. (Dies war übrigens das erste Dokument in Minors Akte, das auf einer Schreibmaschine getippt worden war. Während der Patient in einem elenden Stillstand verharrte, veränderte sich die Welt draußen in rasantem Tempo.) Der Innenminister lehnte das Gesuch entsprechend ab. Auf dem Schreiben befindet sich ein knapper Vermerk des herzlosen Dr. Brayn: «Patient informiert, 12.12.99. RB».

Aus Minors Ernährungsplan geht hervor, daß er wählerisch war und nicht regelmäßig aß – sehr viel Hafergrütze, Sagopudding und jeden Dienstag Eiercreme, doch nur gelegentlich Schinken und Fleisch. Er scheint immer unzufriedener, bedrückter und unruhiger geworden zu sein. «Er wirkt unstet», hieß es immer wieder in den Aufzeichnungen der Wärter. Ein Besuch Murrays im Sommer 1901 heiterte ihn auf, doch bald danach bemerkte die Redaktion des Wörterbuchs eine deprimierende Veränderung bei ihrem nach wie vor eifrigsten Freiwilligen.

«Mir fällt auf, daß er keine Q-Belege geschickt hat», schrieb Murray einem Freund. «Aber er ist schon seit Monaten insgesamt sehr nachlässig, und ich habe kaum etwas von ihm gehört. Im Sommer ist er stets weniger dienlich, weil er dann viel mehr Zeit im Freien, im Garten und der Anlage verbringt. Doch dieses Jahr ist es schlimmer als sonst, und ich habe schon seit geraumer Zeit das Gefühl, daß ich einen Tag freinehmen und ihn wieder einmal besuchen muß, um sein Interesse neu zu wecken. In seinem einsamen & traurigen Zustand braucht er sehr viel Pflege, Bestärkung und gutes Zureden, und ich habe ihn immer wieder einmal besuchen müssen.»

Einen Monat später hatte sich die Lage kaum gebessert. Murray äußerte sich wieder in einem Brief über ihn; inzwischen war davon die Rede, Minor «stelle sich stur» und «weigere sich», die gewünschte Arbeit zu erledigen.

Er schrieb etwas über den Ursprung des Wortes *hump*, doch abgesehen davon verfiel er, zeitgleich mit dem Tod Königin Viktorias, in ein dumpfes Schweigen.

Ein weiterer alter Armeekamerad schrieb im März 1902 aus Northwich und fragte bei Direktor Brayn an, ob er Minor besuchen dürfe, und erwähnte einigermaßen besorgt, daß Minor selbst ihm in einem Brief davon abgeraten habe, denn «es habe sich einiges geändert und ich könnte es unerquicklich finden. Bitte geben Sie mir Ihren Rat», fügt der Schreiber hinzu, «ich möchte meine Frau mit nichts Unerfreulichem konfrontieren».

Brayn antwortete: «Ich halte es nicht für ratsam, daß Sie zu Besuch kommen ... Es bestehen keine Anzeichen einer unmittelbaren Gefahr, doch allmählich macht sich sein Alter bemerkbar ... seine Lage ist prekär.»

Etwa um diese Zeit kam der erste Hinweis, daß es vielleicht besser wäre, wenn man Dr. Minor jetzt in die Vereinigten Staaten zurückkehren ließe, damit er seine letzten Lebensjahre – und sein Leben schien sich tatsächlich dem Ende zuzuneigen – bei seiner Familie verbringen konnte.

Minor war inzwischen seit dreißig Jahren in Broadmoor; kein Patient hatte so viele Jahre dort verbracht wie er. Das einzige, was ihn am Leben hielt, waren seine Bücher. Er war zutiefst betrübt. Er vermißte den stets so verständnisvollen Dr. Nicholson; er kam mit dem strengeren Regiment von Dr. Brayn nicht zurecht. Der einzige geistig Gleichgesinnte in Block zwei, der merkwürdige Künstler Richard Dadd, der in die Anstalt eingewiesen worden war, weil er seinen eigenen Vater erstochen hatte, war schon vor einiger Zeit gestorben. Minors Stiefmutter, Judith, die er kurz gesehen hatte, als sie 1885 aus Indien zurückkehrte, war im Jahr 1900 in New Haven gestorben.

In kürzester Zeit gingen all jene dahin, die dem verrückten alten Mann nahestanden.

Selbst der alte Fitzedward Hall war 1901 verstorben. Dieses Ereignis hatte Minor veranlaßt, einen tief bewegten und betrübten Brief an Murray zu schreiben. Im Anschluß an seine Beileidsbezeigung bat er den Herausgeber, ihm vielleicht noch ein paar Zettel für die Buchstaben «K» und «O» zu schicken; die Nachricht vom Tod seines Landsmannes scheint Minors Interesse an der Arbeit wieder ein wenig geweckt zu haben. Doch nur ein wenig. Er war inzwischen ganz allein; sein Gesundheitszustand verschlechterte sich; und er war für niemanden eine Gefahr, außer für sich selbst. Er war sechsundsechzig Jahre alt, und man sah ihm sein Alter an. Seine Lebensumstände lasteten schwer auf ihm.

Dr. Francis Brown, der berühmte Bostoner Arzt, dem Murray so ausführlich seine erste Begegnung mit Minor geschildert hatte, bemühte sich, vermittelnd einzugreifen. Nachdem er von Murray gehört hatte, schrieb er an die Armee in Washington, dann an die amerikanische Botschaft in London und im März 1902 auch an Dr. Brayn; er schlug vor, ohne Minors Wissen beim Innenministerium darum zu ersuchen, den Patienten in die Heimat zurückkehren zu lassen und der Obhut seiner Familie anzuvertrauen. «Seine Familie wäre hocherfreut, wenn er seinen Lebensabend in seiner Heimat und in ihrer Nähe verbringen könnte.»

Doch der unbarmherzige Brayn reichte die Empfehlung nicht an den Innenminister weiter; und weder die Botschaft noch die Armee wollte sich einschalten. Der alte Mann sollte bleiben, wo er war. Sein einziger Lichtblick waren die gelegentlichen Briefe aus Oxford. Doch insgesamt wurde er immer mutloser, verbitterter und verzagter.

Es war abzusehen, daß es zu einem Unglück kommen würde. Und es kam zu einem Unglück. Der Vorfall, den Hayden Church in seiner bombastischen Art als «bemerkenswertestes Detail in der Geschichte des Amerikaners» bezeichnete, ereignete sich ohne jede Vorwarnung an einem kalten Morgen Anfang Dezember 1902.

10. Kapitel

Ein Schnitt, scharf und eiskalt

---

masturbate ('mæstɜːbeɪt), *v.* [f. L. *masturbāt-*, ppl. stem of *masturbārī*, of obscure origin: according to Brugmann for **mastiturbārī* f. **mazdo-* (cf. Gr. μέζεα pl.) virile member + *turba* disturbance. An old conjecture regarded the word as f. *manus* hand + *stuprāre* to defile; hence the etymologizing forms MANUSTUPRATION, MASTUPRATE, -ATION, used by some Eng. writers.] *intr.* To produce an orgasm by stimulation of the genitals, not by sexual intercourse ...

Um 10 Uhr 55 kam Dr. Minor an das untere Tor, das abgeschlossen war, und rief: ‹Sie sollten sofort den Arzt rufen! Ich habe mich verletzt!›»

So lauten die ersten Zeilen einer kurzen, mit Bleistift gekritzelten Notiz, die in den unzähligen Aufzeichnungen untergeht, auf denen die belanglosen Einzelheiten aus dem Leben des Broadmoor-Patienten Nummer 742 festgehalten wurden. Die Berichte über den Alltag des inzwischen fast völlig vereinsamten William Minor – seine Ernährung, die schwindende Zahl seiner Besucher, seine zunehmende Gebrechlichkeit, seine launischen Ausfälle, sein verrücktes Grübeln – wurden normalerweise mit ruhiger und sicherer Hand in Tinte festgehalten. Doch diese eine Seite vom 3. Dezember 1902 sieht ganz anders aus. Auffallend ist bereits die Tatsache, daß sie mit einem dicken Bleistift geschrieben wurde; ungewöhnlich ist aber auch die Handschrift, die so aussieht, als sei der Vermerk in größter Hast, völlig außer Atem und in panischem Schrecken hingekritzelt worden.

Die Zeilen stammten vom Oberaufseher von Block zwei, einem Mr. Coleman. Er hatte allen Grund, entsetzt zu sein über das, was er zu sehen bekam.

Ich schickte Aufseher Harfield nach dem Arzt und schaute, ob ich Dr. Minor helfen konnte. Da erzählte er es mir – er hatte sich den Penis abgeschnitten. Er sagte, er habe ihn mit Schnur abgebunden, um die Blutung zu unterbinden. Ich sah, was er angerichtet hatte.

Dann kamen Dr. Baker und Dr. Noott zu ihm, und um 11 Uhr 30 wurde er nach B-3, auf die Krankenstation, verlegt.

Er hatte vor dem Frühstück wie gewöhnlich seinen Spaziergang gemacht. Er hatte auch sein Frühstück eingenommen. Als ich um 9.50 in Trakt 3 mit ihm sprach, wirkte er «ganz normal».

Er war aber überhaupt nicht «ganz normal» – was immer solch eine Formulierung vor dem Hintergrund seiner hochgradig ausgeprägten Paranoia bedeutet haben mag. Wenn seine Selbstverstümmelung nicht eine ungewöhnliche Reaktion auf ein ebenso ungewöhnliches Ereignis war – was durchaus der Fall sein könnte, obwohl es keine Indizien dafür gibt –, so spricht einiges dafür, daß William Minor das Ganze seit Tagen, wenn nicht seit Monaten geplant hatte. Sich den Penis abzuschneiden war seinem Verständnis nach ein notwendiger Akt der Buße; diese Vorstellung war wahrscheinlich die Folge einer tiefen religiösen Erweckung, die nach Auffassung seiner Ärzte zwei

Jahre zuvor – gegen Ende des Jahrhunderts, dreißig Jahre nach seiner Einweisung – begonnen hatte.

Minor war das Kind von Missionaren und war zumindest von der Idee her als strenggläubiger Kongregationalist großgezogen worden. In Yale hatte er seiner Religion jedoch weitgehend entsagt, und als er dann in der Armee der Union diente, hatte er seinen Glauben wahrscheinlich völlig aufgegeben – sei es, weil ihn seine Erfahrung auf dem Schlachtfeld ernüchtert oder weil er jegliches Interesse an der institutionalisierten Religion verloren hatte; er hatte nichts dagegen, daß man ihn als Atheisten bezeichnete.

Eine Zeitlang las er begeistert Thomas Henry Huxley, den großen viktorianischen Biologen und Philosophen, der den Begriff *agnostic* geprägt hatte. Minor selbst neigte sogar zu einer noch negativeren Auffassung; da sich alle Naturphänomene mit den Naturgesetzen hinreichend erklären ließen, schrieb er einmal, sehe er keine logische Notwendigkeit für die Existenz eines Gottes.

Im Laufe der Jahre in der Anstalt veränderte sich diese ablehnende Haltung jedoch allmählich. Etwa um 1898 geriet seine absolute Gewißheit von der Nichtexistenz eines Gottes ins Wanken – unter anderem vielleicht aufgrund des starken christlichen Glaubens seines häufigen Besuchers James Murray, dem Minor eine tiefe und stete Bewunderung entgegenbrachte. Murray könnte Minor durchaus darauf angesprochen haben, welcher Trost aus der Anerkennung der Existenz einer höheren Gottheit zu schöpfen sei; und ohne es zu beabsichtigen, könnte er den Anstoß zu Minors wachsender Religiosität gegeben haben.

Um die Jahrhundertwende hatte Minor sich verändert;

er erzählte seinen Besuchern und teilte auch dem Direktor von Broadmoor offiziell mit, er betrachte sich inzwischen als Deisten – als jemanden, der von der Existenz eines Gottes ausgeht, sich aber keiner speziellen Religion verschreibt. Es war ein wichtiger Schritt, wenn auch ein höchst tragischer.

Aus seiner neuen Gläubigkeit heraus fing Minor nämlich an, sich nach den strengen Maßstäben einer in seinen Augen allmächtigen, allwissenden und ewig strafenden Gottheit zu beurteilen. Er betrachtete seine Geisteskrankheit plötzlich nicht mehr als behandelbares Leiden, sondern als unerträgliche Heimsuchung, als einen Zustand der Sünde, der unentwegte Buße und Läuterung verlangte. Er betrachtete sich selbst nicht mehr als ein bedauerliches Geschöpf, sondern als eine schändliche Kreatur mit abscheulichen Angewohnheiten und Neigungen. Er war ein zwanghafter, obsessiver Onanist. Gott würde ihn sicher furchtbar bestrafen, sollte er seinem manischen Hang zur Selbstbefleckung nicht Einhalt gebieten.

Seine unstillbaren fleischlichen Gelüste kamen ihm immer verabscheuungswürdiger vor; bald verfolgten ihn die Erinnerungen an frühere Eroberungen beziehungsweise seine Phantasien über eingebildete Abenteuer. Von nun an haßte er die Art, wie sein Körper reagierte, und die Weise, in der Gott ihn so unpassend und ungerecht ausgestattet hatte. In seinem Krankenbericht hieß es:

Er glaubte, sein ganzes Wesen sei erfüllt von der Lüsternheit von über zwanzig Jahren, in denen er Nacht für Nacht Beziehungen mit Tausenden von nackten Frauen gehabt haben will. Die nächtlichen Ausschweifungen hätten keinen merklichen Einfluß auf seine Kör-

229

perkraft gehabt, doch sein Organ habe sich aufgrund des ständigen Gebrauchs vergrößert, aufgrund seiner Dauererektion habe es sich enorm entwickelt. Er erinnert sich an eine Französin, die «bien fait» bemerkte, als sie es zum erstenmal erblickte; eine andere Frau habe ihn als «Apostel der Lust» bezeichnet; nichts auf der Welt bereite ihm so viel Freude wie sexuelle Abenteuer und Phantasien.

Doch als er bekehrt wurde, erkannte er, daß er dem lüsternen Leben entsagen mußte, das er geführt hatte – und er kam zu der Überzeugung, daß die Amputation seines Penis das Problem lösen würde.

Die chirurgische Entfernung des Penis ist selbst unter den günstigsten Bedingungen ein gefährlicher Eingriff, der von Ärzten nur selten angewandt wird; eine Infektion, verursacht durch den berühmten brasilianischen Kleinfisch *Candiru*, einen Parasiten, der gern in den Harngang des Mannes eindringt und sich mit einem Kranz rückwärts gerichteter Stacheln in der Harnröhre festsetzt, so daß er nicht entfernt werden kann, ist einer der ganz seltenen Fälle, in denen ein Arzt diese Operation, eine sogenannte Peotomie, durchführt. Es muß schon ein unerschrockener und sehr verzweifelter Mann sein, der eine Autopeotomie vornimmt, sich also sein Glied selbst abschneidet, um so mehr noch, wenn die Operation in einer unsterilen Umgebung und mit einem Taschenmesser ausgeführt wird.

Eines der vielen Privilegien, die Dr. Minor genoß, bestand darin, daß er als einziger Patient in Broadmoor mit Erlaubnis des Direktors ein Taschenmesser besitzen durfte. Er hatte es schon lange nicht mehr richtig gebraucht;

230

nur noch selten mußte er die ungeschnittenen Seiten von Neuausgaben aufschneiden. Allein dafür hatte er überhaupt um ein Messer gebeten; nun trug er es einfach in der Tasche, wie jeder normale Mensch. Doch Minor war in keiner Weise ein normaler Mensch, denn nun brauchte er das Messer, wie sich herausstellte, für einen ganz und gar ungewöhnlichen Zweck.

Er war absolut überzeugt, daß sein Penis ihn dazu verleitet hatte, all die schmutzigen Dinge zu tun, die sein Leben so geprägt hatten. Sein unablässiges fleischliches Begehren entsprang vielleicht nicht seinem Glied, wurde jedoch von ihm erfüllt. In seiner Wahnvorstellung glaubte er, es bliebe ihm nichts anderes übrig, als es zu entfernen. Er war schließlich Arzt, und so wußte er im großen und ganzen, wie er vorzugehen hatte.

Also schärfte er an jenem Mittwochmorgen an einem Wetzstein sein Messer. Er schnürte eine dünne Kordel eng um die Wurzel seines Gliedes, um die Blutgefäße abzuklemmen, wartete ungefähr zehn Minuten, bis die Vene und die Arterienwände richtig zusammengepreßt waren, und schnitt sich dann in einer raschen Bewegung, die sich die meisten Menschen lieber gar nicht genauer ausmalen, sein Glied ungefähr drei Zentimeter über der Wurzel ab.

Das anstößige Objekt warf er ins Feuer. Dann löste er die Schnur und stellte fest, daß es – wie erwartet – fast gar nicht blutete. Er legte sich einen Augenblick hin, um zu verhindern, daß es doch noch zu einer stärkeren Blutung kam, und ging dann beinahe gelassen zum unteren Tor im Erdgeschoß von Block zwei und rief nach dem Aufseher. Als gelernter Arzt wußte er, daß nun wohl bald der Schock einsetzen würde und er vermutlich in die Krankenstation gebracht werden müsse, was die entsetzten Anstaltsärzte denn auch anordneten.

Dort blieb er fast einen ganzen Monat. Schon nach wenigen Tagen war er wieder ganz der alte Querulant; er beklagte sich über den Lärm der Bauarbeiter, obwohl der Tag, an dem er sich beklagte, ein Sonntag war, an dem kein Mensch arbeitete.

Der Penis heilte allmählich. Zurückgeblieben war ein kleiner Stumpf, durch den Minor urinieren konnte, der sich aber – wohl ganz zu seiner Zufriedenheit – sexuell als unbrauchbar erwies. Das Problem war gelöst: Nun waren keine erotischen Kapriolen mehr möglich, die Gottheit war versöhnt. Der Anstaltsarzt äußerte in seinen Aufzeichnungen sein Erstaunen darüber, wie jemand auf die Idee kommen konnte, eine solch ungewöhnliche Selbstverstümmelung vorzunehmen.

Für diese absonderliche Tat gab es möglicherweise noch einen weiteren Grund, der hier allerdings nur der Vollständigkeit halber erwähnt werden soll, weil er mehr als unwahrscheinlich ist. Minor könnte seinen Penis aufgrund von Schuldgefühlen und Selbsthaß amputiert haben, weil er mit der Witwe des Mannes, den er getötet hatte, ein wie auch immer geartetes Verhältnis hatte, sei es real oder in seiner lüsternen Phantasie.

Eliza Merritt hatte Minor, wie wir uns erinnern, Anfang der achtziger Jahre regelmäßig in der Anstalt besucht. Sie pflegte ihm Bücher und gelegentlich Geschenke mitzubringen. Er und seine Stiefmutter hatten ihr als Entschädigung für ihren Verlust Geld gegeben. Sie hatte öffentlich zu verstehen gegeben, daß sie ihm die blutige Tat verziehen habe, weil er damals nicht zwischen Recht und Unrecht habe unterscheiden können. Wäre es nicht möglich, daß zwischen diesen beiden Menschen, die ungefähr im gleichen Alter waren und in vieler Hinsicht ähnlich eingeschränkt lebten, in einem Augenblick des gegenseitigen Trostes etwas vorgefallen ist? Und könnte es nicht sein, daß die Erinnerung an diesen Vorfall den sensiblen und nachdenklichen Dr. Minor eines Tages in tiefe, bedrückende Schuldgefühle stürzte?

Nichts deutet darauf hin, daß es bei den Begegnungen zwischen Minor und Eliza Merritt nicht schicklich und sittsam zuging, und da dies vermutlich immer so war, könnten spätere Schuldgefühle bei Minor jenen Phantasien entsprungen sein, die ihn den Aufzeichnungen der Ärzte zufolge immer wieder quälten. Doch zugegebenermaßen wäre es durchaus möglich, wenn auch nicht sehr wahrscheinlich, daß nicht nur ein schwelender religiöser Eifer, sondern Schuldgefühle aufgrund eines bestimmten Vorfalls zu dieser schrecklichen Tragödie führten.

Genau ein Jahr danach tauchte erneut die Frage auf, ob man Dr. Minor nach Amerika zurückschicken könne. Diesmal stammte der Vorschlag von seinem Bruder Alfred, der in New Haven noch immer das Porzellanwarengeschäft führte und dem Direktor einen Brief geschrieben hatte, den Minor nie zu Gesicht bekam. Diesmal gab der normalerweise ablehnende Dr. Brayn jedoch erstmals Grund zur Hoffnung – «falls Vorkehrungen für eine geeignete Versorgung und Behandlung getroffen werden und die amerikanische Regierung seiner Verlegung zustimmt, halte ich es für durchaus möglich, daß das Gesuch positiv beschieden wird».

Wieder ein Jahr später kam James Murray auf der Rückfahrt von einem Besuch bei seiner Tochter in einem Londoner College nach Broadmoor. Er bezeichnete Minor dem Direktor gegenüber als «Freund» und äußerte sich später besorgt darüber, wie gebrechlich der Patient inzwischen wirkte und wie sehr die sprühende Energie nachgelassen habe, die ihn während der Arbeit an dem Wörterbuch in den vergangenen zehn Jahren so beflügelt hatte. Murray trat entschieden dafür ein, den alten Herrn zum Sterben heimkehren zu lassen. In England hatte er niemanden, keine Aufgabe, nichts, was ihn am Leben hielt. Sein Leben war nichts als eine schleppende Tragödie, ein langsames Sterben vor den Augen der Welt.

William Minor zeigte sich für den freundlichen Besuch in einer besonders anrührenden Weise erkenntlich; er gab Murray einen kleineren Geldbetrag. James Murray sollte an einer Konferenz in der Cape Colony, im heutigen Südafrika, teilnehmen, und Minor hatte irgendwie erfahren, daß die Reise Murrays Mittel weit überstieg (obwohl die ansonsten knauserigen Vertreter der Oxford University Press hundert Pfund lockergemacht hatten). So beschloß Minor, ebenfalls etwas beizusteuern, und schickte ihm per Postanweisung ein paar Pfund, zusammen mit einigen ungewöhnlich herzlichen Zeilen:

Bitte verzeihen Sie mir, daß ich mir erlaube, eine Anweisung an Sie beizufügen, die vielleicht ein klein wenig dazu beiträgt, daß Ihre Mittel nicht allzu stark beansprucht werden.

Selbst ein *Millionär* dürfte Genugtuung empfinden, wenn er feststellt, daß er einen *sovereign* mehr hat, als er dachte, auch wenn er selbst Republikaner ist, und auch wir weniger Begüterte haben ein Recht auf eine entsprechende Genugtuung, wenn es die Umstände erlauben

234

[«Souverän», «Herrscher» und auch «Sovereign» (alte britische Goldmünze von 20 Shilling)]. Ein Haus zu bauen und auf eine Reise zu gehen, läuft auf dasselbe hinaus – es kostet mehr, als man erwartet; jedenfalls bin ich sicher, daß Sie das gut gebrauchen können.

Nun möchte ich Ihnen beiden auf Wiedersehen sagen, *with best wishes for your welfare, and in its uncontracted form also* [«mit den besten Wünschen für Ihr Wohlergehen, und auch für Ihre Reise(kasse)», denn die *uncontracted form*, die nicht zusammengezogene Form, von *welfare* (Wohlergehen) wäre *well fare* (gute Fahrtkosten)],

Gott sei mit Ihnen,
W. C. Minor

In den folgenden Wochen und Monaten wurde der Geistesgestörte immer mehr zum Kranken. Er fiel im Bad und verletzte sich am Bein, er stolperte und zerrte sich die zähen Sehnen und müden Muskeln, er litt unter der Kälte und verkühlte sich. Auf seinen Wahnsinn türmten sich nun sämtliche Unannehmlichkeiten des Alters, bis von William Minor nichts mehr übrig war als ein armer alter Tropf, den keiner fürchtete und alle bedauerten.

Dann ereignete sich noch eine kleinere Tragödie des Wahns. Dr. Minor tat sich zwar längst nicht mehr als Lexikograph oder als Flötenspieler hervor, doch er war noch immer ein eifriger Maler. Er verbrachte viele Stunden an der Staffelei, die er in seinem Zimmer aufgestellt hatte. Eines Tages kam er auf die Idee, eines seiner besseren Werke der Prinzessin von Wales zu schicken, der jungen Gattin des späteren Königs George V.

Doch Dr. Brayn sagte nein. Wie abzusehen war, pochte

er strikt auf die Bestimmung, daß Insassen von Broadmoor nicht mit Angehörigen der königlichen Familie in Verbindung treten durften – die Bestimmung war eingeführt worden, weil so viele Geistesgestörte sich selbst für Angehörige der königlichen Familie hielten –, und verbot Minor, das Bild zu schicken. Daraufhin legte der Arzt voller Zorn und Verdruß in aller Form Widerspruch ein und zwang den Direktor, das Gemälde nebst einem Gesuch beim Innenminister einzureichen, der das letzte Wort hatte. Das Ministerium stellte sich natürlich hinter Brayn, der Minors Gesuch neuerlich ablehnte.

Dies brachte Minor jedoch derart in Rage, daß er wütend und kaum lesbar an den amerikanischen Botschafter schrieb und diesen bat, seine guten diplomatischen Beziehungen einzusetzen, um das Paket in den Buckingham Palace zu befördern. Das Paket blieb, wo es war. Brayn änderte seine Meinung nicht. Und so schickte Minor einen weiteren Brief an den Stabschef der US Army in Washington und beschwerte sich, daß er, selbst ein Offizier der amerikanischen Armee, gewaltsam daran gehindert werde, mit seiner Botschaft in Verbindung zu treten.

Die ganze Geschichte beschäftigte im Sommer einen Monat lang ein Heer von Attachés und Vizekonsuln, Protokollchefs und Amtsstellenleitern, die sich darüber stritten, ob das zweifellos bezaubernde Aquarell dieses harmlosen alten Mannes jemals in die Hände der jungen Prinzessin und zukünftigen Königin gelangen sollte.

Doch es kam nie so weit. Die Sache wurde auf der ganzen Linie abgelehnt und nahm ein trauriges Ende. Denn als Dr. Minor sich betrübt in seinen Zellenblock zurückzog und wehmütig sein Bild zurückforderte, teilte man ihm kaltschnäuzig mit, daß es verlorengegangen sei. Der

Brief, mit dem Minor es zurückverlangte, weist eine krakelige, zittrige Handschrift auf, die Handschrift eines alten, halbverrückten, halbsenilen Mannes, doch das Schreiben war umsonst. Das Aquarell ist nie wieder aufgetaucht.

Und es gab noch andere entmutigende Entwicklungen. Anfang März des Jahres 1910 befahl Dr. Brayn, dessen Verhalten im Fall William Minor die Nachwelt wahrscheinlich nicht besonders gnädig beurteilen wird, sämtliche Privilegien des alten Mannes zu streichen. Innerhalb eines Tages mußte Minor die beiden Räume aufgeben, die er siebenunddreißig Jahre lang bewohnt hatte, mußte seine Bücher und Skizzenblöcke, den Schreibtisch und die Flöte zurücklassen und sich in der Krankenstation einquartieren lassen. Doch die grausame Tat des hartherzigen Mannes löste eine Lawine von empörten Briefen der wenigen verbliebenen Freunde aus.

Selbst Ada Murray – inzwischen Lady Murray, seit James im Jahr 1908 auf Empfehlung des wohlwollenden Premierministers Herbert Asquith geadelt worden war – beschwerte sich im Namen ihres Mannes in aller Schärfe über die grausame und arrogante Art, mit der der sechsundsiebzigjährige Minor behandelt wurde. Brayn entgegnete schwammig: «Ich hätte keines seiner Privilegien zurückgenommen, wäre ich nicht der Überzeugung gewesen, daß bei unveränderten Bedingungen die Gefahr eines schwerwiegenden Unglücks bestanden hätte.»

Dadurch ließ sich jedoch weder Sir James noch Lady Murray beschwichtigen; es sei dringend notwendig, argumentierten sie, dem genialen Gelehrten und Freund endlich die Rückkehr in die Heimat zu gestatten, ihn aus den Klauen des abscheulichen Dr. Brayn zu befreien und wegzuholen aus dieser Anstalt, die längst keine Stätte harmloser Gelehrsamkeit mehr war, sondern eher jenem *Bedlam* glich, das sie einst hatte ersetzen sollen.

Sein Bruder Alfred reiste Ende März in der Absicht nach London, die Angelegenheit ein für allemal zu regeln. Er hatte in Washington mit Vertretern der Armee gesprochen; die Generäle hielten es für möglich, Dr. Minor in das Bundeskrankenhaus St. Elizabeth in der amerikanischen Hauptstadt zu verlegen, in dem er viele Jahre zuvor bereits eingesessen hatte, allerdings unter der Bedingung, daß das britische Innenministerium zustimmte. Unter der Voraussetzung, daß Alfred seinen Bruder auf der Überfahrt über den Atlantik in sicheren Gewahrsam nehmen würde, könne man den Innenminister möglicherweise dazu bewegen, seine Einwilligung zu geben.

Das Schicksal zeigte sich gnädig. Zum großen Glück amtierte als Innenminister damals Winston Churchill, der zu jener Zeit zwar noch nicht so bekannt war wie ein paar Jahre später, der aber den Amerikanern von Haus aus wohlgesonnen war, denn seine eigene Mutter war Amerikanerin. Er forderte die entsprechenden Stellen auf, einen zusammenfassenden Bericht über den Fall an sein Ministerium zu schicken. Der Bericht existiert noch; er bietet einen prägnanten und faszinierenden Einblick in die Art und Weise, wie staatliche Behörden operieren.

Der Bericht enthält die unterschiedlichen Argumente für und wider eine bedingte Haftentlassung im Fall Minor; die Entscheidung wurde letztlich allein davon abhängig gemacht, ob sein Bruder Alfred wirklich gewährleisten konnte, daß Minor während der Überführung von jeglichen Schußwaffen ferngehalten werde, falls er noch immer als Gefahr für andere gelten sollte. Die Bürokraten, die sich mit dem Fall befaßten, kamen dann langsam, aber sicher zu der einhelligen Überzeugung, daß von Minor keine Gefahr ausginge und daß man seinem Bruder notfalls trauen könne. So sprach man dem Innenminister auf der Grundlage dieser aufgeblähten Analyse die Empfehlung aus, den Mann tatsächlich aus der Haft zu entlassen und in seine amerikanische Heimat zurückkehren zu lassen.

Und so unterzeichnete Winston S. Churchill am 6. April 1910 mit blauer Tinte eine Verfügung für eine bedingte Haftentlassung unter der Maßgabe, daß Minor «nach seiner Entlassung das Vereinigte Königreich verläßt und nicht dorthin zurückkehrt».

Am nächsten Tag schrieb Sir James Murray an den Direktor und fragte an, ob er sich von seinem alten Freund verabschieden dürfe und ob er Lady Murray mitbringen könne. «Dagegen ist nicht das geringste einzuwenden», erwiderte Dr. Brayn aalglatt, «er fühlt sich schon viel besser und wird sich freuen, Sie zu sehen.» Man glaubt fast zu spüren, wie der alte Mann wieder aufblühte und Mut faßte bei dem Gedanken, nach achtunddreißig langen Jahren endlich wieder heimzukehren.

Da es sich um einen bedeutenden Augenblick handelte, nicht nur für Minor, sondern auch für England, hatte Murray einen Künstler der königlichen Hofphotographen Russell & Co. gebeten, im Garten der Anstalt von Broadmoor ein offizielles Abschiedsporträt von Dr. Minor zu machen. Dr. Brayn hatte ausnahmsweise nichts einzuwenden. Das Bild, das damals entstand, existiert noch heute. Es ist ein höchst sympathisches Porträt eines gütigen, glücklichen und gelehrten Menschen, der ungezwungen, ungetrübt und völlig unbekümmert vor einer idyllischen englischen Hecke zu sitzen scheint.

Am frühen Morgen des 16. April 1910 erhielt der Oberaufseher Spanholtz – der wie viele andere Wärter in Broadmoor ein ehemaliger Gefangener aus dem Burenkrieg war – den Befehl, William Minor in Zivil nach London zu begleiten. Sir James und Lady Murray waren nach Broadmoor gekommen, um sich in der schwachen Frühlingssonne zu verabschieden; man schüttelte sich feierlich die Hand und hatte, wie es hieß, auch ein paar Tränen in den Augen.

Damals wahrte man jedoch mehr Würde als heute; deswegen verabschiedeten sich die beiden Männer, die sich so lange so viel bedeutet hatten und deren gemeinsames geistiges Werk nun fast zur Hälfte abgeschlossen war – die sechs bislang erschienenen Bände des OED waren sicher in Minors Koffer verstaut – eher steif und förmlich. Auch Dr. Brayn entbot ein knappes Lebewohl. Die Kutsche ratterte die enge Straße hinunter und verlor sich bald im Morgendunst. Zwei Stunden später traf sie an der Bracknell Station an der südöstlichen Bahnlinie nach London ein.

Eine Stunde später standen Spanholtz und Minor unter der mächtigen Kuppel der Waterloo Station. Der Bahnhof war inzwischen um einiges größer als im Jahr 1872, als in jener Samstagnacht nur ein paar hundert Meter weiter der Mord stattfand, mit dem diese Geschichte begann. Die beiden hielten sich nicht lange auf, sondern fuhren gleich mit der Kutsche weiter nach St. Pancras, wo sie in den Zug zu den Tilbury Docks stiegen. Dort gingen sie an den Anlegeplatz, an dem der Doppelschraubendampfer *SS Minnetonka*, der an jenem Nachmittag nach New York auslaufen sollte, Kohle und Proviant lud.

Erst an der Anlegestelle übergab der Aufseher den

240

Schutzbefohlenen seinem Bruder, der an der Landungs-
brücke wartete. Kurz vor Mittag wurde eine Empfangs-
bestätigung quittiert, fast so, als handle es sich bei dem
Patienten um eine große Kiste oder ein Stück Fleisch. «Es
wird hiermit bescheinigt, daß William Chester Minor am
heutigen Tag aus der Straf- und Irrenanstalt Broadmoor
in meine Obhut übergeben wurde», hieß es in dem For-
mular, das mit «Alfred W. Minor, Vormund» unterzeichnet wurde.

Daraufhin verabschiedete sich der Aufseher mit einem
freundlichen Winken und eilte zu dem Zug, mit dem er
zurückfuhr. Um zwei Uhr ließ das Schiff beim Lichten der
Anker sein Signalhorn ertönen und wurde von schnau-
fenden Schleppern in die Mündung der Themse hinausge-
zogen. Im Laufe des Nachmittags ließ es North Foreland
hinter sich und drehte hart nach steuerbord; bei Einbruch
der Nacht befand es sich im Ärmelkanal, in der Dämmerung des nächsten Tages südlich der Scilly Isles, und am
Mittag war endlich ganz England und der damit verbun-
dene Alptraum im Dunst hinter der Heckreling verschwunden. Das Meer war weit und grau und leer. Vorn
lag Amerika, die Heimat.

Zwei Wochen später erhielt Dr. Brayn eine Nachricht
aus New Haven.

Zu meiner Freude darf ich Ihnen mitteilen, daß mein
Bruder die Reise sicher überstanden hat und inzwischen gut in der Anstalt St. Elizabeth in Washington untergebracht ist. Er genoß die Überfahrt und wurde auch
nicht seekrank. Gegen Ende der Reise hatte ich allerdings das Gefühl, daß er viel zuviel herumlief. Er hat
mir aber nachts keinerlei Ärger gemacht; dennoch fühl-

te ich mich sehr erleichtert, als wir in New York anlegten. … Ich hoffe, ich habe das Vergnügen, Sie irgendwann einmal wiederzusehen. Grüße an Sie und Ihre Familie und die besten Empfehlungen an alle Mitarbeiter und Aufseher von Broadmoor.

11. Kapitel

Was bleibt für alle Zeit

---

diagnosis (daɪəg'nəʊsɪs). Pl. -oses. [a. L. *dia-gnōsis*, Gr. διάγνωσις, n. of action f. δια-γιγνώσκειν to distinguish, discern, f. δια- through, thoroughly, asunder + γιγνώσκειν to learn to know, perceive. In F. *diagnose* in Molière: cf. prec.]

  1. a. *Med.* Determination of the nature of a di- seased condition; identification of a disease by careful investigation of its symptoms and history; also, the opinion (formally stated) resulting from such investigation.

Der gute alte Furnivall trat als erster der großen Schöpfer des Wörterbuchs ab. Er starb nur wenige Wochen nachdem die *Minnetonka* mit William Minor an Bord in London ausgelaufen war.

Frederick Furnivall wußte bereits seit dem Beginn des Schicksalsjahres 1910, daß er sterben würde. Er blieb bis zum Schluß amüsant und energiegeladen, ruderte mit sei- nem kleinen Boot in Hammersmith, flirtete mit seinen Kellnerinnen im *ABC* und schickte täglich seine Pakete mit Wörtern und Zeitungsausschnitten an den Leiter je- nes Projekts, mit dem er ein halbes Jahrhundert lang aufs engste verbunden gewesen war.

Einen seiner letzten Briefe an Murray begann er in der für ihn typischen exzentrischen Art mit einer spöttischen Bemerkung über die Krankheit, von der er wußte, daß sie

243

ihn in Bälde dahinraffen würde. Zunächst bekundete er sein Interesse an einem Wort, *tallow-catch*, das Murray bei Shakespeare gefunden, kurz zuvor definiert und zur Prüfung nach Hammersmith geschickt hatte. Furnivall beglückwünschte ihn zu der Definition, in der es unter anderem hieß, «*a very fat man ... a tub of tallow*» [ein sehr fetter Mensch, eine Talgtonne»]; in diesem Ausdruck klingt die heute gängige Bezeichnung «*a tub of lard*» [ein Schmalzfaß] für einen dicken Menschen an. Erst danach erwähnte er vage die düstere Prognose, die sein Arzt gestellt hatte – er hatte Darmkrebs – und bemerkte: «Ja, unsere Wörterb.Leute treten allmählich ab, & ich soll in sechs Monaten verschwinden ... Das ist sehr enttäuschend, da ich das Wörterb. vollendet sehen wollte, bevor ich sterbe. Doch es soll nicht sein. Der Abschluß des Wortes ist jedoch gewiß. So sei es drum.»

Er starb, wie vorausgesagt, im Juli; die Arbeit legte er jedoch erst nieder, nachdem er auf Wunsch Murrays einen kolossal langen Eintrag geprüft hatte, der in Band 11 aufgenommen werden sollte. «Würde es Ihnen Genugtuung bereiten», hatte Murray ihn gefragt, «das gigantische TAKE im letzten Stadium zu sehen? Bevor es zu spät ist?»

Murray wußte, daß nach Furnivalls Ableben sein eigenes Ende auch nicht mehr allzu fern sein konnte. Und daß er Furnivall das Wort *take* anbot, machte klar: Er hatte gerade erst mit der gewaltigen Arbeit an dem Buchstaben «T» begonnen. Für diesen Buchstaben allein sollte er fünf Jahre brauchen – von 1908 bis 1913. Als er ihn abgeschlossen hatte, war er so erleichtert, daß er vorschnell eine optimistische Prognose abgab: «Ich bin so weit, daß ich das Ende abschätzen kann. Allem menschlichen Ermessen nach wird das *Oxford English Dictionary* an mei-

244

nem achtzigsten Geburtstag, also in vier Jahren, abgeschlossen sein.»

Es sollte jedoch anders kommen. Weder wurde das OED innerhalb von vier Jahren vollendet, noch sollte Sir James achtzig Jahre alt werden. Das große Doppeljubiläum, auf das er hoffte – seine goldene Hochzeit und seinen achtzigsten Geburtstag –, sollte er nicht mehr erleben. Der Inhaber des Regius-Lehrstuhls für Medizin in Oxford meinte einmal scherzend, die Universität bezahle ihm sein Gehalt anscheinend «nur, um jenen alten Mann am Leben zu halten», damit er seine Arbeit abschließen könne. Anscheinend bezahlte sie nicht genug.

Im Frühjahr 1915 erkrankte Murray an einem Prostataleiden, und die brennenden Röntgenstrahlen, mit denen solche Beschwerden damals behandelt wurden, schadeten ihm sehr. Er arbeitete unvermindert weiter und schloß im Sommer den Band *Trink–Turndown* ab, der viele schwierige Wörter enthielt, die einem Kollegen zufolge «mit der unverkennbaren Gelehrsamkeit und Gründlichkeit behandelt wurden». Am 10. Juli wurde er zum letztenmal im Scriptorium im Kreise seiner Mitarbeiter und Töchter photographiert; den Hintergrund bildeten Regale mit gebundenen Büchern, statt der Zettelfächer, die das Bild der Anfangszeit geprägt hatten. Auf dem Photo trägt Sir James noch immer sein Barett, doch er sieht schmal und schwach aus; seine Züge lassen eine gefaßte Resignation erkennen. Die Menschen an seiner Seite blicken wissend und betroffen.

Er starb am 26. Juli 1915 an einer Brustfellentzündung und wurde seinem Wunsch gemäß neben einem Freund, der in Oxford Chinesisch gelehrt hatte, beigesetzt.

William Minor, der inzwischen sein fünftes Jahr in der staatlichen Irrenanstalt in Washington verbrachte – die bis 1916 nur inoffiziell unter ihrem späteren Namen «St. Elizabeth» bekannt war –, dürfte wohl zu gegebener Zeit vom Tode des Mannes erfahren haben, der ihm so viel Trost und geistige Erquickung gespendet hatte. Murrays Todestag selbst war für ihn lediglich einer jener schlimmen Tage, die er jetzt immer häufiger durchlitt. Man könnte sagen, es war ein Tag, an dem Minor in Washington unbewußt den traurigen Vorfall im mehr als dreitausend Meilen entfernten Oxford mitfühlte.

«Schlug einen seiner Mitpatienten», wurde am Abend jenes 26. Juli in den Aktennotizen auf Minors Station festgehalten. «Dieser hatte zufällig in seinem Zimmer vorbeigeschaut. Wird wütend und versucht, heftig zuzuschlagen, hat aber zuwenig Kraft, um jemanden zu verletzen.» (Einen Monat davor hatte er angefangen, auf Leute einzuschlagen. An einem Nachmittag im Juni ging er mit seinem Aufseher spazieren. Sie begegneten einem Polizisten, der anhob, Fragen zu stellen. Da schlug Minor dem Wärter mit den Fäusten gegen die Brust. Später entschuldigte er sich und erklärte, er sei «ein wenig nervös» geworden.)

Wahrscheinlich war er bereits seit dem Tag, an dem der erste Eintrag über ihn gemacht wurde, kaum in der Lage, jemandem Schaden zuzufügen. Er mag zwar verrückt gewesen sein, doch er war unglaublich schmächtig. Sein Rücken war gebeugt; beim Gehen zog er die Füße nach; er hatte keine Zähne mehr und keine Haare mehr auf dem Kopf. Man ließ ihn photographieren, von vorn und im Profil, wie einen ganz gewöhnlichen Verbrecher. Die Photos zeigen einen Menschen mit langem, weißem Bart, hoher

Stirn, kahlem Schädel und wildem Blick. Seine Geisteskrankheit war nach Meinung der Ärzte eine Paranoia; er
gab zu, immer noch unentwegt an kleine Mädchen denken zu müssen und von den entsetzlichen Handlungen zu
träumen, zu denen sie ihn während seiner nächtlichen
Streifzüge zwangen.

Er galt indes als ungefährlich; seine Ärzte willigten ein,
ihn in der Umgebung spazierengehen zu lassen, solange er
von einem Aufseher begleitet wurde. Der Stummel seines
Penis war ein eindeutiges Indiz dafür, daß man ihm jeden
Zugang zu Messer und Schere verwehren mußte. Ansonsten hielt man ihn jedoch für harmlos. Er war lediglich ein
siebenundsiebzigjähriger, dünner, zahnloser, runzeliger
und halb tauber alter Mann – allerdings «sehr rege für
sein Alter».

Während der Jahre in St. Elizabeth verschlimmerten
sich seine Wahnvorstellungen allmählich. Er klagte, Vögel
hackten ihm regelmäßig die Augen aus, Leute stopften
ihm durch einen Metalltrichter Essen in den Mund und
klopften ihm auf die Fingernägel, Horden von Pygmäen
versteckten sich unter den Dielen seines Zimmers und
handelten im Auftrag der Unterwelt. Hin und wieder war
er reizbar, meistens jedoch ruhig und friedlich. Er las und
schrieb viel in seinem Zimmer. Er habe eine etwas arrogante Art, meinte ein Arzt; ihm liege nicht viel an der Gesellschaft seiner Mitpatienten, und er lasse keinen einzigen von ihnen in sein Zimmer.

Erst in St. Elizabeth erhielt seine bislang rätselhafte Erkrankung ihre sozusagen erste moderne und auch heute
noch gängige Bezeichnung. Am 8. November 1918 atte-
stierte der ihn behandelnde Psychiater, ein Dr. Davidian,

offiziell, William Minor, Patient Nummer 18487, leide an einer «Dementia praecox der paranoiden Art». Der vage Begriff «Monomanie» wurde nicht mehr verwendet, und auch die simple Klassifizierung als «Paranoia» genügte nicht länger. Endlich befand sich Minor nicht mehr in der Domäne der hilflosen, aber (nach Philippe Pinel von der Pariser Anstalt Salpêtrière) entschieden «moralistischen» Behandlungsmethoden, mit denen die Viktorianer der Geisteskrankheit Herr zu werden versuchten, sondern in der Hand der modernen Psychiatrie.

Der neue Ausdruck *Dementia praecox* war durchaus treffend. Als Davidian ihn in seiner Diagnose verwendete, war er bereits seit zwanzig Jahren geläufig. Wörtlich bedeutete er «früh einsetzender Verfall der geistigen Kräfte»; bezeichnet wurde damit ein Verlust des Realitätsbezugs in den frühen Lebensjahren, wie im Falle Minors. Insofern unterschied sich diese Krankheit deutlich von der *Dementia senilis*, womit früher jene Hinfälligkeit bezeichnet wurde, die speziell im höheren Alter auftritt und sich unter anderem in der Alzheimer Krankheit äußert.

In die Fachliteratur eingeführt wurde dieser Terminus 1899 von dem deutschen Psychiater Emil Kraepelin, dem damals führenden Experten auf dem Gebiet der systematischen Einteilung bekannter Geisteskrankheiten. Mit seiner Bezeichnung wollte er diese Krankheit weniger von dem Leiden älterer Patienten abgrenzen als vielmehr von der völlig anders gearteten «manisch-depressiven Psychose», die von den früheren Nervenärzten aufgrund einiger Ähnlichkeiten leicht mit der frühen Demenz verwechselt wurde.

Kraepelin vertrat die damals revolutionäre Auffassung,

daß manisch-depressive Psychosen erkennbare physische Ursachen hätten (beispielsweise einen niedrigen Lithiumspiegel im Blut und im Gehirn) und daher behandelt werden konnten (etwa durch die Gabe des Alkalimetalls Lithium zum Ausgleichen des Mangels), wohingegen die *Dementia praecox* eine sogenannte endogene Erkrankung sei, bei der keine äußere Ursache festzustellen war. In dieser Hinsicht war sie vergleichbar mit solch rätselhaften systemischen Störungen wie der essentiellen Hypertonie, bei der ohne ersichtlichen Grund ein erhöhter Blutdruck und andere unangenehme Begleiterscheinungen auftreten.

Kraepelin unterschied des weiteren drei besondere Unterformen der *Dementia praecox*. Bei der «katatonen Demenz» sind die motorischen Funktionen des Körpers gestört; bei der «hebephrenen Demenz» – benannt nach dem Griechischen ἥβη, «Jugend» – tritt während der Pubertät ein auffallend albernes Verhalten auf; und bei der «paranoischen Demenz» leidet der Patient unter Wahnvorstellungen, häufig unter Verfolgungswahn. Nach Kraepelins Einteilung litt Dr. Minor unter dieser letzteren Form der Demenz.

Die traditionelle Form der Behandlung, die man ihm und seinesgleichen angedeihen ließ, war äußerst simpel und nach heutigen Maßstäben erschreckend rückständig. Wer unter paranoischer Demenz litt, galt als nicht heilbar, wurde per Gerichtsbeschluß aus der Gesellschaft ausgegliedert und – dank Pinels großem Einfluß durchaus fürsorglich – hinter hohen Mauern in einer Zelle eingeschlossen, damit er der «normalen» Welt nicht lästig fiel. Manche Patienten wurden nur für ein paar Jahre eingekerkert, manche zehn oder zwanzig Jahre lang. In Minors

Fall dauerte die unfreiwillige Verbannung aus der Gesellschaft den größten Teil seines Lebens. Die ersten achtunddreißig Jahre seines Lebens verbrachte er weitgehend in Freiheit, bis er George Merritt tötete. Von den achtundvierzig Jahren, die dann noch vor ihm lagen, war er siebenundvierzig Jahre lang in staatlichen Anstalten eingesperrt – mehr oder weniger ohne medizinische Behandlung, weil er nach Meinung der damaligen Ärzte im Grunde unbehandelbar war.

Seit jener Zeit hat sich einiges geändert. Der Krankheit, an der Minor litt, begegnet man heute um einiges aufgeschlossener. Zunächst einmal wird sie anders benannt: der ursprünglich viel weniger abschreckende Begriff «Schizophrenie» – nach der griechischen Bezeichnung für «gespaltener Verstand» – tauchte erstmals 1912 auf. (Da dem Ausdruck heute ein unangenehmer Beigeschmack anhaftet, gibt es inzwischen Bestrebungen, die Krankheit in «Kraepelin-Syndrom» umzubenennen.)

Zu den ersten Behandlungsformen dieser Krankheit, die gerade eingeführt wurden, als Minor seinem endgültigen Verfall entgegenging, gehörte der Einsatz starker Beruhigungsmittel wie Chloralhydrat, Natriumamytal und Paraldehyd. Heute stehen ganze Schränke voll teurer Psychopharmaka zur Verfügung, um zumindest die schlimmsten Symptome der Schizophrenie in den Griff zu bekommen. Bisher wurden aber trotz immenser Investitionen herzlich wenige Fortschritte erzielt, um die mysteriösen Auslöser zu hemmen, welche die unheilvolle Krankheit anscheinend zum Ausbruch bringen. Und es wird noch immer viel darüber diskutiert, was zu diesen Auslösern zählen könnte. Kann man tatsächlich sagen, daß eine schwerwiegende psychische Erkrankung wie die Schizophrenie

250

mit ihrer massiven Störung der chemischen Prozesse im Gehirn wirklich eine *Ursache* hat? Können im Falle von William Minor die schrecklichen Szenen während der *Battle of the Wilderness* tatsächlich seine Verhaltensstörung ausgelöst haben? Kann sein Brandmarken eines Iren direkt oder auch indirekt zu jenem Verbrechen beigetragen haben, das er acht Jahre später beging und das zu seiner lebenslänglichen Verbannung führte? Gab es je ein konkretes Ereignis, wurde sein Gehirn jemals von so etwas wie einem mentalen Erreger befallen? Oder entwickelt sich die Schizophrenie wirklich ohne Grund? Ist sie vielleicht einfach ein Teil des Wesens einiger unglückseliger Individuen? Und worin besteht diese Krankheit überhaupt? Handelt es sich lediglich um die Entwicklung einer Persönlichkeitsstruktur, die einige Stufen über die bloße Verschrobenheit hinausgeht und in Bereiche führt, welche die Gesellschaft nicht mehr zu ertragen vermag?

Niemand kann es genau sagen. Im Jahr 1984 erschien ein Bericht über einen Mann, der felsenfest davon überzeugt war, zwei Köpfe zu haben; einen davon empfand er als so unerträglich irritierend, daß er mit einem Revolver darauf feuerte und sich dabei schwer verletzte. In der Psychiatrie wurde der Mann einhellig als schizophren diagnostiziert, zumal eindeutig erwiesen war, daß er nur einen Kopf hatte und unter einer absurden Wahnvorstellung litt. Aber auch der berühmt-berüchtigte «Verrückte Lukas» aus dem viktorianischen Hertfordshire, der ein Vierteljahr mit der Leiche seiner Frau und dann ein Vierteljahrhundert in biblischer Askese und Verwahrlosung hauste und von unzähligen Tagesausflüglern aus London aufgesucht wurde – auch er wurde als schizophren abgestempelt. War das gerechtfertigt? War er nicht bloß ein

Exzentriker, dessen Verhalten außerhalb der akzeptierten Normen lag? War er genauso wahnsinnig wie der Besitzer des eingebildeten Kopfes? War er genauso gefährlich, hätte er genauso eingesperrt gehört? Und wie ist auf dieser Skala des Wahns ein Fall wie der William Minors einzustufen? War er weniger wahnsinnig als der eine und gestörter als der andere? Wie läßt sich so etwas quantifizieren? Wie soll man es beurteilen? Wie kann man so einen Fall behandeln?

Auch die heutigen Psychiater begegnen solchen Fragen sehr zurückhaltend und sind noch immer sehr unschlüssig und strittig in der Frage, ob die Krankheit eine definierbare Ursache hat und durch äußere Faktoren ausgelöst werden kann. Die meisten Psychiater sind eher vorsichtig, vermeiden monokausale Erklärungen und gehen lieber von einer Gesamtwirkung mehrerer Faktoren aus.

Ein Patient kann eine erblich bedingte Veranlagung zu der Krankheit haben. Oder es kann aufgrund seines Naturells eine erhöhte Wahrscheinlichkeit bestehen, daß er auf einen äußeren Streßfaktor – den Anblick eines Schlachtfeldes oder das Trauma einer Folter – «negativ» oder übermäßig reagiert. Und vielleicht sind gewisse Schocks für jeden Menschen zu überraschend und zu überwältigend, als daß man sie völlig rational verarbeiten könnte.

Seit kurzem kennt man das Phänomen der *Post-Traumatic Stress Disorder*, das bei ungewöhnlich vielen Menschen aufzutreten scheint, die schrecklichen Situationen ausgesetzt wurden – nur mit dem Unterschied, daß in den meisten dieser Fälle, wie beispielsweise nach dem Golfkrieg, als das Symptom erstmals massenweise registriert wurde, oder nach dem Trauma einer Entführung oder eines Verkehrsunfalls, die Symptome nach einer gewissen Zeit wieder verschwinden. Bei William Minor war dies nicht der Fall. Sein Leiden währte sein Leben lang. Es mag zwar praktisch erscheinen zu behaupten, eine *Post-Traumatic Stress Disorder* habe sein Leben und das seines Opfers zerstört, doch die anhaltenden Symptome deuten in eine andere Richtung. Mit seinem Gehirn stimmte etwas nicht; und die Vorfälle in Virginia führten wohl lediglich dazu, daß die krankhaften Veränderungen tatsächlich sichtbar wurden.

Vielleicht war er aufgrund einer ungewöhnlichen erblichen Veranlagung anfällig für die Krankheit; schließlich hatten zwei seiner Verwandten Selbstmord begangen, auch wenn wir die näheren Umstände nicht kennen. Vielleicht reagierte er aufgrund seiner sanften Wesensart – er malte, spielte Flöte, sammelte Bücher – besonders sensibel auf das, was er auf den blutgetränkten Feldern im amerikanischen Süden erlebt und erlitten hatte. Vielleicht trat aufgrund seiner anschließenden Inhaftierung in Broadmoor keine Besserung ein. Vielleicht hätte eine mitfühlendere Umgebung und eine aufgeklärtere Behandlung zu seiner Genesung beigetragen. Heute leidet einer von hundert Menschen an Schizophrenie; den meisten Patienten gelingt es, wenn sie mit genügend Mitgefühl und den richtigen Medikamenten behandelt werden, ein einigermaßen würdevolles Leben zu führen, wie es Dr. Minor größtenteils versagt blieb.

Allerdings hatte Minor sein Wörterbuch. Und hierin liegt eine schreckliche Ironie: Wäre er mit dem heutigen Verständnis und den richtigen Mitteln behandelt worden, hätte es ihn vielleicht nie dazu gedrängt, in der Weise an dem Wörterbuch mitzuarbeiten, wie er es getan hat. Hätte man ihm stimmungsaufhellende und beruhigende Mittel gegeben, wie es im Zeitalter König Edwards üblich war, oder ihn mit den heute gebräuchlichen Neuroleptika wie Quetiapin oder Risperidon behandelt, wären wohl viele seiner Wahnsymptome verschwunden – aber wahrscheinlich wäre er dann auch nicht mehr bereit oder in der Lage gewesen, für Dr. Murray zu arbeiten.

In gewisser Weise war das Anfertigen von Tausenden von Zetteln seine Arznei, seine Therapie. Die stets gleichbleibende, aber geistig anregende Beschäftigung in der Abgeschiedenheit seiner Zelle, Monat für Monat, Jahr für Jahr, scheint ihn zumindest in einem gewissen Maß von seiner Paranoia erlöst zu haben. Sein trauriges Los verschlimmerte sich erst, als jene Anregung fehlte. Sobald das große Buch nicht mehr der Magnet, *der* Fixpunkt war, auf den sich sein geniales, wenn auch gequältes Gehirn konzentrieren konnte, ging es mit ihm bergab.

Man muß also ein seltsames Gefühl der Dankbarkeit dafür empfinden, daß seine Behandlung nie so weit wirkte, ihn von seiner Arbeit abzubringen. Die Seelenqualen, die er in jenen schrecklichen Nächten in der Anstalt erlitten haben muß, sind uns allen – für alle Zeiten – zugute gekommen. Er war verrückt, und wir haben allen Grund, froh darüber zu sein. Eine wahrlich grausame Ironie, über die man lieber nicht zu lange nachdenkt.

Im November 1915, vier Monate nach James Murrays Tod, schrieb Dr. Minor an Lady Murray und bot ihr all die Bücher an, die von Broadmoor in das Scriptorium nach Oxford geschickt worden und bis zum Tode von Sir James in dessen Besitz gewesen waren. Er hoffte, daß die Bände später einmal in die Bestände der Bodleian Library eingehen würden, und tatsächlich stehen seine Bücher bis zum heutigen Tag in der großartigen Bibliothek, gekennzeichnet als Schenkung «Von Dr. Minor, über Lady Murray». («Es freut mich zu wissen», schrieb Minor in seinem Brief an Lady Murray, «daß Sie wohlauf sind, wie ich aus Ihrem Brief und Ihren Beschäftigungen schließen muß. Sie müssen noch immer sehr viel Arbeit an Wörterb.material annehmen beziehungsweise vergeben ...» Minor verwendete die britische und nicht die amerikanische Schreibweise – *labour* statt *labor*; die Jahre in Broadmoor hatten nicht nur in psychischer Hinsicht ihre Spuren hinterlassen.)

Allmählich wurde er immer hinfälliger. Ein alter Kamerad aus der Zeit des Bürgerkrieges schrieb aus West Chester, Pennsylvania, und erkundigte sich nach dem Befinden seines Freundes; der Direktor des Krankenhauses antwortete, Captain Minor erfreue sich in Anbetracht seiner Jahre guter Gesundheit und befinde sich auf einer «hellen und freundlichen Station und scheint mit seiner Umgebung zufrieden zu sein».

Die Stationsunterlagen erzählen jedoch eine ganz andere Geschichte, denn sie enthalten die gesamte Litanei der Symptome der allmählich einsetzenden Senilität und Altersdemenz. Immer häufiger berichteten die Wärter, Minor sei gestolpert und gestürzt, habe sich verletzt oder verlaufen oder sei unbeherrscht geworden; er irrte umher, fühlte sich häufig schwindelig, wurde schnell müde, und – was am schlimmsten war – er wurde vergeßlich und wußte, daß er Dinge vergaß. Abgesehen von seinen quälenden Wahnvorstellungen war er immer bei ausgesprochen klarem Verstand gewesen. 1918, gegen Ende des Krieges, schien er zu wissen, daß seine geistigen Kräfte nachließen, daß sein Geist nun genauso schwach wurde wie sein Körper und daß seine Tage gezählt waren. Manchmal blieb er tagelang im Bett und meinte, er müsse sich «einmal richtig ausruhen». Er verbarrikadierte die Tür mit Stühlen, weil er immer noch glaubte, verfolgt zu werden. Seit dem Mord waren mehr als fünfundvierzig Jahre vergangen; ein halbes Jahrhundert war es her, seit in dem Armeestützpunkt in Florida die ersten Anzeichen eines Wahns festgestellt worden waren. Und die Symptome waren nach wie vor unverändert, hartnäckig, ungeheilt und unheilbar.

Noch immer schrieb er die eine oder andere nörgelnde Beschwerde, wie die folgende vom Sommer 1917:

Dr. White – Sehr geehrter Herr, es gab Zeiten, da war das Fleisch – Rind und Schinken – sehr zäh und trokken. Das hat sich seit Ihrem Schreiben einigermaßen gebessert, und darüber möchte ich mich nicht beschweren; aber Reis scheint die einzige Beilage zu sein, die es dazu gibt.
Das ist kein großer Grund zur Klage, doch uns bedeuten diese Kleinigkeiten sehr viel.
Mit Dank für das, was Sie zu tun gedenken,
Hochachtungsvoll
W. C. Minor

Ein Jahr später – aufgrund nachlassenden Augenlichts und Erinnerungsvermögens datierte er den Brief allerdings mit «1819» anstatt mit «1918» – bewies er eine weitere ungewohnte Geste des Wohlwollens, wie damals, als er James Murray bei seiner Reise an das Kap unterstützte. In diesem letzteren Fall schickte er fünfundzwanzig Dollar an den belgischen Hilfsfonds und einen Betrag in gleicher Höhe an den Wehrdienstfonds der Yale University, seiner Alma mater. Der Rektor von Yale schrieb in seiner Antwort an den Leiter der Anstalt: «Ich bin mit Dr. Minors Lebensgeschichte weitgehend vertraut und bin daher doppelt gerührt über diese Spende.»

Im Jahr 1919 stellte sein Neffe, Edward Minor, bei der Armee den Antrag, ihn aus der Anstalt St. Elizabeth zu entlassen und in ein psychiatrisches Alten- und Pflegeheim in Hartfort, Connecticut, zu verlegen. Die Armee willigte ein. «Ich denke, wenn das Heim über den Fall vollständig im Bilde ist, sollten wir ihn gehen lassen», meinte ein Dr. Duval bei einer Erörterung der Angelegenheit im Oktober. «Er ist nun schon so alt, daß er wahrscheinlich nicht viel Schaden anrichten wird.» Auch die Heimleitung stimmte zu, und so nahm der gebrechliche alte Herr in einem novemberlichen Schneetreiben für immer und ewig Abschied von Washington und der bizarren Welt der Irrenanstalten, in der er seit 1872 gelebt hatte.

Er fühlte sich recht wohl in seinem neuen Zuhause, einem großen Landhaus inmitten von Gärten und Wäldern am Ufer des Connecticut River. Im Winter 1920 erwähnte sein Neffe in einem Brief, wie gut ihm die Veränderung anscheinend getan habe, aber wie wenig er in der Lage sei, für sich selbst zu sorgen. Außerdem erblindete er zunehmend und konnte bereits seit Monaten nicht mehr lesen. Als diese eine große Quelle der Freude versiegte, schien ihm nur noch wenig zu bleiben, für das es sich zu leben lohnte. Niemanden überraschte es, als er sich an einem stürmischen Wintertag in jenem Jahr bei einem Spaziergang eine Erkältung zuzog, die sich zu einer Lungenentzündung entwickelte, und friedlich im Schlaf verstarb. Das war am Freitag, den 26. März 1920. Er war fünfundachtzig Jahre und neun Monate alt geworden. Er mag verrückt gewesen sein, doch wie der Elefant in Dr. Johnsons Wörterbuch war er «extrem langlebig».

Nachrufe erschienen keine, lediglich zwei Zeilen in der Anzeige der Todesfälle im *New Haven Register*. Er wurde in seine alte Heimatstadt überführt und am Nachmittag des folgenden Montags auf dem Evergreen-Friedhof in dem Familiengrab beigesetzt, das von seinem Vater, dem Missionar Eastman Strong Minor, angelegt worden war. Der Grabstein aus rötlichem Sandstein ist klein und unauffällig und trägt nur seinen Namen, William Chester Minor. Daneben steht ein steinerner Engel, der himmelwärts blickt; in den Sockel sind die Worte eingraviert: «Im Glauben blicke ich auf zu Dir.»

Der Friedhof liegt hinter einem hohen Zaun aus Maschendraht mitten in einem wüsten Viertel von New Haven, weit weg von der strengen Eleganz Yales. Der Zaun unterstreicht eine bittere und ironische Realität: Dr. William Minor, einer der wichtigsten Mitarbeiter an dem größten Wörterbuch der englischen Sprache, starb von aller Welt vergessen und fand seine letzte Ruhestätte in einem Slum.

Bis das *Oxford English Dictionary* abgeschlossen war, dauerte es noch acht Jahre. Die Vollendung des Werkes wurde an Silvester 1927 verkündet. Die *New York Times* meldete am Neujahrstag, einem Sonntag, auf der ersten Seite, daß mit der Erfassung des alten Wortes *zyxt* – das im Dialekt der Gegend um Kent die Form für die zweite Person Präsens Indikativ des Verbs *to see* bildet – die Arbeit abgeschlossen, das Alphabet zur Gänze abgedeckt und der vollständige Text nun in der Hand der Drucker sei. Die Entstehung des Wörterbuchs, konstatierte die Zeitung großzügig, sei «eines der größten Abenteuer der englischen Literatur».

Die Amerikaner fanden tatsächlich Gefallen an der Entstehungsgeschichte des Wörterbuchs. H. L. Mencken, selbst ein bedeutender Lexikograph, war der festen Meinung, in Oxford feiere man den Höhepunkt des siebzigjährigen Projekts sicher mit «militärischen Übungen, Boxkämpfen zwischen den Professoren, Reden auf lateinisch, griechisch, englisch und im Oxforder Dialekt, Rufschlachten zwischen den einzelnen Colleges und diversen mittelalterlichen Trinkgelagen». Wenn man bedenkt, daß der letzte Herausgeber des Wörterbuchs Professuren sowohl in Oxford als auch in Chicago innehatte, dürften die Amerikaner allen Grund gehabt haben, sich lebhaft für ein Projekt zu interessieren, das sie nun zumindest teilweise für sich in Anspruch nehmen konnten.

Die einsame Plackerei der Lexikographen, der Kampf mit den Wörtern, den Männer wie Murray und Minor so mutig geführt hatten, war nun endlich belohnt worden. Vollendet waren zwölf riesige Bände mit 414 825 definierten Wörtern unter Verwendung von 1 827 306 erläuternden Zitaten, von denen William Minor allein Zigtausende beigesteuert hatte.

Die Gesamtlänge der Lettern – die man allesamt von Hand gesetzt hatte, weil die Bände im Hochdruckverfahren hergestellt wurden, was man noch an den leichten Eindrücken auf dem bedruckten Papier spüren kann – beläuft sich auf 285 Kilometer, was etwa der Entfernung zwischen London und Manchester entspricht. Zieht man sämtliche Interpunktionszeichen und Zwischenräume ab, die, wie jeder Setzer weiß, genausoviel Arbeit machen wie die Buchstaben, so kommt man auf nicht weniger als 227 779 589 Lettern und Zahlen.

Für andere Wörterbücher in anderen Sprachen brauchte man noch mehr Zeit, doch keines war so großartig, so umfassend und so richtungweisend wie dieses. Das OED war das größte Schriftwerk seit der Erfindung des Buchdrucks, das längste Serienwerk, das je geschrieben wurde.

Ein Wort – und nur ein einziges – ging in all der Zeit verloren. Das Wort *bondmaid* [Leibeigene], das bereits bei Johnson vorkommt, wurde von Murray verlegt und tauchte erst wieder auf, als der Band *Battenlie – Bozzom* längst erschienen war. Dieses Wort und Zehntausende weitere, die im Laufe der vierundvierzig Jahre währenden Redaktionsarbeit entstanden oder aufgetaucht waren, gingen in einen Ergänzungsband ein, der 1933 herauskam. Zwischen 1972 und 1986 erschienen vier weitere Ergänzungsbände. Unter Nutzung der neuen Möglichkeiten des Computers gab die Oxford University Press im Jahr 1989 die vollständig integrierte zweite Ausgabe heraus, in der die Hauptbände sowie sämtliche Änderungen und Ergänzungen in zwanzig schmaleren Bänden zusammengefaßt sind. Dann erschien eine CD-ROM, und kurze Zeit darauf wurde das großartige Werk für die On-line-Nutzung aufbereitet. Eine dritte Ausgabe, die viel Zeit und viel Geld kosten wird, ist in Vorbereitung.

Hin und wieder wird bekrittelt, das Werk habe eine elitäre, chauvinistische, britische und viktorianische Note. Doch selbst wenn man einräumt, daß das Wörterbuch wie so viele Errungenschaften jener Zeit einige Eigenschaften aufweist, die nicht mehr ganz im Einklang mit den Anschauungen des ausgehenden zwanzigsten Jahrhunderts stehen, wagt niemand zu behaupten, daß irgendein anderes Wörterbuch dieses Niveau je erreicht hat oder auch nur annähernd erreichen wird. Das *Oxford English Dictionary* war und ist das heroische Werk eines Heeres begeisterter Männer und Frauen mit einem breiten Allgemeinwissen und einem weiten Interessenspektrum. Das Werk lebt fort, so wie die Sprache, deren getreues Abbild zu sein es zu Recht beansprucht.

Postscriptum

---

memorial (mɪˈmɔəɾɪəl), *a. and sb.* [a. OF. *me-morial* (mod. F. *mémorial*) = Sp., Pg. *memorial*, It. *memoriale*, ad. L. *memoriālis* adj. (neut. *memoriāle*, used in late Latin as sb.), f. *memoria* ME-MORY.] **A.** *adj.*
  1. Preserving the memory of a person or thing ...
  3. Something by which the memory of a person, thing, or event is preserved, as a monumental erection ...

Das war die Geschichte eines amerikanischen Soldaten, der bei der Erschaffung des größten Wörterbuches der Welt mitwirkte. Sein Beitrag ist einzigartig, bewundernswert und unvergeßlich, doch seine Geschichte ist unsäglich traurig. Man könnte leicht vergessen, daß William Chester Minor eigentlich nur deswegen in der Lage war, all seine Zeit und Energie der Entwicklung des *Oxford English Dictionary* zu widmen, weil er einen grausamen und unverzeihlichen Mord begangen hatte.

Sein Opfer, George Merritt, war ein ganz gewöhnlicher, unschuldiger Bauernsohn aus Wiltshire, der nach London gezogen war, um dort sein Glück zu suchen, und der eine schwangere Frau und sieben kleine Kinder zurückließ, als er erschossen wurde. Die Familie lebte bereits in größter Armut und war bemüht, in ihrem verkommenen Winkel in einem der übelsten Viertel der viktorianischen Hauptstadt wenigstens einigermaßen in Würde durchzukommen. Nun wurde alles nur noch schlimmer.

Ganz London war entsetzt und empört über den Mord; Spenden wurden gesammelt, um die Witwe und ihre Kinder zu unterstützen. Besonders die Amerikaner, die schockiert waren über die Greueltat eines Landsmannes, wurden von ihrem Generalkonsul aufgefordert, etwas zu einem Hilfsfonds beizusteuern. Die Vikare in Lambeth taten sich zusammen und sammelten ökumenische Kollekten. Überall fanden Benefizveranstaltungen statt; unter anderem las «eine ungewöhnlich hochgestellte Persönlichkeit» im Hercules Club Texte von Longfellow und einen Auszug aus *Othello*. Und die Beerdigung selbst war ein prunkvolles Ereignis – so beeindruckend wie das Begräbnis eines Granden.

George Merritt war Mitglied der *Ancient Order of Foresters* gewesen, einer der vielen sogenannten «Versicherungsgesellschaften auf Gegenseitigkeit», die früher in ganz England verbreitet waren und in einer Zeit, in der es noch keine staatlichen oder privaten Absicherungen gab, der Arbeiterschicht die Möglichkeit boten, von genossenschaftlichen Pensionen und anderen Zuwendungen zu profitieren. In der Nacht, in der Merritt ums Leben gekommen war, hatte er einen Schichtarbeiter ablösen sollen, der ebenfalls Mitglied der *Foresters* war; dadurch fühlte sich die Gesellschaft doppelt verpflichtet, ihrem verstorbenen Mitglied einen schönen Abschied zu bereiten.

Der Trauerzug war fast einen Kilometer lang. Den Anfang bildete die Blaskapelle der *Foresters*, die den Trauermarsch aus Händels *Saul* spielte; ihr folgten unzählige Mitglieder mit allen möglichen Ehrenabzeichen; dann kamen der von Pferden gezogene Leichenwagen und vier schwarze Kutschen mit den Hinterbliebenen. Im ersten Wagen saß Eliza Merritt; sie hielt ihr Jüngstes auf dem Arm und schluchzte. Am Schluß folgten Hunderte von Brauereiangestellten und Tausende gewöhnlicher Bürger, alle mit Trauerflor am Ärmel oder Hut.

Der Trauerzug wälzte sich den ganzen Nachmittag lang von Lambeth aus über die Belvedere Road, vorbei am Ort des tragischen Vorfalls und dem Bedlam Hospital bis zu dem riesigen Friedhof von Tooting, auf dem George Merritt beigesetzt wurde.

Früher mag sein Grab aufgefallen sein, doch heute weist nichts mehr auf die Stelle hin, an der er seine letzte Ruhestätte fand; sie ist heute nichts weiter als ein kleiner Flecken Gras, ein Stück abgesackter Erde inmitten eines Meeres neuerer und vornehmerer Grabmale.

In seinen lichten Augenblicken war William Minor reumütig und entsetzt über die Folgen seiner Wahnvorstellung. Während er in Broadmoor einsaß, sorgte er dafür, daß der Familie Geld geschickt und ihre Not gelindert wurde. Seine Stiefmutter Judith hatte den Kindern Geschenke zukommen lassen. Als Minor etwa sieben Jahre nach der Tragödie der Witwe schrieb und seine Reue bekundete, erklärte diese, sie habe ihm verziehen, und sie faßte den heute ungewöhnlich erscheinenden Entschluß, ihn in Broadmoor zu besuchen; ein paar Monate lang kam sie sogar recht häufig nach Crowthorne und brachte ihm Pakete mit Büchern mit, die ihm sehr viel bedeuteten. Doch im Grunde hat sie den Schock nie richtig verwunden; bald darauf fing sie an zu trinken und starb schließlich an Leberversagen.

Zwei ihrer Söhne beschritten höchst sonderbare Lebenswege; George, der Zweitälteste, ging mit Judiths Geldgeschenk nach Monaco, gewann eine stattliche Summe und blieb dort; er spielte sich als König von Monte Carlo auf, bis er irgendwann verarmt und vergessen in Südfrankreich starb. Sein jüngerer Bruder Frederick erschoß sich in London; die Umstände wurden nie ganz geklärt. Die Tatsache, daß sich zwei von Minors Brüdern ebenfalls das Leben nahmen, verleiht der ganzen Geschichte etwas zutiefst Trauriges.

Die unglücklichste Gestalt in dieser bizarren Erzählung ist jedoch der Mann, an den man sich heute am wenigsten erinnert, jener Unschuldige, der in jener Samstagnacht im Februar 1872 auf dem feuchten und kalten Pflaster von Lambeth erschossen wurde.

Nur klägliche Reste retten das Andenken an jene beiden Menschen, deren Schicksal auf so tragische Weise miteinander verbunden war. An William Minor erinnert lediglich ein schlichter kleiner Grabstein auf einem Friedhof in New Haven, der mitten in den Slums liegt. An George Merritt erinnert seit Jahren überhaupt nichts, außer einem Fleckchen grauen Rasens auf einem weitläufigen Gräberfeld in Südlondon. Minor hat jedoch einen Vorteil – das große Wörterbuch, die vielleicht bleibendste Erinnerung an ihn. Doch nichts gemahnt daran, daß der Mann, den er getötet hat, ebenfalls ein würdiges Andenken verdient. George Merritt ist ein vollkommen unbesungener Held.

Deshalb scheint es heute, nach mehr als 125 Jahren, angemessen, dieser schlichten Darstellung die Widmung voranzustellen, die ihr vorausgeht. Und deshalb soll dieses Buch ein bescheidener Nachruf auf George Merritt aus Wiltshire und Lambeth sein, ohne dessen viel zu frühen Tod diese Geschichte niemals hätte erzählt werden können.

Anmerkung des Autors

coda ('koda,'kəʊdə). [Ital.:–L. *cauda* tail.]
 1. *Mus.* A passage of more or less independent
character introduced after the completion of the
essential parts of a movement, so as to form a
more definite and satisfactory conclusion. Also
transf. and *fig.*

M ein Interesse an der zentralen Figur dieser Geschichte, dem *Dictionary* selbst, wurde Anfang der
achtziger Jahre geweckt, als ich in Oxford lebte. An einem
Sommertag nahm mich ein Freund, der bei der University
Press arbeitete, mit in ein Lagerhaus, in dem ein vergesse-
ner Schatz ruhte. Es handelte sich um einen Haufen von
Metallplatten, die etwa achtzehn mal fünfundzwanzig Zentimeter maßen und – wie ich feststellte, als ich eine aufhob
– irrsinnig schwer waren.

Dies waren die ausrangierten Originaldruckplatten,
mit denen das *Oxford English Dictionary* gedruckt worden war. Die Platten mit einer Vorderseite aus Blei und einer Rückseite aus Stahl und Antimon, die im neunzehnten und zu Beginn des zwanzigsten Jahrhunderts gegossen
worden waren, dienten zum Druck all der vielen Auflagen
des OED, von den einzelnen Teilbänden, die nach und
nach erschienen, bis zu der vollständigen zwölfbändigen
Gesamtausgabe von 1928.

Der Verlag, erklärte mir mein Freund, habe vor kurzem modernere Methoden wie Computersatz, Photolithographie und ähnliche Verfahren eingeführt. Die alten Hochdrucktechniken, bei denen man mit Bleiregletten, Winkelhaken und Gevierten, mit Messing und Kupfer, Preßdeckeln und Plattenbürsten hantierte und die Schrift zügig rückwärts und auf dem Kopf las, wurden schließlich und endlich aufgegeben. Die Platten und all die Kästen mit den Lettern für den Handsatz wurden nun weggeworfen, eingeschmolzen oder weggeschafft.

Ob ich vielleicht die eine oder andere Platte haben wolle, fragte er mich – als Andenken, als Erinnerung an eine wunderbare alte Zeit? Ich suchte mir drei Platten aus und versuchte, die spiegelverkehrte Schrift in dem düsteren Licht zu entziffern. Zwei davon habe ich später weiter verschenkt, doch eine habe ich behalten. Es ist die Druckplatte von Seite 452 aus dem fünften Band mit den Einträgen *humoral* bis *humour*, die ungefähr 1901 redigiert und 1902 gesetzt worden waren.

Jahrelang schleppte ich die schmutzige, komische alte Platte mit mir herum. Sie war eine Art Talisman. In allen Wohnungen und Häusern in den verschiedenen Städten und Dörfern, in denen ich lebte, fand ich eine Stelle, an der ich sie verwahrte. Ich war sehr stolz darauf. Immer wieder war sie hinter anderen, wichtigeren Dingen verschwunden, doch immer wieder kramte ich das kleine, faszinierende Stück lexikographischer Geschichte hervor, staubte es ab und zeigte es Freunden.

Sicher hielten sie mich anfangs für verrückt, doch ich glaube, nach einer Weile konnten sie nachvollziehen, weshalb mir das schwere, schwarze Ding so am Herzen lag. Ich beobachtete, wie sie mit den Fingern sanft über die erhöhten Bleiformen fuhren und anerkennend nickten. Die Platte schien ihre sinnliche und ihre intellektuelle Neugier zu befriedigen.

Als ich Mitte der neunziger Jahre nach Amerika zog, lernte ich eine Buchdruckerin kennen, die im westlichen Massachusetts lebte. Als ich ihr von der Platte erzählte, wurde sie sichtlich neugierig. Sie interessiere sich leidenschaftlich für die Entstehungsgeschichte des *Dictionary*, gestand sie, und bewundere schon seit langem dessen Gestaltung – die elegante und raffinierte Mischung verschiedener Schrifttypen und Schriftgrößen, die die strengen viktorianischen Setzer gewählt hatten. Sie wollte wissen, ob sie die Platte einmal sehen könne. Als ich sie ihr brachte, fragte sie, ob sie sie eine Weile leihweise behalten dürfe.

Aus der Weile wurden zwei Jahre. In dieser Zeit übernahm sie so viel Arbeit, wie sie einem Handdrucker heutzutage überhaupt angeboten wird. Sie machte einige Planobogen für John Updike, Gedichtbändchen für etliche andere Lyriker aus Neuengland und brachte einige Sammlungen von Kurzgeschichten und Dramen heraus, die sie alle auf handgeschöpftem Papier drucken ließ. Sie war Handwerkerin und Künstlerin zugleich; sie arbeitete langsam, präzise und perfekt. In dieser ganzen Zeit hatte sie meine Platte auf dem Fenstersims stehen und überlegte sich, was man am besten damit machen könnte.

Schließlich entschied sie sich. Sie wußte, daß ich ein großer Freund Chinas bin und viele Jahre dort gelebt hatte, und sie wußte, daß ich keine englische Stadt so sehr schätzte wie Oxford. Und so nahm sie die Platte herunter, wusch sie vorsichtig in verschiedenen Lösungen, um sie von den diversen Schichten von Staub, Schmutz und Druckerschwärze zu befreien, montierte sie auf ihre Vandercook-Abziehpresse und machte mit der größten Sorgfalt und auf dem feinsten handgeschöpften Papier zwei Abdrucke der Seite, die eine in Oxford-Blau, die andere in China-Rot.

Dann rahmte sie die drei Teile nebeneinander – die Metallplatte in der Mitte, links die rote und rechts die blaue Seite – hinter spiegelfreiem Glas in einer schmalen Goldumfassung. Das fertige Bild samt Halterung zum Aufhängen deponierte sie in einem kleinen Café in ihrem Wohnort; auf einer Postkarte teilte sie mir mit, ich könne es abholen, wann immer es mir beliebe, solle dabei aber unbedingt den Cappuccino und den Erdbeer-Rhabarberkuchen der Café-Besitzerin probieren. Ich fand keine Rechnung vor und habe die Druckerin nicht mehr gesehen.

Die Platte und die beiden Abdrucke hängen jedoch immer noch bei mir an der Wand, und zwar über einer kleinen Lampe, die einen aufgeschlagenen Band des großen Wörterbuchs auf dem Schreibtisch anstrahlt. Es ist der fünfte Band, und er ist genau auf der Seite aufgeschlagen, die einst mit der Metallplatte gedruckt wurde, die jetzt direkt darüber hängt. Die Viktorianer hätten von einer «Großen Konjunktion» gesprochen. Für mich ist es ein kleiner Altar, der der Kunst des Buchdrucks und der Liebe zur Sprache geweiht ist.

Meiner Mutter fiel einmal auf, daß der größte Eintrag auf der Platte, auf den Abdrucken und in dem darunterliegenden Buch das Wort *humorist* ist. Bei diesem Wort erinnerte sie sich an einen kuriosen Zufall, eine weitere, wenn auch nicht ganz so große «Konjunktion». *Humorist* hieß ein Pferd in einem Derby am 1. Juni 1921, dem Tag, an dem meine Mutter zur Welt kam. Ihr Vater freute sich so sehr über die Geburt des Mädchens, daß er zehn

Guineen auf das Pferd setzte, obwohl es als völliger Au-
ßenseiter galt. Doch es siegte, und mein Großvater, den
ich nicht mehr erlebte, gewann eintausend Guineen, nur
wegen eines Wortes, das ihn angesprochen hatte.

Danksagung

---

acknowledgment (ækˈnɒlɪdʒmənt). Also acknowledgement (a spelling more in accordance with
Eng. values of letters). [f. ACKNOWLEDGE *v.* +
-MENT. An early instance of *-ment* added to an
orig. Eng. vb.]
   1. The act of acknowledging, confessing, admit-
ting, or owning; confession, avowal ...
   5. The owning of a gift or benefit received, or of
a message; grateful, courteous, or due recogni-
tion.
   6. Hence, The sensible sign, whereby anything
received is acknowledged; something given or
done in return for a favour or message, or a for-
mal communication that we have received it.
   1739 T. SHERIDAN *Persius* Ded. 3, I dedicate to you
this Edition and Translation of Persius, as an Acknowledgment for the great Pleasure you gave me. **1802**
M. EDGEWORTH *Moral T.* (1816) I. xvi. 133 To offer
him some acknowledgment for his obliging conduct.
1881 *Daily Tel.* Dec. 27 The painter had to appear and
bow his acknowledgments. *Mod.* Take this as a small
acknowledgement of my gratitude.

Als ich auf diese Geschichte stieß – sie wurde in einem
recht nüchternen Buch über die Kunst der Lexikographie nur ganz kurz und eher beiläufig erwähnt –, hatte ich sofort den Eindruck, daß es sich lohnen würde, den
Spuren nachzugehen und vielleicht die ganze Geschichte
zu erzählen. Monatelang stand ich mit dieser Ansicht jedoch alleine da. Ich arbeitete damals an einem wahrlich
gewaltigen Projekt über ein gänzlich anderes Thema und

erhielt praktisch von allen Seiten den Rat, ich solle jenes Projekt zum Abschluß bringen und diese ergötzliche kleine Geschichte auf sich beruhen lassen.

Vier Leute fanden sie jedoch genauso faszinierend wie ich und glaubten ebenfalls, daß ich mit der Schilderung der ergreifenden und anrührenden Geschichte des William Minor vielleicht eine Art von Prisma schaffen könnte, durch das die noch fesselndere und faszinierendere Geschichte der englischen Lexikographie betrachtet werden kann. Diese vier waren Bill Hamilton, mein langjähriger Freund und Agent in London; Anya Waddington, meine Lektorin bei Viking, ebenfalls in London; Larry Ashmead, der Cheflektor bei Harper Collins in New York; und Marisa Milanese, die damals als Assistentin in der Redaktion des *Condé Nast Traveler* in New York tätig war. Sie glaubten fest und überzeugt an dieses ansonsten unbeachtete Projekt, und dafür danke ich ihnen.

Marisa, die ich für ein Vorbild an Begeisterung, Initiative und Einsatz halte, war mir bei den Recherchen in Amerika behilflich. Sie und meine gute alte Freundin Juliet Walker in London halfen mir, meine ersten Gedanken zu einem Netz von Fakten und Figuren zusammenzuspinnen, das ich dann in eine gewisse Ordnung zu bringen versuchte. Inwieweit mir das gelungen ist, kann ich nicht beurteilen. Diese beiden Frauen waren eine unerschöpfliche Quelle der Information; sollte ich irgend etwas falsch gedeutet oder falsch dargestellt haben, so bin ich allein dafür verantwortlich.

Um die Rätsel dieser Geschichte zu lösen, war es natürlich ganz entscheidend, Zutritt zum Broadmoor Special Hospital und zu den umfangreichen Unterlagen auch über die ganz alten Fälle zu bekommen. Es dauerte ein paar

Wochen, bis Juliet Walker und ich eingelassen wurden. Daß uns überhaupt Zutritt gewährt wurde, war das Verdienst von zwei Angestellten in Broadmoor, Paul Robertson und Alison Webster, die sich bei der vielleicht verständlicherweise widerwilligen Anstaltsleitung massiv für uns einsetzten. Ohne die Unterstützung dieser beiden bemerkenswerten Menschen wäre dieses Buch nie mehr als nur eine Aneinanderreihung von Vermutungen geworden; die Archivunterlagen von Broadmoor waren unentbehrlich, um Fakten zu liefern, und Paul und Alison machten mir diese Unterlagen zugänglich.

Auf der anderen Seite des Atlantik lief alles ganz anders, trotz aller Bemühungen der großartigen Marisa. Das St. Elizabeth Hospital in Washington untersteht inzwischen nicht mehr der Bundesregierung, sondern dem District of Columbia, dessen Regierung in den letzten Jahren einige Krisen erlebte, die auch durch die Presse gingen. Vielleicht weigerte sich die Hospital-Verwaltung deswegen von Anfang an rigoros, irgendwelche Akten herauszugeben, und ging allen Ernstes sogar so weit vorzuschlagen, ich solle einen Anwalt einschalten und die Einsicht der Akten gerichtlich einklagen.

Als ich einige Zeit später im Internet in den Seiten des Bundesarchivs blätterte, kam ich auf den Gedanken, daß sich die Unterlagen über Dr. Minor – der zwischen 1910 und 1919 Patient in St. Elizabeth war, als die Anstalt eindeutig dem Bund unterstand – durchaus in Bundesbesitz befinden könnten und nicht in den kafkaesken Klauen des District of Columbia. Und wie sich herausstellte, war es auch so. Nach ein paar Anfragen über Internet und einem erfreulichen Gespräch mit dem ausgesprochen hilfsbereiten Archivar Bill Breach erhielt ich per Expreßpost plötzlich über siebenhundert Seiten Archivmaterial zum Fall Minor und andere interessante Dokumente. Es war überaus befriedigend, am nächsten Tag beim St. Elizabeth Hospital anrufen zu können und die halsstarrigen Bürokraten dort raten zu lassen, welche Akte wohl gerade vor mir auf dem Schreibtisch lag.

Die Oxford University Press war im Gegensatz dazu erfreulich hilfsbereit. Ich danke allen Vertretern des Verlages, die mich in der Walton Street immer gerne willkommen hießen. Ganz besonderen Dank schulde ich indes Elizabeth Knowles, die inzwischen in der Abteilung für Lexika und Nachschlagewerke bei Oxford University Press tätig ist und bereits vor einigen Jahren den Fall Minor studiert hatte und mich bereitwillig an ihrem Wissen und ihren Ressourcen teilhaben ließ. Mein Dank gilt auch Jenny McMorris vom Verlagsarchiv, die mit Minor und seinem einzigartigen Vermächtnis so vertraut ist wie kein zweiter. Jenny und ihr früherer Kollege Peter Foden waren mir während meines Aufenthalts in Oxford und auch danach eine große Stütze. Ich hoffe nur, daß Jenny eine passende Form findet, ihr Wissen über den großen Dr. Henry Fowler, den sie neben James Murray zu Recht für einen der wahren Helden der englischen Sprache hält, einer breiteren Öffentlichkeit zu vermitteln.

Mehrere Freunde und auch einige Experten, die ein berufliches Interesse an bestimmten Teilen der Geschichte zeigten, waren so freundlich, frühere Fassungen des Manuskripts zu lesen und zahlreiche Verbesserungsvorschläge zu machen. In fast allen Fällen habe ich ihre Ratschläge dankend angenommen; doch wenn ich gelegentlich aus Nachlässigkeit oder Sturheit ihre Vorbehalte oder Wünsche überging, so gilt auch hier, daß für alle eventuellen Fehler und Mißdeutungen ich allein verantwortlich bin.

Zu den engeren Freunden, denen ich namentlich danken möchte, gehören Graham Boynton, Pepper Evans, Rob Howard, Jesse Sheidlower, Nancy Stump und Paula Szuchman. Entschuldigen möchte ich mich bei Anthony S., der sich mürrisch bei mir beklagte, daß seine Verlobte ihm einst ihre Gunst verweigerte, weil sie unbedingt das neunte Kapitel zu Ende lesen wollte; ich danke ihm für seine Geduld und wünsche ihm alles Gute für das zukünftige Eheglück.

James W. Campbell von der New Haven Historical Society half mir dabei, die Familie Minor in ihrer alten Heimatstadt ausfindig zu machen. Die Bibliothekare und Mitarbeiter der Yale Divinity Library wußten mir viel über William Minors frühe Jahre in Ceylon zu erzählen. Pat Higgins, die im Staat Washington lebt und mit der ich mich nur per E-Mail austauschte, interessierte sich ebenfalls sehr für all jene Kapitel der Familiengeschichte, die in Ceylon und Seattle spielen, und lieferte mir mehrere spannende Hinweise.

Michael Musick vom Bundesarchiv der Vereinigten Staaten stöberte die meisten Unterlagen aus Minors Militärzeit auf; Michael Rode vom Walter Reed Army Hospital machte Minors handgeschriebene Autopsieberichte ausfindig. Der National Park Service gewährte mir freundlicherweise Zugang zu den Militärstützpunkten in New York und Florida, an denen Minor stationiert war; das Index Project in Arlington, Virginia, half mir dabei, weitere Dokumente aufzutreiben, die sich auf seinen Kriegseinsatz bezogen.

Susan Pakies vom Verkehrsamt von Orange County,

Virginia, und der ungeheuer sachkundige Frank Walter zeigten mir alle wichtigen Schauplätze der *Battle of the Wilderness* und anschließend, zur allgemeinen Aufheiterung, einige der entzückenden alten Wirtshäuser, die in diesem wunderschönen Winkel Amerikas versteckt sind. In dem ehemals zum Lazarett umfunktionierten Hotel in Gordonville, Virginia, das inzwischen als Museum dient, erklärte mir Jonathan O'Neal mit viel Geduld einiges über die medizinische Praxis während der Zeit des Bürgerkrieges.

Nancy Whitmore vom National Museum of Civil War Medicine in Frederick, Maryland, unterstützte das Projekt begeistert und scheute keine Mühe, zahlreiche hochrelevante und obskure Details auszugraben. Der Historiker und Bürgerkriegsspezialist Dr. Lawrence Kohl von der University of Alabama nahm sich freundlicherweise die Zeit, mir Einzelheiten über das Brandmarken zu erklären und darüber nachzudenken, wie sich diese Form der Bestrafung auf Iren, die in der Armee der Union kämpften, ausgewirkt haben mochte. Mitchell Redman in New York lieferte mir einige Einzelheiten über Minors spätere Lebensjahre, über die er einmal ein kürzeres Theaterstück geschrieben hatte.

Gordon Claridge vom Magdalen College in Oxford wußte mir viel Nützliches über die Ursprünge von Geisteskrankheiten zu berichten. Jonathan Andrews, ein Historiker in Broadmoor, unterstützte mich ebenfalls. Und von Isa Samad aus Fort Lauderdale, Florida, lernte ich einiges über die Geschichte der Behandlung paranoider Schizophrenie.

Dale Fiore, der Verwalter des Evergreen-Friedhofs in New Haven, wußte einige faszinierende Facetten über das

Ende von William Minors Leben – wie lang dessen Sarg war, in welcher Tiefe er begraben wurde und wer mit ihm in dem Familiengrab liegt.

Die Arbeit wurde um einiges leichter, als ich einen der wenigen lebenden Verwandten von William Minor aufgespürt hatte – Jack Minor in Riverside, Connecticut. Er war die Freundlichkeit in Person, gab mir unendlich viele nützliche Hinweise zu dem Großonkel, den er nie persönlich gekannt hatte, und öffnete für mich den Schatz von Bildern und Papieren, der seit Jahren unberührt in einer Holztruhe auf seinem Speicher geruht hatte. Er und seine dänische Frau Birgit begeisterten sich genauso für die Geschichte wie ich, und ich danke ihnen für die angenehmen Gespräche über die Wesensart ihres sonderbarsten Anverwandten.

David Merritt von der Merritt International Family History Society in London gab mir hilfreiche Ratschläge, wie ich George Merritts Nachfahren ausfindig machen konnte. Ich entdeckte schließlich einen Nachkommen, Dean Blanchard in Sussex, der sich ebensosehr für das Schicksal seiner fernen Verwandten interessierte und mir viele wertvolle Einzelheiten mitteilte.

Dank schulde ich ferner meinem amerikanischen Agenten Peter Matson, seiner Kollegin Jennifer Hengen sowie Agnes Krup, die sich bald so sehr für diese kuriose Geschichte begeisterte, daß sie mich wie kaum ein anderer unterstützte und während eines langen, heißen amerikanischen Sommers immer wieder anfeuerte, fleißig weiterzuschreiben.

Simon Winchester
Wassaic, New York

Literaturempfehlungen

Das Buch, das mich überhaupt auf die Idee brachte, mich näher mit dieser Geschichte zu befassen, war Jonathon Greens *Chasing the Sun* (Jonathan Cape, London, und Henry Holt, New York, 1996), in dem dieser Episode eineinhalb Seiten gewidmet sind und in dessen Bibliographie ich auf das um einiges bekanntere Werk über die Entstehung des *Oxford English Dictionary* stieß, nämlich *Caught in the Web of Words*, das die Enkelin des großen Herausgebers, K. M. Elisabeth Murray, geschrieben hatte (Oxford und Yale University Presses, 1977). In beiden Werken entspricht die Schilderung der ersten Begegnung zwischen Murray und Minor der vertrauten Legende. Erst als Elizabeth Knowles in der Vierteljahresschrift *Dictionaries* eine exaktere Schilderung lieferte, kamen einige wesentliche Fakten über die Begegnung ans Licht. Beide Bücher werden den Enthusiasten begeistern. Der Artikel in der Zeitschrift klingt eher etwas akademisch, doch da die Lexikographie offen gesagt nicht allzu trocken ist, werden einige Leser vielleicht auch ihn erhellend finden.

Wer sich für die Grundprinzipien hinter der Erarbeitung von Wörterbüchern interessiert, sollte unbedingt Sidney Landaus *Dictionaries – The Art and Craft of Lexicography* lesen (New York, Charles Scribner's Sons, 1984). Die Bilderstürmer, die etwas über die Fehler und Mängel des OED wissen wollen, erfahren einiges in John

Willinskys ziemlich ungehaltenem *Empire of Words – The Reign of the OED* (Princeton University Press, 1994); Willinsky betrachtet Murrays Werk von einem «politisch korrekten», revisionistischen Standpunkt, wenn auch nicht ohne eine gewisse Bewunderung. Die Lektüre lohnt sich, und sei es auch nur, um in Rage zu geraten.

Exemplare von Dr. Johnsons *Dictionary* sind normalerweise noch immer recht leicht aufzutreiben; die großformatigen, zweibändigen Ausgaben werden heute an den unmöglichsten Orten nachgedruckt, beispielsweise in Beirut, wo ich kürzlich für 250 Dollar einen Nachdruck erwarb. Dagegen ist es schwer, eine gute Erstausgabe für unter 15 000 Dollar zu finden. Es gibt jedoch eine witzige und brauchbare Kurzfassung mit Auszügen, ausgewählt von E. L. McAdam und George Milne (New York, Pantheon, 1963; als Taschenbuch 1995 bei Cassell in London erschienen).

Oxford University Press verdient eine eigene Geschichte, und es gibt in der Tat einige Abhandlungen über den Universitätsverlag. Empfehlen kann ich Peter Sutcliffes *The Oxford University Press: An Informal History* (Oxford University Press, 1978), in dem die Entstehung des OED sehr ausführlich und einigermaßen unvoreingenommen abgehandelt wird.

Zum Amerikanischen Bürgerkrieg gibt es natürlich sehr viel Literatur. Das beste Buch über die Kampfhandlungen, bei denen Dr. Minor eine kleine, aber für ihn entscheidende Rolle spielte, ist Gordon C. Rheas *The Battle of the Wilderness* (Louisiana State University Press, 1994), ein Buch, das ich mit Spannung las. D. P. Conynghams Klassiker *The Irish Brigade and its Campaigns* von 1867 ist vor kurzem in einer Neuauflage erschienen (New York,

Fordham University Press, 1994), mit einer Einführung von Lawrence F. Kohl, dessen Beitrag zu meinem Buch ich an anderer Stelle gewürdigt habe. Von den vielen Büchern über den Stand der Medizin zur Zeit des Bürgerkriegs gefielen mir besonders George Worthington Adams' *Doctors in Blue* (Louisiana State University Press, 1980) und *In Hospital and Camp* von Harold Elk Straubing (Harrisburg, Stackpole Books, 1993). Außerdem las ich die entsprechenden Kapitel in dem eleganten Mammutwerk *The American Heritage New History of the Civil War* von Bruce Catton und James M. Macpherson (New York, Viking, 1996), in dem alle nur denkbaren Fragen zu sämtlichen Einzelheiten dieser vier Jahre blutigen Kämpfens beantwortet sind.

Die Geisteskrankheiten, unter denen Dr. Minor wahrscheinlich litt und die möglicherweise durch seine Kriegserfahrungen ausgelöst wurden, erklärt Gordon Claridge in *Origins of Mental Illness* (Cambridge, Massachusetts: ISHK Malor Books, 1995). Andrew Scull liefert in der historischen Abhandlung *Masters of Bedlam* (Princeton University Press, 1996) ein faszinierendes Bild der Irrenärzte und Anstalten vor der Zeit der psychiatrischen Aufklärung.

Wichtig war auch ein Werk von Roy Porter, der sich ebenfalls mit Geisteskrankheiten und deren Behandlungsformen auskennt, nämlich seine zu Recht gelobte Sozialgeschichte jener Stadt, in der Minor seinen Mord beging. *London: A Social History* (Harvard, 1994) zeichnet ein faszinierendes Bild der Metropole und ist sicher eines der besten Bücher über die englische Hauptstadt.

Im Zusammenhang mit diesem kleinen Büchlein sollte man sich aber vor allem ein Werk anschauen, das eine der größten und beeindruckendsten wissenschaftlichen Leistungen aller Zeiten darstellt, nämlich die zwölfbändige *First Edition*, das *Supplement* von 1933, die vierbändigen *Supplements* von Robert Burchfield oder die vollständig integrierte zwanzigbändige *Second Edition* des *Oxford English Dictionary* selbst. Es ist zwar ein teurer und unhandlicher Haufen von Wälzern, weswegen man heutzutage schon weitgehend die CD-ROM vorzieht, doch das Wörterbuch bestätigt und würdigt in aller Form die Existenz und die Beiträge des Dr. Minor. Und ich finde, es ist immer wieder ein zutiefst anrührender Augenblick, wenn man seinen Namen unter den Namen all jener entdeckt, die das OED zu dem machten, was es heute noch ist. Es besteht an sich natürlich überhaupt kein zwingender Grund, das große Buch jemals selbst zu besitzen, doch das Auffinden des Namens ist vielleicht das schönste Beispiel für jenen Moment des Fündigwerdens, für den das *Oxford English Dictionary* zu Recht gerühmt wird. Und kaum jemand würde bestreiten, daß es tatsächlich höchst beglükkend ist, in Wörterbüchern fündig zu werden.